AF342808

CHAMBRE DE COMMERCE D'ANVERS.

MOUVEMENT

COMMERCIAL, INDUSTRIEL et MARITIME

DE LA PLACE D'ANVERS.

RAPPORT

SUR L'EXERCICE 1899

ANVERS.
IMPRIMERIE L. DELA MONTAGNE, RUE DE LA VIGNE, 15.
1900.

MOUVEMENT

COMMERCIAL, INDUSTRIEL ET MARITIME D'ANVERS

EN 1899.

CHAMBRE DE COMMERCE D'ANVERS.

MOUVEMENT

COMMERCIAL, INDUSTRIEL et MARITIME

DE LA PLACE D'ANVERS.

RAPPORT

SUR L'EXERCICE 1899.

ANVERS.
IMPRIMERIE L. DELA MONTAGNE, RUE DE LA VIGNE, 10.
1900.

Spécialement prononcée dans le domaine maritime, l'activité commerciale et industrielle a été universellement intense en 1899 et la statistique globale des échanges a dépassé sensiblement toutes les précédentes.

Pendant plus de vingt ans, il y avait eu baisse presque continue du prix des principales marchandises, interrompue deux ou trois fois par des hausses passagères. Depuis deux ans la hausse s'est maintenue constamment.

L'outillage terrestre, encore loin de son complément même dans les pays les plus avancés, réserve à la production des peuples civilisés et à leurs transports vers les territoires où presque tout reste à faire, un champ d'opérations que l'on peut qualifier d'inépuisable et dont l'exploitation n'a virtuellement commencé que vers la fin du XIXme siècle.

En même temps que cet ensemble de situations favorables, un phénomène assez inattendu a été constaté : pendant des mois entiers les réseaux des chemins de fer, tant ceux des compagnies que des États, ont donné le spectacle étrange d'une insuffisance notoire.

La production houillère s'est trouvée singulièrement inférieure aux besoins non seulement dans notre pays, mais en Angleterre, en Allemagne et en France.

L'industrie métallurgique traverse la plus longue période de prospérité qui se soit présentée depuis trente ans.

Les administrations des chemins de fer ont adressé aux constructeurs de matériel de telles quantités de commandes que les établissements industriels, débordés, ne peuvent faire face aux demandes.

Le nombre de kilomètres de railways décrétés et projetés dans les deux hémisphères est énorme.

La Belgique pour 29,457 kilomètres carrés de superficie occupe le premier rang, avec 20 kilomètres de voies ferrées par 100 kilomètres carrés. Viennent après elle, comme ayant le plus de lignes comparativement à leur surface, la Saxe et le grand-duché de Bade, la Grande-Bretagne, les Pays-Bas, la Suisse, la Prusse, la Bavière et la France, avec un nombre de kilomètres variant, par 100 kilomètres carrés, de 18 à 7.8 kilom.

La Russie a vu ses lignes augmenter comme longueur, en Europe, de 20.2 %, alors qu'en Angleterre l'augmentation n'est que de 3.6 %, en France de 5 % et en Belgique de 7.8 %.

La Sibérie, qui n'avait en 1893 que 108 kilomètres de chemins de fer, en comptait 3,693 en 1897.

En Autriche l'augmentation est de 15.4 %, en Espagne de 13 %, en Suède de 15.7 %, en Norvége de 20.4 %, en Danemark de 15 %.

Les Etats-Unis tiennent la tête pour le nombre de kilomètres, qui s'élève à 296,745 pour 9,331,360 kilomètres carrés avec 74,522,000 habitants ; leurs lignes ont été construites très rapidement.

La Chine (11,574,356 kilomètres carrés et 403,259,000 habitants) n'avait, en 1897, que 482 kilomètres de chemins de fer ; on construit maintenant 6500 kilomètres, et que n'en restera-t-il pas à ajouter ?

Le Japon pour ses 417,000 kilomètres carrés avec ses 4,032 kilomètres de rail, était en avance sur la Chine, mais là également presque tout reste à faire.

L'Afrique réclame des voies ferrées du nord au sud et de l'est à l'ouest.

Nous citons ces quelques exemples à preuve de ce que peut attendre l'industrie du fer et de l'acier du développement des réseaux des différents pays et de la clientèle que leur achèvement créera en matériel, engins, outils et objets de toute espèce et de toute matière.

Il n'est pas douteux que les usines de tous les pays producteurs charbonniers et métallurgiques ont énormément de travail en perspective, et que le siècle qui va commencer continuera cette ère de prospérité.

Pour la **Belgique**, il nous est essentiellement agréable de pouvoir ajouter, en même temps que la constatation du progrès constant du commerce et de l'industrie, celle de l'expansion simultanée et croissante des capitaux affectés et des industries créées par des Belges en pays étrangers. Le commerce spécial de la Belgique en 1899, avec une navigation internationale à l'entrée de 8788 navires et 8,702,290 tonneaux (dont pour Anvers 5613 navires et 6,872,848 tx) a donné à l'importation une augmentation générale en valeurs de 10.5 p. c. sur l'année précédente, et à l'exportation une augmentation de 9.1 p. c.

On trouvera dans l'annexe du présent rapport le résumé comparatif du commerce belge depuis 1831. Ces renseignements statistiques permettent d'apprécier les nouveaux progrès réalisés en 1899 ; nous nous bornerons ici à mettre en regard les relevés sommaires des deux dernières années.

Années.	Commerce général.		Commerce spécial.	
	Importation.	Exportation.	Importation.	Exportation.
1899 . Fr.	3,654,300,136	3.351,562,674	2,260,243,151	1.949,292,477
1898 . »	3,279.047,704	3,019,882,489	2,044.726,645	1,787,007,487
En plus Fr. ou . . »	375,252,432 11, 4 p. c.	331,680,185 10, 9 p. c.	215,561.506 10. 5 p. c.	162,284,990 9. 1 p. c.

Le transit a donné fr. 1,402,270,197 contre 1,232,875,002 en 1898 ; augmentation 13. 7 p. c.

Le progrès tout satisfaisant qu'il est, aurait pu être plus marqué ; il a été et il est encore très sérieusement enrayé par l'insuffisance déplorable de nos ports et de nos chemins de fer, la défectuosité du régime de la navigation intérieure, divers droits d'entrée fort exagérés et d'autres entraves absolument antiéconomiques qui créent des obstacles considérables à l'essor de la prospérité nationale en général et du port d'Anvers en particulier.

Dans l'Etat Indépendant du Congo, la valeur des marchandises importées, en commerce spécial, pendant l'année 1899, se chiffre par un total de fr 22,325,846.71, dont fr. 15,592,745.49 représentent la part des marchandises déclarées de provenance belge.

Les principaux articles déclarés pour la consommation sont : les denrées alimentaires, les tissus de coton et de laine, la quincaillerie, l'habillement et la lingerie, les fils de laiton, les bateaux et accessoires, les armes, les poudres de traite, les boissons, les charbons, la verrerie, la verroterie, les meubles et ameublements, les matériaux de construction, les machines et mécaniques diverses, la mercerie, etc.

Les exportations, pendant la même année, de produits originaires de l'Etat indépendant représentent une somme de fr. 36,667,959.25.

La valeur des produits déclarés en destination de Belgique est de fr. 32,367,828.28 et se décompose comme suit : caoutchouc fr. 26,765,917.50, ivoire fr. 5,576,760, autres produits tels que café, copal, huile de palme, noix de palme, cacao, tabac, etc. fr. 25,150.78.

Le nombre de postes de l'Etat est de 163.

Dans toutes les stations, des travaux de route ont été exécutés. Comme on se préoccupe surtout des moyens de communication par eau, et que de plus, l'on ne dispose pas d'animaux de trait ou de bât, la construction de routes carrossables n'a guère été entreprise. Néanmoins, des travaux de l'espèce ont été entamés aux environs d'Umangi, où l'on possède un réseau d'au moins 80 kilomètres de routes bordées d'arbres fruitiers. Les principales ont 10 mètres de largeur, les secondaires 5 mètres.

On s'est surtout occupé d'améliorer les sentiers indigènes qui relient entre eux les différents postes de l'Etat, situés en dehors des voies navigables, et qui constituent des routes de portage. Des routes de l'espèce existent partout et notamment dans le district de l'Equateur, le district de l'Uele et la Province Orientale.

Les sentiers indigènes ont été élargis et parfois leur tracé a été rectifié ; les passages d'eau ont été améliorés ; dans les parties marécageuses, des passages ont été ménagés au moyen de troncs d'arbres abattus dans la même direction et fortement liés entre eux par des lianes.

L'achèvement du chemin de fer de Matadi au Stanley-Pool a donné un grand essor aux entreprises sur le Haut-Congo, en supprimant les transports par terre sur la route des caravanes, qui étaient souvent fort longs, attendu que malgré les plus grands efforts on ne parvenait à recruter qu'un nombre de porteurs insuffisant pour le transport de toutes les charges venant d'Europe et des produits descendant du Haut-Congo.

En permettant le transport facile de lourdes pièces de bateaux, le chemin de fer a facilité l'accroissement de la flottille du Haut-Congo et l'emploi de bateaux plus forts.

Il a également facilité les travaux de construction et de montage des vapeurs au Pool, en transportant les chaudières toutes montées, ainsi que des plaques de dimensions plus considérables qu'antérieurement.

Il a enfin permis l'établissement d'entreprises françaises dans le Congo français, en transportant rapidement jusqu'au Stanley-Pool les marchandises dont ces entreprises avaient besoin, pour leur premier établissement, marchandises qu'il eût été difficile de transporter par terre de Loango à Brazzaville.

On étudie en ce moment un projet de chemin de fer destiné à mettre en relation le Haut-Congo, à Stanleyville, avec la région des grands lacs. Ce projet semble ne pas devoir rencontrer de sérieuses difficultés, tout au moins dans la partie reconnue jusqu'ici, par les études, et qui s'étend entre Stanleyville et Avakubi.

Le réseau télégraphique et téléphonique a actuellement une extension de près de 1500 kilomètres, se décomposant comme suit :

de Boma à Coquilhatville . . . . . . 1225 kilom.
d'Umangi à Lissala. . . . . 20 »
de M'Toa vers Nyangwe . . . . . . 200 »

La section Boma-Matadi, soit 50 kilomètres, a été construite en 1894 et 1895.

La section Matadi-Léopoldville, soit 400 kilomètres, a été construite de 1895 à 1898. Elle n'a pu marcher plus vite, car la ligne télégraphique empruntant les poteaux du chemin de fer a dû suivre la construction de celui-ci.

La section Léopoldville-Coquilhatville, soit 800 kilom., a été construite de 1898 à 1899.

La section Umangi-Lissala, soit 20 km., a été construite fin 1899.

Enfin la section qui part de M'Toa vers Nyangwe est en construction depuis environ un an.

Les seuls chemins de fer vicinaux en construction ou projetés sont ceux du Mayumbe. La construction se poursuit rapidement et sans grandes difficultés. La première section, Boma-Luki, soit 31 kilomètres, vient d'être ouverte à l'exploitation publique.

Dès 1894, le Gouvernement prescrivit l'établissement de vastes plantations de café et de cacao.

Parmi les variétés de caféiers qui ont été introduites, l'espèce Liberia a été plantée de préférence, parcequ'elle est la plus robuste et résiste le mieux aux maladies. San Thomé a pourvu spécialement à la fourniture des capsules de cacao. Des envois de graines de cacaoyers furent effectués également de Caracas et de Colombie. Toutes ces semences furent réparties entre les diverses stations du Bas et du Haut-Congo.

Les grands centres de culture se trouvent dans les districts de l'Equateur et de l'Aruwimi et dans la zone des Stanley-Falls.

Ci-après un tableau montrant le développement des plantations à la date du 31 décembre des six dernières années :

En pleine terre.	1894	1895	1896	1897	1898	1899
Caféiers	61,517	241,446	494.069	1,167,259	2,021,178	2,364,634
Cacaoyers	13,867	36.675	87,896	104,813	190,160	386,269

Il existe en outre, en pépinières, 800,000 caféiers et 200,000 cacaoyers.

A partir de 1897, l'obligation fut imposée aux chefs indigènes de cultiver le caféier ou le cacaoyer, moyennant certains avantages. Ces cultures donnent de bons résultats.

Signalons que le caféier sauvage se rencontre un peu

partout au delà du Stanley-Pool. Le fruit, quoique un peu plus amer que celui du café cultivé, n'est pas désagréable au goût.

L'exploitation des essences laticifères dans les forêts domaniales au Congo ayant pris dans ces derniers temps une extension considérable, le Gouvernement a cru devoir imposer certaines conditions aux exploitants, en vue d'empêcher l'appauvrissement en caoutchouc de ces forêts. Un décret du 5 janvier 1899, dispose qu'il doit être planté annuellement dans les forêts domaniales un nombre d'arbres et de lianes à caoutchouc calculé à raison de 150 pieds au moins par tonne de caoutchouc y récolté pendant l'année.

Désirant favoriser l'étude et la propagation des plantes économiques au Congo, le gouvernement vient de créer un jardin botanique et un jardin d'essais dans le district de l'Equateur.

Le jardin botanique réunira non seulement une collection aussi complète que possible des spécimens de la flore indigène, mais aussi les végétaux exotiques tropicaux, ou intertropicaux, utiles au point de vue commercial et industriel et dont l'acclimatation paraît pouvoir être utilement tentée.

Le jardin d'essais servira exclusivement à la culture expérimentale des plantes susceptibles d'être produites dans de grandes proportions.

Alors que les transports à destination du Haut-Congo ne comportaient, avant l'achèvement du chemin de fer guère plus de 100,000 charges de 35 kgr. par an, ces transports se sont élevés à environ 240,000 charges en 1899, tant pour l'Etat que pour les sociétés, pour lesquelles il effectue les transports sur le Haut-Congo et ses affluents.

Un service public postal de transports a été organisé sur le Haut-Congo. Chaque mois plusieurs vapeurs quittent Léopoldville, à destination du Haut-Congo, du Kassaï, du Sankuru et du Kwango. Des vapeurs spéciaux assurent le service du Haut-Congo en amont de Bumba jusqu'à Stanley-Ville, de l'Itimbiri, de la Mongola, de la Lulonga, du Lac Léopold II. Les autres affluents navigables sont desservis par les vapeurs, lorsque les besoins des transports l'exigent.

L'Etat possède actuellement 26 vapeurs sur le haut fleuve, pouvant charger 1250 tonnes environ. Les particuliers et sociétés ont également sur le Haut-Congo 30 vapeurs, mais ils sont plus petits et ne peuvent guère charger plus de 300 tonnes. En règle générale, ces vapeurs sont destinés à relier entre eux les différents postes de chaque société et à les relier au point de transit, où les vapeurs de transport viennent déposer les marchandises et embarquer les produits.

Une mission a délimité la frontière du Mayumbe entre l'Etat et les possessions portugaises. Elle a fixé astronomiquement de nombreux points de cette région et en a dressé la carte.

Une autre mission a exploré le Katanga et la frontière sud de l'Etat et parcouru dans cette région 3000 kilomètres.

Dans tous les districts, s'exécutent, régulièrement et sans relâche, de nombreuses reconnaissances par eau et par terre, qui mettent chaque jour de nouvelles populations en contact avec les Européens.

D'après le recensement effectué au 31 décembre 1898, la population non indigène était de 1630.

La statistique du commerce extérieur des principales nations, généralement mises en parallèle, condensée en tableau rétrospectif d'une trentaine d'années, montre expressivement les situations comparatives.

Pays.	1872.		1899.	
	Importations.	Exportations.	Importations.	Exportations.
Grande Bretagne Fr.	8,867,350,000	7,804,700,000	12,126,887,850	8,242,004,900
Allemagne . . . . »	4,077,625,000	2,913,250,000	6,860,816,256	5,189,633,750
Etats Unis . . . »	3,210,681,050	2,612,400,000	3.994,227,855	6,377,498,355
France . . . . »	3,570,320.000	3,761,623,000	4,217,150,000	3,809,142,077
Belgique . . . »	1,277,933,094	1,051,133,247	2,260,245,151	1,949,292.400

La **Grande Bretagne**, bien que se trouvant aux prises avec deux fléaux épouvantables (la famine et la peste perdurante dans l'Inde), et en outre avec la guerre dans l'Afrique du Sud, a réalisé en 1899 des résultats commerciaux qui n'avaient jamais été atteints.

L'exportation comprend fr. 229,879,800 de navires neufs.

Ce poste n'était pas encore compris dans le relevé de 1898 ; en le défalquant, on trouve que le dernier exercice donne sur le précédent, une augmentation de fr. 367,423,275 à l'importation, et de fr. 662,664,125 à l'exportation. On est donc loin encore de la ruine prochaine du commerce et de l'industrie britanniques par les nations concurrentes.

Les communautés anglaises dans les diverses parties du monde sont entrées dans une période d'années prospères.

Le **Canada** y tient la première place. L'excédant des recettes pour 1898/99 est évalué à fr. 24,150,000.

Le développement de la culture du blé et de l'élevage du bétail ainsi que l'ouverture de districts riches en minéraux ont contribué à augmenter le commerce extérieur.

L'influence du régime préférentiel accordé aux produits anglais depuis le 1er août 1898, date à laquelle il a commencé à produire son plein effet, est constatée par les chiffres suivants : du 1^r août 1898 au 31 juillet 1899, l'importation des produits britanniques a été de £ 6,178,684 contre 5,707,106 en 1897-98 et 5,038,138 en 1896-97 ; il y a donc eu augmentation de 8 p. c. sur 1897/98 et de 22 p. c. sur 1896/97.

En 1898-99 le commerce extérieur du Canada s'est élevé à 319,500,000 dollars. En 1895-96 il atteignait au total 239,000,000 dollars, 257,169,000 dollars en 1896-97 et 305,475-736 dollars en 1897-98.

En trois ans, de 1896 à 1899, il y a eu une augmentation de 80,500,000 dollars.

L'**Inde anglaise** a aboli tout droit d'entrée sur les machines ; par contre, la Chambre des Communes, par 293 voix contre 152, a repoussé une proposition tendant à supprimer du tarif douanier de l'Inde les droits établis récemment sur les sucres étrangers jouissant d'une subvention dans leur pays d'origine. En mai 1898, le Conseil législatif de l'Inde, invité à frapper ces produits d'une taxe, s'y était refusé ; mais depuis il a changé d'avis et a adopté cette mesure protectionniste, à laquelle la Chambre des Communes, d'accord avec le Gouvernement anglais, a aussi donné son adhésion. De sorte que pour les sucres d'Europe, la traversée de la Manche, pour y prendre l'étiquette anglaise, procure à l'Angleterre une douce application du régime préférentiel dans l'Inde.

De rechef, l'Inde a encore été éprouvée en 1899 par la peste et la famine (1).

Les importations anglaises de houille et de soie ont diminué, les premières à cause du développement de la production hindoue, celle de la soie par suite de l'accroissement des importations du Japon, de la France et de l'Italie ; par contre, l'importation anglaise de matériel de chemin de fer a dépassé celle de l'année précédente.

L'Angleterre tient 44 p. c. du commerce d'importation et d'exportation avec l'Inde et 84 à 85 p. c. des transports de et vers cette colonie.

Le commerce général de l'Inde anglaise a donné les résultats suivants :

Années.	Importations.	Exportations.
1896/97 . . .	Roup. 932,019,365	Roup. 1 089.215,915
1897/98 . . .	» 941.776,519	» 1,047,814,280
1898/99 . . .	» 899,971,406	» 1.202,111,455

La situation présente de l'**Australie**, après les épreuves qu'elle a eu à subir, est celle du retour à meilleure fortune.

Le projet de fédération va être soumis au Parlement anglais. Un des points principaux du programme fédéral sera l'adoption du libre-échange absolu entre les colonies fédérées et l'application dans chacune d'elles d'un tarif uniforme pour les produits d'autres provenances, avec traitement privilégié aux marchandises venant de la mère-patrie, présent que l'Angleterre avait autrefois refusé au nom de la liberté commerciale.

L'effectif de la population des diverses colonies australiennes qui était de 3,890,895 habitants en 1891, a augmenté jusqu'à 4,476,905 habitants en 1898.

---

(1) 15 millions d'habitants sur 100,000 milles carrés de territoire britannique et 15 millions d'habitants sur 250,000 milles de territoire indigène, soit donc 350,000 milles carrés avec 30 millions d'habitants sont affectés. Ce sont les mêmes contrées qui ont le plus souffert de la dernière épidémie. Depuis la domination anglaise, on n'a pas vu dans ce pays pareille calamité.

Le gouvernement de l'Inde a le sérieux espoir de parvenir, par les travaux d'irrigation qu'il fait exécuter, à obvier à la sécheresse et, conséquemment, à empêcher la famine.

Les chiffres du commerce extérieur des sept colonies réunies sont pour :

	1899.	1898.	1897.
Exportations . . £	89,330,234	78,458,933	72,213,526
Importations . . »	71,167.992	68,541,872	65,599,530
Totaux . . . . £	160,498,226	147,000,805	137,813,056

La Nouvelle Zélande, isolée par sa situation géographique, est restée en dehors du mouvement fédéraliste. Elle a eu en 1899 un total de £ 8,739,633 à l'importation et 11,938,335 (comprenant £ 1,513.173 d'or) à l'exportation.

La fédération dans l'Afrique du Sud subit un temps d'arrêt en attendant l'issue de la guerre.

Le commerce de la Colonie du **Cap** a donné en 1899 un chiffre d'importation de £ 19,207,549, contre 16,682,438 l'année précédente, et à l'exportation £ 23,333,600 contre 25,318,701.

Dans la **Natalie**, les importations ont été en 1899 de £ 5 359,259, contre 5,326,274 en 1898, et les exportations de £ 3,097,184, contre 2,184,667 (comprenant respectivement £ 1,874,819 et £ 1,180,603 de transit), dont £ 402,543 et 40,635 d'or brut.

Le protectorat de **Sierra Leone**, où il s'était produit des troubles, a été pacifié et l'outillage de la région a été enfin commencé. Elle était absolument restée en friche. Le chemin de fer est maintenant en exploitation jusqu'à Waterloo ; la première section de la ligne est achevée jusqu'à Tonga Town et la deuxième ira jusqu'à Rotifunk.

Successivement le rail ouvrira dans toute l'Afrique au commerce et à l'industrie de nouvelles et quasi inépuisables ressources.

Une société anglo-belge, récemment constituée, a en vue l'exploitation de la **Côte d'Or**. Elle a pour objet toutes opérations commerciales, agricoles, industrielles, forestières, minières et financières, toutes entreprises de transports par terre et par eau, de travaux publics, de colonisation, etc.

La prospérité de l'**Allemagne**, bien marquée depuis 1894, ne s'est pas seulement maintenue en 1899, mais elle a encore augmenté, et les Allemands considèrent la situation actuelle comme devant être de longue durée.

Les indices de prospérité sont multiples : progrès du commerce extérieur, trafic croissant des chemins de fer, fortes recettes du Trésor, élévation du prix des marchandises, accroissement de la consommation intérieure. Cette dernière contribue pour une large part à l'essor de l'industrie allemande.

Une preuve de l'accroissement du bien-être, parallèle à l'expansion commerciale et industrielle, est fournie par la décroissance sensible de l'expatriation, qui n'a été en 1898 que de 20,960 émigrants, chiffre le plus faible depuis que l'empire existe.

En même temps que la consommation du marché intérieur est devenue meilleure, les traités de commerce avec la Russie, l'Autriche, l'Italie, la Belgique, la Suisse et la Roumanie ont assuré la stabilité dans les débouchés.

De 1894 à 1899, l'exportation allemande a progressé de fr. 3,814,350,000 à fr. 5,189,633,750.

Les importations en 1899 ont été de fr. 6,869,816,256 contre 5,356,016,250 en 1894.

L'augmentation de l'exportation a été relativement peu considérable en 1899, et celle des produits sidérurgiques est restée inférieure de 118,433 tonnes au chiffre de 1898.

Produits exportés.		1898.	1899.
Fontes de toutes sortes	T.	187,375	182,091
Barres, cornières et profiles divers	»	468.403	415.098
Rails, matériel de voie	»	154,642	140,196
Matériel roulant pour chemins de fer	»	31.721	40,703
Lingots, massiaux, booms et billettes	»	34,964	23,438
Tôles et fer-blanc	»	157,804	157,746
Fils et cables	»	191,166	157,314
Autres produits divers	»	312,186	335,234
Mitrailles	»	85,095	53,103
Totaux	T.	1,623,356	1,504 923

La lutte entre protectionnistes et libre-échangistes reste toujours vive et il est constaté que les agrairiens du Reichstag sont aussi obstructionnistes que leurs collègues de France.

Le Gouvernement de l'empire a fait un pas de plus dans la voie des atteintes à la liberté en proposant l'interdiction des marchés à terme en laines peignées qui a été votée le 20 avril par le Reichstag et promulguée le 30 du même mois.

Le Landtag prussien a rejeté un projet de loi qui avait en vue de compléter le réseau des voies de navigation intérieures, par la communication entre le Rhin, le Weser et l'Elbe, pour la circulation de bateaux de 600 à 750 tonnes. Les devis sont évalués à 261 millions de marks. Le canal aurait une longueur totale de 466 kilomètres.

Parmi les opposants on s'étonne de trouver la ville de Hambourg, alors que la navigation fluviale a tant contribué, dans ces derniers temps, à la prospérité de ce grand port.

On comprend d'autant moins le vote du Landtag qu'il n'est pas douteux que les canaux sont l'auxiliaire indispensable du chemin de fer pour les transports pondéreux.

Le budget colonial de l'Allemagne comporte env. 16,000,000 mk dont 9,780,000 mk sont attribués à l'administration de Kiaou-tchéou.

Pour les **Etats-Unis** l'année 1899 a marqué un progrès extraordinaire.

La production de houille et de fonte a été bien supérieure à celle des années précédentes, dépassant celle de la Grande-Bretagne (1).

Les exportations sidérurgiques ont passé de 62,727,250 doll. en 1897 à 82,771, 550 doll. en 1898, pour atteindre 105,689,645 en 1899.

Le commerce extérieur pendant l'année 1899 s'est monté à $ 2,074,345,242 dont : Importations $ 798,845,571 et exportations $ 1,275,499,671. Les manufactures représentent dans les exportations la plus grande proportion qui ait jamais été constatée, tandis que les matièrcs brutes employées dans les manufactures sont représentées dans les importations par une quantité plus grande que jamais.

Le sort des nouvelles possessions des Etats-Unis n'est pas encore définitivenent réglé.

Dans l'île de Cuba la longue guerre soutenue contre l'Espagne a été causc de bien des désastres.

Les rapports officiels sur l'état du pays accusent une profonde misère, et la soumission progresse peu.

(1) Production comparée.

Années.		Houille.		Fonte.	
		G^{de} Bretagne	Etats-Unis.	G^{de} Bretagne.	Etats-Unis.
1880	T.	146,818,522	66,831,213	7,721,833	3,835,191
1890	»	181,614,288	141,657,596	7,895.130	9,350,587
18,8	»	205,274,000	197,852,394	8,769.249	11,962,981
1899	»	220,000,000	230,838,973	9,393,018	13.020,708

Le nouveau règlement sur l'immigration à Cuba impose la perception d'un droit d'un dollar pour chaque passager sauf les citoyens des Etats-Unis.

Les mêmes dispositions sont appliquées dans les Philippines. Depuis l'occupation de ce dernier groupe par les Etats-Unis il a été fait des enquêtes dont le résultat intéresse le monde commercial. Environ huit millions d'acres, soit environ un neuvième de la surface de l'archipel, sont cultivés, et il n'est pas douteux que la production agricole pourrait être décuplée. Le riz compte plus de cent variétés. Cependant la production est insuffisante et doit être complétée par des apports. Dans quelques provinces le maïs est la nourriture principale. Les fruits sont extrêmement abondants. Le sucre est cultivé sur un grand pied, mais le produit est inférieur, à cause des procédés primitifs d'extraction. On en consomme très peu et l'exportation annuelle est d'environ 223,000 tonnes, dépassant toutes les autres exportations, sauf le chanvre. Le café donnait jadis 14,000,000 ℔ mais la production en a été sensiblement réduite, à la suite des ravages d'un insecte destructeur.

Le tabac donne lieu à une exportation annuelle de plus de 100,000,000 de cigares et de 20,400,000 ℔ en feuilles. Le pays produit divers épices et les plantes médicinales sont abondantes. Les plantes aromatiques et ornementales croissent en une telle profusion qu'elles ne sont l'objet d'aucun soin.

La population des Philippines est de 7,636,632 habitants. Les Chinois sont en majorité parmi les étrangers. Il y a à Manille 89 maisons étrangères, dont une belge.

De vastes projets sont préparés par les Américains pour tirer parti des ressources inexploitées de ce grand archipel.

Peudant l'année 1898 le commerce d'exportation a augmenté malgré la situation toujours troublée.

On se demande si les Etats-Unis essaieront d'appliquer à leurs nouvelles possessions l'exclusion des Chinois, qui pour les Philippines serait spécialement fatale.

Il résulte d'une statistique qu'aux Etats-Unis en 1899, il a été admis 5,925 immigrants chinois appartenant aux classes dites exemptées et qu'il en a été refusé 950.

Les Etats-Unis insistent pour le traitement uniforme de tous les étrangers en Chine, même dans les zones d'influence, et il semblerait que dans la pratique ils corrigent sensiblement ce qu'à l'égard des Chinois leur législation a, en somme, de draconien ; de même l'on voudrait pouvoir considérer comme un retour vers des vues moins exclusivistes les concessions qu'ils paraissent disposés à faire sur leur tarif de douanes.

Vers la fin du siècle dernier le commerce de la **France** dépassait celui de l'Angleterre de fr. 200,000,000 ; en 1850 l'Angleterre avait déjà pris le premier rang universel qu'elle a conservé, et en 1872, la France arrivait encore au second rang ; mais en 1890, il lui était enlevé par l'Allemagne, et à l'heure présente les progrès des Etats-Unis l'ont fait reculer jusqu'au quatrième rang.

La France, grâce à des récoltes favorables, a importé en 1899 pour près de fr. 500,000,000 de moins qu'en 1898 en objets d'alimentation ; par contre, elle a importé en plus pour 158,000,000 de matières pour l'industrie et 73,000,000 d'objets fabriqués. Ses exportations ont augmenté de 388,000,000 dont env. 240,000,000 de produits fabriqués.

Les chiffres du commerce français pour les deux dernières années se comparent comme suit :

Importations.		1899.	1898.
Objets alimentaires	fr.	1,019.219,000	1,505,578,000
Matières nécessaires à l'industrie	»	2,506.514,000	2,348,546.000
Objets fabriqués	»	691,417,000	618.428.000
Totaux	fr.	4,217,150,000	4,472,552,000

Exportations.		1899.	1898.
Objets d'alimentation	fr.	680,652,000	662.809,000
Matières nécessaires à l'industrie	»	1,084,297,000	932,332,000
Objets fabriqués	»	1,946,048,000	1,708,139.000
Colis postaux	»	188,145,000	207,620,000
Totaux	fr.	3,899,142,000	3,510,900,000

Le chiffre des exportations françaises de fr. 3,899,142,000 dépasse le plus élevé constaté antérieurement (fr. 3,782,000,000 en 1885) ; mais il est dû surtout au régime de faveur accordé aux produits de la métropole dans ses colonies et qui virtuellement comporte la quasi-exclusion des produits des autres nations.

L'orientation plus exploitative en même temps qu'exclusiviste des colonies françaises apporte aux industries nationales un privilége de nature à contrebalancer plus ou moins la perte de débouchés neutres que le protectionnisme inflige à la France.

Le recul des dernières années a dû, ainsi que nous l'avons déjà dit antérieurement, ouvrir, d'autre part, les yeux au Gouvernement français et même à un assez bon nombre de ses nationaux. L'arrangement avec l'Italie, entré en vigueur le 12 février 1899, la résistance assez marquée du pouvoir exécutif contre bon nombre des projets d'aggravations de droits de douane qui émaillent les sessions législatives pour périmer à la fin de chacune de celles-ci, les négociations avec les Etats-Unis et le Brésil, pour obtenir des réductions de l'un et échapper au tarif maximum de l'autre, sont autant de preuves d'une très sérieuse hésitation sur le terrain protectionniste. Mais que l'on ne soit pas prêt encore à sortir de l'ornière, nous en trouvons également la preuve dans le rejet de la demande d'abolition du droit sur la houille, droit qui pèse lourdement sur l'industrie française.

Il a été question de chercher, pour satisfaire celle-ci, un équivalent dans une réduction des tarifs de transport, d'où résulte une fois de plus que le protectionnisme est un véritable cercle vicieux.

De très importants changements ont été opérés dans la manière de gérer et d'approprier les Frances lointaines. Au point de vue administratif, il s'est produit une tendance manifeste d'imposer aux colonies de pourvoir elles-mêmes à leurs besoins, de s'organiser et de s'outiller, le cas échéant avec de simples subventions du Trésor français, en un mot de substituer une autonomie plus effective des colonies à leur vie automatique actuelle en les faisant cesser d'être de simples rouages d'un mouvement d'horlogerie dont le pendule est à Paris.

On procède actuellement par concession de territoires d'exploitation minière, agricole et forestière, de construction de routes, de chemins de fer et autres travaux d'utilité publique.

Mais, comme tout doit s'enchaîner dans un mouvement évidemment progressif, quelles que soient ses imperfections originelles, les esprits prévoyants discutent très opportunément la question de l'uniformité de traitement économique entre la France d'Europe et les Frances d'outremer.

Sans doute, ce serait encore du protectionnisme, mais il aurait au moins l'excuse de ne constituer qu'un régime préférentiel de réciprocité, et un progrès relatif sur le procédé draconien consistant à exiger que les colonies acceptent chez elles en franchise les produits de la métropole et à élever des barrières dès qu'il s'agit de recevoir leurs produits dans celle-ci.

Somme toute, bien que les chiffres du commerce de la France ne soient pas décourageants pour l'année 1899, on ne saurait, de la comparaison des statistiques, déduire d'autre conclusion que celle de la continuation d'une décadence, attestée par le recul des ports français, spécialement Marseille, Le Havre, Dunkerque et Bordeaux, ainsi que celui de la marine marchande.

Le sentiment de cette décadence se généralise à tel point que l'on semble aspirer dans toutes les directions à une espèce de correctif par l'érection d'un *port franc* à côté de chaque port français.

La Chambre de Commerce de Paris, après avoir approfondi la question sous toutes ses faces, l'a exposée avec perspicacité dans un récent rapport qui débute en ces termes :

« Le préjudice qui est causé à notre trafic extérieur, à nos ports et à notre marine marchande *par le régime protectionniste actuel* est un fait malheureusement trop visible pour que les esprits clairvoyants, soucieux de l'avenir commercial de la France, n'en soient pas vivement préoccupés et inquiets. »

Après avoir longuement traité et analysé la question, la Chambre fait justice de toutes les illusions et résume sa manière de voir en émettant le vœu de la création *de zones franches*, sous les réserves suivantes :

« 1º Qu'elles devront être établies *sur quelques points seulement du littoral*, aux endroits qui répondront le mieux, *géographiquement*, aux nécessités commerciales, industrielles et maritimes de l'ensemble du pays.

» 2º Mais que, tout d'abord, *et avant cette création*, l'État accordera de nouvelles facilités aux industries de l'intérieur,

» En développant l'usage de l'entrepôt fictif et de l'admission temporaire par une réglementation plus large et mieux appropriée aux besoins du commerce ;

» En appelant un bien plus grand nombre d'articles à profiter des avantages que doivent procurer ces deux régimes ».

C'est la réfutation décisive de la supposition tout à fait imaginaire que l'on aurait enfin trouvé la panacée pouvant faire contrepoids aux conséquences fatales du protectionnisme.

Nous ne possédons pas de documents suffisamment précis pour pouvoir apprécier les progrès du commerce des **Pays-Bas**. Le tonnage total de jauge à l'entrée a été en 1898 de 8,694,297 tx.

Une statistique de l'année 1897 renseigne fr. 3,433,290,000 à l'importation et 2,808,540,000 fr. à l'exportation.

Le commerce de la **Suisse** a été plus prospère encore pendant l'année 1899 que celui de 1898, dont les résultats dépassaient de loin ceux des années précédentes. Les importations ont atteint fr. 1,103,349,000 contre 1,065,305,000 en 1898, et les exportations 795,921,000 fr. contre 723,826,000.

Malgré les revers qu'elle a éprouvés et la perte de ses colonies, l'**Espagne** s'applique à se relever. Elle a cédé à l'Allemagne les Carolines, les Palaos et ce qui lui restait des Mariannes.

La production industrielle suit une progression encourageante ; l'extraction du minerai de fer, qui était de 7,197,047 tonnes en 1898, s'est élevée à 9,234,302 tonnes en 1899. Il importe toutefois de remarquer qu'il a été exporté 8,613,137 t. contre 6,558,062 t. en 1898, comprenant donc la presque totalité du progrès de l'extraction.

Pour l'**Italie** la statistique démontre une amélioration continue au point de vue commercial. Nous trouvons en 1899 1,506,561,000 fr. à l'entrée et 1,431,417,000 à la sortie.

Les importations ont augmenté de 93,226,000 fr. en valeurs, mais elles ont diminué en quantité.

Les exportations représentent une augmentation sur 1898 de 227,848,000 francs dont 105 millions par hausse de prix et 123 millions par augmentation des quantités de marchandises.

Les importations de l'**Autriche-Hongrie** en 1899 ont comporté fr. 1,975,750,000 contre 2,049,500,000 en 1898 et les exportations fr. 2,321,000,000 contre 2,019,000,000.

La Belgique fait avec la **Roumanie** un commerce considérable, qui s'est élevé en 1898 à 107,406,644 fr., dont fr. 14,076,938 représentent l'exportation belge et fr. 93,329,706 l'exportation roumaine. L'importation totale de la Roumanie en 1898 a atteint fr. 389,908,439 et l'exportation fr. 283,181,567, chiffres dépassant ceux de tous les exercices précédents.

Le port d'Anvers est devenu le plus grand importateur de céréales roumaines (blés et maïs). Les principales maisons d'importation de cette place ont créé une banque à Braïla.

Le commerce extérieur de la **Russie** est en croissance, mais les importations d'Angleterre y sont en recul.

L'importation a comporté en 1899 le total de fr. 1,908,940,225 et l'exportation fr. 1,995,496,775; dans les deux sens l'Allemagne occupe le premier rang, tenu ci-devant par l'Angleterre.

L'industrie russe se développe considérablement. La somme des capitaux des sociétés en activité, qui était de fr. 157,500,000 en 1886, a atteint 5,312,500,000 en 1899. L'Angleterre se trouve, sur ce terrain, dans un état de grande infériorité vis à vis de l'Allemagne, de la Belgique et de la France.

L'industrie minière et métallurgique du sud de la Russie est en grande partie aux mains des Belges.

En janvier 1899, 105 entreprises belges avec un capital d'environ 340 millions fonctionnaient en Russie. Au premier janvier 1898 ce capital n'était que de 175,673,000 fr.

La Russie possèdera dans deux ans 54,672 kilomètres de chemin de fer sans compter les lignes projetées. Le rôle que joue cet outillage dans la transformation d'un pays peut être apprécié par l'importance rapide qu'a prise le port de Novorossisk, en 1885 village de 2000 habitants, devenu ville florissante comptant déjà 35,000 habitants ; ses exportations ont atteint pour les seules céréales 37 millions de pouds en 1895 et en 1897 les importations de produits divers se sont élevés à 68,336 tonnes.

Il est permis sans doute de regretter que le vaste empire moscovite soit resté arriéré sous le rapport de la liberté économique, mais ce n'est que justice de reconnaître que le Gouvernement du czar actuel a imprimé de merveilleuses poussées à la mise en valeur de la Russie ; c'est ainsi que la Sibérie, avec une superficie totale de 13 millions 400,000 kilomètres carrés et une population de seulement 4 millions d'habitants, considérée longtemps comme une sorte de désert inhabitable et qui possède de grandes richesses non encore exploitées, paraît destinée à devenir une des contrées les plus riches et les plus productives du monde.

Déjà, de grandes quantités de froment sont exportées et ses richesses minérales sont considérables.

Les industries, encore dans l'enfance, commencent à se développer et il y a lieu à s'attendre à ce qu'elles prennent bientôt une grande extension.

L'esprit de pénétration qui a créé la jonction directe par rail de l'Europe avec les derniers confins de l'Asie septentrionale, va se ramifier vers l'Asie centrale par une conjonction avec la Perse. Après avoir avalisé pour celle-ci un important emprunt de conversion, la Russie a signé avec la Perse un accord aux termes duquel le Czar a obtenu la prolongation, pour une période indéfinie, du monopole pour la construction des chemins de fer en Perse.

Il est peu fait mention, dans les revues annuelles, des pays scandinaves, qui cependant ne font nullement ombre au tableau de l'activité universelle ; le progrès, il est vrai, est lent en **Suède** et plus lent encore en **Norvège**, mais il est indéniable, ainsi que le montre la statistique.

Années.	Suède.		Norvége.	
	Importation.	Exportation.	Importation.	Exportation.
1870. . . . . Fr.	197,122,000	213.389,000	144,480,000	113,120,000
1880. . . . . »	321,748,000	355.441,800	221,219.400	152.234,600
1890. . . . . »	528,066,600	426,426,000	292,122,600	183,534,400
1897. . . . . »	571,664,200	499,473,000	369.205,200	234,780,000
1898. . . . ; »	637,800,000	428,860,000	392,280,000	223,550,180

Le **Danemark**, jouissant il est vrai d'une situation plus privilégiée, voit son commerce augmenter plus rapidement.

De 850 millions de francs en 1894, il a monté en 1898, à 1,009,000,000 fr. pour une population de 2,300,000 habitants. Les exportations ont été en 1897, de fr. 448,000,000 et les importations de fr. 561,100,000. Le Danemark est un pays essentiellement agricole, bien que l'industrie commence à s'y développer.

L'Angleterre absorbe à elle seule plus de la moitié de l'exportation danoise et fournit le quart de l'importation, celui-ci cependant dépassé sensiblement par l'Allemagne.

Nous avons résumé plus haut la situation du commerce dans les colonies africaines. Pour l'année sous revue nous n'avons pas de statistique du Transvaal, où la guerre fait rage depuis trois mois. Nous donnons plus loin le chiffre de sa production d'or.

Les importations de l'**Etat libre d'Orange** sont évaluées env. 30,000,000 francs et les exportations 40 à 45 millions.

Pour le **Transvaal** il n'y a pas de statistique de l'exportation. L'importation qui était en 1886 de fr. 12,000,000 avait atteint en 1897, fr. 339,000,000. Mais il ne saurait passer inaperçu que parmi les importations figuraient en 1897 pour fr. 50 à 60 millions sous la dénomination de denrées alimentaires, comprenant notamment : du beurre, du lait condensé, du maïs, du sucre du thé, des jambons, du lard, du fromage et des conserves. Le chiffre de l'importation en 1898 était revenu à l'allure plus normale de fr. 262,500,000.

Il n'est pas douteux qu'après la guerre l'Afrique australe sera un débouché considérable pour la fourniture d'articles de toute espèce, denrées alimentaires, véhicules, harnais, outils, machines, fournitures générales pour chemins de fer, etc.

Plus près de nous, sur le littoral de la Méditerranée, l'empire du **Maroc**, avec ses 570,000 kilomètres carrés, ses 1100 kilomètres de côtes et ses ports nombreux, reste quasi en dehors de l'intercourse des nations. L'esclavage est toujours en vigueur. L'exportation du froment, de l'orge, du tabac, du chanvre, du haschisch est interdite ; celle des maïs, fèves, pois chiches et lentilles est soumise à un droit de sortie de 10 p. c. et plus. L'exportation du bétail est limitée à 6000 têtes par an ; la sortie des chevaux et brebis est interdite. La fertilité du pays est incomparable et cependant il est périodiquement ravagé par la famine.

Le contraste entre le Maroc et la **Tunisie** est de nature à être enregistré. La Régence a entrepris de grands travaux maritimes. La longueur des routes empierrées a été portée à 1516 kilomètres. Le réseau des voies ferrées gagne successivement en développement ; il s'est accru récemment de 394 kilomètres. Le nombre des mines concédées est de dix, dont deux sont exploitées par des sociétés belges.

La **Tripolitaine** a importé en 1898 pour 9,500,000 fr. et exporté pour 9,938,000 fr.

Le commerce de l'**Egypte** a fait de nouveaux progrès en 1899. L'importation a donné fr. 297,486,800 et l'exportation fr. 403,138,400. Les entreprises belges sont en pleine voie de prospérité.

De l'année 1899 datera derechef pour **le Japon** une ère nouvelle. Il y a été mis en vigueur cette année des changements importants, qui exerceront une grande influence sur le commerce japonais. Ce sont : la substitution de l'étalon d'or à l'étalon d'argent, l'introduction d'un tarif protecteur très élevé, l'abolition des droits d'exportation et la suppression des juridictions exterritoriales.

Ces modifications ne sont pas les seules. Le gouvernement a introduit le monopole des tabacs en feuilles ; moyennant autorisation préalable, le tabac destiné à l'exportation peut être vendu directement à des particuliers. Il a également établi à Formose le monopole du camphre.

Certaines importations diminuent en raison de la croissance de la production indigène. Cependant pour ce qui concerne les divers produits de l'industrie du fer, de la verrerie et généralement des objets usuels, on présume que la génération présente ne verra pas diminuer sensiblement l'importation.

L'introduction de l'industrie au Japon a amené promptement une hausse des salaires ; la consommation augmente avec la production et il paraît bien certain que la concurrence orientale ne sera pas de sitôt redoutable pour les pays occidentaux.

On remarque aussi que l'importation subit une transformation dans sa modalité, en ce sens qu'actuellement des négociants japonais importent annuellement pour une valeur de plus de 90,000,000 yen contre 12,000,000 il y a dix ans et moins de 2,000,000 en 1883, alors que les négociants étrangers ont importé en 1898 pour une valeur de 184,000,000 yen, contre 61,000,000 en 1890 et 29,000,000 en 1883.

Il est aujourd'hui établi qu'après la dernière guerre on avait voulu trop entreprendre à la fois au Japon. En 1896, le nombre des sociétés industrielles était de 4000 représentant un capital nominal de 397,000,000 yen ; les créations nouvelles de l'année étaient de 1000 sociétés avec 112,000,000 yen. Il y a eu une même augmentation en 1897, et le nombre actuel des sociétés industrielles est d'environ 6,000 pour un capital nominal d'ensemble 800 à 900 millions de yen ; déjà cependant bien des sociétés douteuses ont été dissoutes et l'expérience a amené la transformation d'assez bien de sociétés anonymes en sociétés en nom collectif, comme asseyant mieux les responsabilités.

Il restait un certain antagonisme contre les étrangers en ce sens qu'ils ne sont pas encore autorisés à devenir propriétaires fonciers, bien qu'ils jouissent du droit de superficie, qu'à défaut de stipulation de terme les tribunaux peuvent leur accorder de 20 à 50 ans. Ils ne pouvaient pas non plus faire partie d'une industrie minière ni même en être actionnaires. Mais le Gouvernement a soumis au Parlement des projets de loi attribuant aux étrangers le droit d'exploiter des mines et de posséder des propriétés foncières.

De nouveaux ports ont été ouverts au commerce étranger ; le nombre total en est maintenant de trente-deux.

Les importations pour 1899 se sont élevées à 562,484,075 fr. et les exportations à 548,519,000 fr. ; il y a, par rapport à 1898, une diminution de 145,724,550 fr. à l'importation et une augmentation de 125,501,650 fr. à l'exportation.

En 1879 le Japon possédait 165 petits vapeurs, jaugeant 41,407 tx ; la flotte marchande comprend actuellement 570 steamers jaugeant 363,233 tx et 165 voiliers jaugeant 27,211 tx.

Le commerce extérieur de la **Chine** a été caractérisé pendant l'année 1899 par un développement remarquable, dû surtout aux nouveaux chemins de fer. Miu-Chwang et Tien-Tsin ont vu leur trafic presque doublé, grâce aux nouvelles voies de communication qui leur ont été ouvertes. La ligne russe pour Moukden et la ligne franco-belge, de

Pékin à Hankow contribueront au développement des régions qu'elles traversent.

L'importation a atteint 992,806,706 fr. et l'exportation 734,193,120 fr.

7,004 navires étrangers, jaugeant 5,479,000 tonnes, sont entrés dans les eaux chinoises, contre 6,093 navires jaugeant 4,927,000 tonnes en 1898.

L'Angleterre occupe toujours le premier rang dans les ports de la Chine ; la marine allemande a pris le deuxième rang. Le cabotage entre la Chine, le Japon et les Indes est fait sur un grand pied par des armements allemands.

Par un arrangement convenu cette année entre la Russie et l'Angleterre, ces deux puissances se sont reconnu réciproquement une sphère d'influence industrielle, après s'être déclarées d'accord pour maintenir l'intégrité de l'indépendance de la Chine. Les deux pays se sont engagés à ne pas s'ingérer dans la sphère d'influence l'un de l'autre.

Une autre entente a été conclue à l'initiative des Etats-Unis, entre ceux-ci, la Grande-Bretagne, l'Allemagne, la France, la Russie, l'Italie et le Japon, pour le maintien de la politique de la « porte ouverte ».

La ligne Pékin-Hankow est exploitée entre Pékin et Pao-ting et l'inauguration d'un tronçon de 20 kilomètres du côté de Hankow devait se faire à la fin de l'année.

La place de Hankow grandit journellement en importance. La concession anglaise est l'entrepôt du commerce extérieur. Les concessions russe, française, allemande et japonaise sont en pleine appropriation. De nouvelles maisons françaises, belges et allemandes se sont établies et les bénéfices qu'elles donnent sont largement rémunérateurs. L'importation est entre les mains des chinois. L'achèvement des voies ferrées et la disparition du likin mettront les Européens à même de s'occuper de l'importation. Parmi les usines créées à l'européenne on cite la grande aciérie de Han-Tong, dirigée par des Belges et qui fournit au Gouvernement des rails et une partie de l'armement de ses troupes. On signale l'activité de la navigation sur le Yang-Tse ; huit compagnies, dont une japonaise et une chinoise, mettent Hankow en relation avec Shanghaï vers l'aval et Ichang en amont.

En vertu du traité belge chinois du 2 novembre 1865, nos compatriotes à Hankow ont sollicité une concession pour l'établissement d'une ville belge de quelques hectares, qui s'élèvera dans la ville chinoise.

D'immenses travaux d'endiguement sont projetés au fleuve Jaune, en vue de mettre fin aux inondations ; il s'agirait d'une dépense de 300 millions de taëls. Les études préalables ont été faites par des ingénieurs belges, à la demande personnelle du vice-roi Li-Hung-Tchang.

L'Allemagne a organisé complètement la région qu'elle a obtenue par le traité du 6 mars 1898. Elle a adopté la forme de colonie autonome. La colonie est commerciale. Il a été établi un cadastre pour la vente des terrains aux particuliers. Le but principal est le commerce, ouvert à toutes les nations. Kiao-Tchéou a été ouvert le 2 septembre 1898. Cette ville n'est pas située dans le territoire cédé à l'Allemagne. La baie, avec ses petites îles et un canton montagneux de la terre ferme qui l'entoure, constituent le territoire allemand.

De l'autre côté de Kiao-Tchéou, sur le canton de terre ferme, se trouve le village de Tsingtau, au bord d'une crique. On y bâtira une ville qui sera le terminus du chemin de fer et le chef-lieu de la colonie. Les travaux du chemin de fer du Shantung avancent rondement ; ils constituent l'amorce du réseau circulaire que les Allemands construiront dans la région et pour lequel a été constituée à Berlin une société anonyme au capital de 54,000,000 mk.

Le port de Taliën-Wan a été également ouvert, par la Russie, au commerce de toutes les nations pour toute la durée du fermage conclu entre elle et la Chine. Le Czar a décrété la construction, près de ce port, d'une nouvelle ville nommée Dalny, qui sera ouverte au commerce de toutes les nations.

Les Anglais ont obtenu une extension de la concession de Hong-Kong, sur le territoire du Kau-Long.

A l'heure actuelle les concessions de chemins de fer mesurent 11,400 kilomètres dont : construit 588, en construction 4,213, concédés 6,639 kilom. Il convient d'ajouter 3,180 kilomètres de lignes proposées et 4,652 kilomètres de lignes levées.

4

Un nouveau règlement est entré en vigueur pour les travaux publics, les entreprises minières et les concessions de chemin de fer.

Les entreprises sont de trois catégories : gouvernementales, contractuelles ou mixtes.

Les mines et les chemins de fer doivent faire l'objet de stipulations spéciales ; les compagnies de chemins de fer devront faire des arrangements particuliers pour pouvoir exploiter les gisements miniers situés le long des railways.

Autant que possible le personnel ouvrier devra être chinois, il ne sera permis d'employer des ouvriers étrangers que dans la proportion de 3 sur 10. L'enrôlement des ouvriers européens ne peut se faire que par contrat. Les différends pouvant naître de l'emploi d'ouvriers seront, en règle générale, soumis à l'arbitrage d'industriels d'autres nationalités.

L'industriel européen qui traiterait une affaire en son nom propre n'aura pas le droit de recourir, le cas échéant, au Tsung-Li-Yamen ou au comité général.

Une clause du nouveau règlement stipule qu'il ne pourra être accordé aucune concession de mines ou de chemins de fer, même à un syndicat chinois, dans le Toung-San (Mandchourie septentrionnale) et dans la région comprise entre Loung-Tcheou et Shantung, ces districts étant considérés comme ayant un caractère international.

Un ministre du commerce est maintenant chargé à Pékin, de rechercher les meilleurs moyens de développer les relations commerciales avec les autres puissances.

La mise en exploitation de la Chine au moyen des procédés modernes sera sans nul doute au premier rang parmi les grands faits économiques de la fin du dix-neuvième siècle.

Dans la plupart des pays d'Amérique nous constatons, à des degrés divers, la même situation favorable que l'année 1899 nous a montrée presque partout dans l'ancien continent.

Les Etats-Unis et le Canada ont été spécialement favorisés ainsi que nous l'avons décrit plus haut.

A propos du canal interocéanique, **le Nicaragua** a été cité bien souvent pendant le cours de cette année. Ce pays, exempt de lourdes charges financières, se développe lentement mais sûrement, et ses industries agricole et minière suivent une voie progressive. Le mouvement commercial a été, en 1898 de fr. 30,248,000, contre fr. 28,500,000 en 1897, soit une augmentation pour 1898 de fr. 1,748,000 et une différence en faveur des exportations de fr. 586,850.

Le Mexique traverse une ère de prospérité et de bien-être. Le Gouvernement va soumettre aux Chambres un projet visant simultanément la diminution des impôts et l'amortissement de la dette publique, dont le total est de 522 millions de francs. Le chiffre du commerce extérieur n'est guère élevé. Mais la plusvalue, tant pour les importations que pour les exportations, indique bien le développement du pays.

Années.		Importations.	Exportations.
1894	£	6,043,790	8,766,383
1895	»	7,249,009	11,298,398
1896	»	9,395,547	11,646,996
1897	»	7,841,143	12,876,590
1898	»	9,121,810	13,871,513

Le réseau ferré comprend actuellement 12,863 kilomètres.

Un traité de commerce et de navigation a été conclu entre la Chine et le Mexique, grâce auquel ce dernier espère voir augmenter l'immigration chinoise pour les travaux de chemin de fer et d'agrandissement des ports ainsi que des mines d'argent et de cuivre.

Le commerce de la République de l'**Equateur**, pendant l'année 1899, s'est développé d'une manière prodigieuse ; les exportations ont augmenté dans des proportions considérables. Le Gouvernement a donné une grande impulsion aux voies de communication.

En **Bolivie**, un nouveau port a été ouvert au commencement de l'année dans la rivière de l'Amazone. Il s'appelle Puerto Alonso et est situé dans la rivière Acré ou Aquiry, à l'embouchure d'un district qui abonde en caoutchouc.

Les richesses naturelles, végétales et minérales, et la fertilité du sol de la **Colombie** sont en tout point remarquables.

Il lui manque des capitaux et de l'initiative pour exploiter ces richesses, stimuler l'agriculture et construire les chemins de fer qui lui donneront dans le monde la place à laquelle elle a droit parmi les nations riches et prospères.

De nombreuses concessions pour la construction de nouvelles routes ont été récemment accordées.

Les chiffres officiels du commerce général de la **République Argentine** accusent une augmentation de 45,699,760 fr. à l'importation et 165,300,795 fr. à l'exportation pour l'année 1898.

Années.		Importations.	Exportations.
1897.	$ or	98,288,948	101,169,299
1898.	»	107,428,900	133,829,458
Augmentation	$ or	9,139,952	32,660.159

La crise qui a assailli le pays disparaît rapidement.

Le Gouvernement argentin se propose d'approprier le port e Rosario, deuxième place commerciale de la République et clef de tout le commerce avec l'intérieur, par le creusement d'un chenal y donnant accès aux navires d'un certain tonnage.

Dans la **République Orientale de l'Uruguay**, le chiffre des importations n'est guère supérieur pour 1899 à celui de 1898 et reste ainsi encore inférieur à celui de 1896. L'exportation, par contre, reste en reprise et dépasse celles de 1896 et de 1898 de près de 7,000,000. La statistique comparative des quatre années se présente comme suit :

Années.		Importations.	Exportations.
1896	$	25,530,185	30,403.082
1897	»	19,512,216	29,319.573
1898	»	24,784.363	39,276,926
1899	»	24,000,000	37,000.000

Le Gouvernement du **Brésil** a fait modifier le tarif des douanes pour le 1ʳ janvier 1899. Le nombre des classes est réduit de 35 à 14 et le nombre des articles de 1071 à 800 environ ; mais le fait de l'établissement d'un tarif maximum et minimum ainsi que l'élévation de la quotité à payer en or, de 10 à 15 p. c. des droits d'importation, dénotent assurément encore un système bien restrictif. Le double tarif, en effet, implique comme dernière limite actuelle d'abaissement des droits, en retour de concessions réciproques, le tarif minimum ; mais on peut cependant admettre jusqu'à un certain point que la tentative de parvenir, par le double tarif, à obtenir des réductions sur les droits excessifs qui en certains pays frappent des produits brésiliens, amènera logiquement un jour à des concessions sur ce tarif minimum, en faveur des pays qui ne frappent que peu ou point ces produits.

La population du **Chili** était estimée au 31 décembre 1898, à 3,082,178 habitants pour 690,356 kilomètres carrés, soit 23 fois la superficie de la Belgique

Le commerce extérieur s'est élevé en 1899 à 102,262,058 piastres pour les importations et 168,069,431 piastres pour les exportations. Comparativement à 1897, il y a diminution de 35,948,860 piastres à l'importation et augmentation de 31,438,211 piastres à l'exportation.

Les exportations du **Pérou** ont été en 1897 de £ 3,102,538 et les importations de £ 1,800,404.

La côte du Pérou contient de grandes richesses minérales et offre une très vaste étendue de terrains fertiles.

Par une loi de l'année 1898, tous les terrains non acquis conformément au Code civil ont été déclarés propriété de l'Etat et les divers modes d'acquisition future réglés.

Il existe actuellement au Pérou 1468 kilomètres de chemin de fer desservant 10 départements et répartis sur 13 lignes, dont la plus courte est de 6 kilomètres et la plus longue de 674. Plusieurs réseaux sont en voie de construction.

Partout, le commerce et l'industrie attachent une attention amplement justifiée à l'extension des débouchés.

Persuadées que le moyen le plus efficace de développer nos exportations en tous parages consiste à ouvrir largement les portes de la Belgique aux produits de tous pays, les Chambres de commerce et les associations industrielles ne cessent d'insister auprès du Gouvernement sur le rôle puissant que de judicieux traités de commerce doivent jouer dans nos relations extérieures. La Chambre de commerce d'Anvers a fait de ces facteurs considérables de la prospérité du port d'Anvers et de toute la Belgique l'objet de recommandations pressantes et réitérées.

Il avait été signalé en temps opportun au Gouvernement l'urgence de négocier en vue d'obtenir, en faveur de nos exportations vers les Etats-Unis, le bénéfice de la section IV du tarif Dingley. Le délai fatal périmait le 23 juillet 1899.

La France a négocié et le 24 juillet 1899 elle signait avec les Etats-Unis une convention par laquelle la France accorde son tarif minimum à tous les produits des Etats-Unis sauf 23, et les Etats-Unis concèdent à la France des réductions de tarif variant de 5 à 20 % sur 73 articles de fabrication française.

Cette convention contient aussi le traitement réciproque de la nation la plus favorisée pour les produits visés par l'arrangement, mais elle n'est pas faite pour un terme fixe et peut être dénoncée à tout moment pour prendre fin un an après la dénonciation.

En fait, c'est de part et d'autre, une brèche dans la muraille protectionniste. Etant donné le silence dont sont restées enveloppées les négociations qui doivent avoir eu lieu de la part de la Belgique, nous devons conclure qu'elles ont été entravées par le protectionnisme agricole qui, malheureusement, a dans notre pays de puissantes influences.

Nous n'aurions guère réalisé davantage au Brésil, si une situation initiale favorable ne nous avait pas été attribuée.

Le Brésil, grand producteur de café, cherche à développer ses exportations et à se créer de nouveaux débouchés. Mais son café se trouve arrêté à la frontière de maint pays d'Europe par des droits de douane qui s'opposent à son entrée ou la restreignent dans de fortes proportions. La France, avec laquelle le Brésil est en pourparlers à ce sujet, a peine à se décider au sacrifice qui lui est demandé.

En Belgique, le droit est minime et il n'a pas été nécessaire de l'abolir pour obtenir de plano le tarif minimun brésilien ; mais étant donné la déclaration du Gouvernement de Rio qui reconnaît la nécessité de réduire les tarifs ultraprotectionnistes tant pour faciliter l'importation que pour augmenter ses revenus, bien qu'il ne juge pouvoir faire cette réduction que doucement, nous croyons fermement que son tarif minimum actuel n'est pas le dernier mot des concessions qu'il consentirait probablement au cocontractant qui accorderait la libre entrée aux cafés du Brésil.

Il y a là une situation qui mérite considération. Il est évident que toute mesure destinée à abaisser ou à supprimer les frontières douanières entre deux pays vivant en grande partie de leurs exportations doit développer entre eux l'échange des produits dont ils ont réciproquement besoin et qu'ils ont tout intérêt à s'entendre et à ne pas faire subir au consommateur une majoration du prix des marchandises échangées, au détriment du développement même de ces échanges commerciaux.

L'abolition des droits d'entrée sur le café en Belgique, à part le grand intérêt commercial qu'elle implique, est considérée comme pouvant exercer la plus salutaire influence sur la question de l'alcoolisme.

L'extension des débouchés préoccupe à juste titre tous ceux qui de loin ou de près s'intéressent à la prospérité de la Belgigique ; à ce propos il en est un d'une étendue éventuellement très-grande pour lequel nous n'avons besoin que d'activité et d'initiative et pour la création duquel le commerce d'Anvers a produit d'importants matériaux : la marine marchande belge. Dans des Mémoires constituant un exposé historique et pratique déjà très complet mais qui aura nécessairement des compléments, nous avons établi comment la fermeture de l'Escaut avait étouffé dans son germe notre jeune industrie de la construction des navires, qui se développait en 1518 et comment, après avoir depuis 1831 consolidé nos relations extérieures, le moment est venu de songer à desservir nous-mêmes une grande partie de ces relations par des navires belges.

L'étude très résolue de cette importante question est venue démontrer que loin de n'être soulevée que tardivement, elle est actuellement agitée à bon escient, à son heure véritable. Nous avons éprouvé la vive satisfaction de voir, avec la reconstitution des brillantes destinées de la Belgique commerciale et industrielle au 19me siècle, renaître les prédispositions pour le domaine maritime, dans un esprit similaire à celui qui s'était normalement manifesté au 16me siècle. D'actives et énergiques initiatives privées ont donné récemment à ce sujet si intéressant le coup d'éperon, à la faveur duquel, en repoussant toute idée de favoritisme ou de protection de la part des pouvoirs publics, on peut affirmer que l'industrie de la construction maritime et des armements occupera dignement sa place avant peu, dans l'extension de la rade et des établissements maritimes d'Anvers.

On peut d'autant mieux se confier entièrement aux suggestions et aux efforts des particuliers que, comme tout le monde l'a compris et touché du doigt dans ces derniers temps, les pouvoirs publics ont à se rattraper d'un arriéré considérable dans la mission qui leur est impartie dans l'accomplissement de l'activité nationale.

L'insuffisance notoire du port d'Anvers, officiellement reconnue ; celle non moins tangible du railway national et des voies de navigation intérieure, difficilement mais dans une certaine mesure suppléée par l'effort de toutes les forces vitales, de toutes les bonnes volontés, coopérant avec énergie à faire face à la bonne situation de prospérité actuelle ; le danger imminent que nous courons de perdre une clientèle qui ne trouve plus de place pour ses navires, ni de quais pour ses manutentions ; mille autres considérations que suggère l'âpre et rude concurrence qui depuis une dizaine d'années se livre entre les grands ports du nord de l'Europe continentale, imposent à la Belgique de prendre catégoriquement les mesures que réclame l'accomplissement de ses destinées de grande puissance commerciale et industrielle.

Sans vouloir que tout se fasse à la fois et en un seul jour, mais aussi sans abandonner le puissant levier de la navigation intérieure, dont il entend poursuivre avec tenacité le perfectionnement prochain et entier, le commerce d'Anvers a fait aux pouvoirs publics un appel vigoureux et convaincu qui, nous en avons la ferme confiance, sera suivi d'actes virils et de l'envergure que les circonstances imposent.

Nous avons la promesse de la complète réfection du réseau ferré national et du réseau local dans la métropole ; nous avons celle de l'agrandissement général du port, qui implique celui de toute la cité par la démolition de l'enceinte fortifiée ; que ces promesses se réalisent dans toute leur ampleur sans aucun délai, et nous serons heureux de féliciter nos pouvoirs publics de marcher, avec nous, la main dans la main pour faire d'Anvers le premier port du monde.

ÉCONOMIE FINANCIÈRE.

FONDS PUBLICS.

L'année 1899 a été aussi excellente que tourmentée au point de vue boursier. En effet, la guerre hispano-américaine et la tension des rapports franco-anglais étaient à peine terminées que surgirent les difficultés politiques entre le Transvaal et l'Angleterre qui amenèrent cette guerre que l'Europe entière déplore.

La question monétaire a atteint, durant cette année, une gravité surtout importante en Angleterre où la Banque impériale n'a cessé de défendre son encaisse contre les retraits continuels de métal jaune pour compte de la République Argentine. Le résultat de cette situation a été évidemment le renchérissement de l'argent sur toutes les bourses continentales. Notre Bourse n'a pas été épargnée, comme de juste, et a semblé ne pas trop s'en inquiéter, car elle n'a que confirmé les bonnes dispositions de 1898. L'ère des constitutions de sociétés, que l'on croyait devoir se ralentir, n'a fait que continuer, grâce à la situation brillante de toutes les industries de la Belgique et de tous les pays limitrophes. L'abandon immérité des valeurs à revenu fixe s'est accentué; par contre, l'engouement pour les valeurs coloniales et industrielles s'est accru. Les premières surtout ont été activement recherchées et notre Bourse, non contente de s'occuper des valeurs de création anversoise, a étendu son champ d'action en traitant couramment les principales actions coloniales du marché de Bruxelles.

L'action *Chemin de fer du Congo*, qui reste la première et la plus ancienne valeur congolaise, a remplacé dans bien des portefeuilles les actions de vieilles compagnies de chemins de fer rachetées par l'Etat Belge. Elle a de plus trouvé une nouvelle couche d'acheteurs dans la clientèle française, qui l'assimile à un « petit Suez ». Le titre a progressé de 1625 à 2500. La *part de fondateur*, qui a une clientèle plus spéculative, s'incrit à 12000, venant de 3900. Le type par excellence de la valeur coloniale est bien la part *Abir*, dont le cours atteint 19,500 contre 13,900 fin 1898 ; l'action *Société Anversoise pour le Commerce au Congo*, moins heureuse que sa sœur, a vu ses cours progresser à 14,000 pour retomber à 12,000, à la suite des révoltes survenues sur les territoires de sa concession. Ces deux sociétés font honneur au commerce anversois, dont les sommités ont été les initiateurs et sont les administrateurs. L'action *Comptoir Commercial Congolais* 3400. L'action *ord. Haut Congo* 2400, venant de 1900. L'action de la *Société Agricole du Mayumbe*, créée au mois de mai, a progressé à 650.

La liste des valeurs similaires, qui se traitent à notre bourse et dont les cours dénotent par leur progression la faveur dont le public les a gratifiées, est trop importante pour qu'on puisse la reproduire.

Les rentes de l'Etat et les obligations de la Caisse d'Annuités ont été largement traitées, mais les prix ont continué à être dépréciés, le petit public étant devenu beaucoup plus entreprenant et préférant un revenu risqué mais plus important. Il n'a pas eu à s'en plaindre, grâce à la situation exceptionnelle de toutes les industries ; mais le jeu est dangereux et pourrait lui coûter cher, un jour ou l'autre.

Au marché des lots de villes, la demande s'est encore ralentie, pour les mêmes raisons que ci-dessus.

Les lots du Congo ont été plus négligés et nous n'avons plus assisté à la répétition des brusques enlevées, produites par d'importants achats pour compte français et auxquelles 1898 nous avait fait assister à certaines époques.

L'amélioration en valeurs Argentines aurait été sérieuse si le Gouvernement Argentin n'avait pas pris des mesures pour arrêter la baisse de l'agio, qui a néanmoins été importante et était due à la meilleure situation du pays et aux promesses de la récolte des céréales. Sans ces mesures, notre Bourse aurait certes enregistré une période des plus actives pour ce groupe de valeurs. En attendant, la diffé-

rence des cours d'une année à l'autre a été encore en
moinsvalue.

Valeurs.	31 déc. 1898.	31 déc. 1899.	Valeurs.	31 déc. 1898.	31 déc. 1899.
Argentin 1891	92.25	87.50	Argentin ext. 1888	72.—	70.—
» 1884	72.—	68.—	» 1889	52 3/4	48.—
» 1886	92.—	90.25	Cédules D	41 1/4	37.—
» 1887	85.—	80.75	Cédules A or 5 %	68 1/4	67.50
» int. 1888	71.25	68.—			

L'emprunt Uruguay a maintenu durant l'année entière
son cours de 1898, les recettes douanières étant rentrées
régulièrement. Les transactions en différents emprunts brésiliens ont été très nombreuses à la suite dela forte reprise
du change à Rio. Cette reprise est due à ce que le Gouvernement brésilien, qui était le grand acheteur de traites,
a disparu du marché, n'ayant plus à remettre pour le régle-
ment de ses emprunts, ensuite de l'arrangement intervenu avec
ses créanciers. Le Brésil 4 % a remonté à 62.

Toutes les actions de nos établissements de crédit ont été
plutôt négligées ; l'action Banque d'Anvers a été traitée à environ 875, et l'action Banque Centrale Anversoise 360, Banque
de Crédit Commercial 510. Seule l'action Banque Nationale a
suivi la hausse des actions des banques bruxelloises, qui ont
surtout profité de la brillante situation industrielle du pays.

Le marché des valeurs diverses a été très animé. Les
actions Liebig ont été très recherchées au cours de 2075
à 2125. Les actions Kemmerich ont maintenu leurs prix.
De toutes les émissions, qui ont eu lieu, la plus importante a
été celle des actions de la Société Anonyme des Tramways
Anversois ; elle a obtenu un grand succès, auquel d'ailleurs
a surtout contribué la bourse de Bruxelles. L'action a été
traitée au dessus du pair.

Nous passons sous silence les nombreuses affaires qui se
sont faites en valeurs industrielles et coloniales, que notre
marché a traitées de concert avec la bourse de Bruxelles.
Celles-ci ont accaparé même une grosse part de l'attention
de nos boursiers, et le public a facilement mis à leur disposition des capitaux, qui ont de ce fait été très largement
rémunérés.

Cote officielle de la Bourse d'Anvers au 31 décembre 1998 et 1899.

Valeurs.	Intérêts à bonifier.	31 décembre	
		1898.	1899.
BELGIQUE.			
Belgique . . . . Emprunt	2 1'2	93.75	88.50
id . . . . Empr. 1ʳ serie	3	99.50	96.35
id. . . . . id. 2ᵉ id.	3	99.55	96.70
id. . . . . id. 3ᵉ id.	3	99.50	96.50
Caisse d'annuités dues par l'État . . 3 %	3	98.60	95.85
id. id. . . 4 %	4	110.—	108.50
id. id. . . 4 1/2	4 1'2	119.—	117.50
Chemins de fer vicinaux (Soc. Nat.) . 2 1/2	—	110.50	107.50
id. id. . . . 3 %	3	97.50	93.—
Crédit Communal (Société de) . . . 4 1/2	4 1'2	116.50	112.—
id. id. . . . 4 %	4	106.—	99.50
id. id. . . . 3 %	3	99.75	96.—
id. Lots 1861. 3 %	—	119.—	116.60
id. id. 1868. 3 %	—	104.75	103.65
Anvers (ville). id. 1887. 2 1/2	—	106.80	105.50
id. (Province) Emprunt 1891. 3 %	3	97.50	95.25
id. id. id. 1896. 2 1/2	2 1'2	89.—	88.50
Berchem . . . . 3 %	3	95.—	93.50
Doom 4 1/2	4 1'2	103.—	100.50
Borgerhout . . . . Oblig. 1886. 3 %	3	96.50	94.—
Bruxelles . . . . Lots 1886. 2 1/2	—	104.70	104.25
Charleroi . . . . Oblig. 1880. 3 %	3	96.75	91.50
Gand . . . . . Lots 1896. 2 %	—	92.25	89.25
Ixelles . . . . . . Oblig. 1880. 3 %	3	96.25	91.—
Laeken . . . . . id. 1885. 3 %	3	96.25	90.75
Liège (Ville) . . . Lots 1897. 2 %	—	90.—	87.—
Malines. . . . . Oblig. 1885, 3 %	3	97.—	91.50
Ostende . . . . Lots 1858. — —	—	31.—	30.—
id. id. 1898. 2 %	2	87.—	81.—
St-Gilles . . . . id. 1882. 3 %	3	96 25	90.25
St-Josse-ten-Noode . . . id. 1882. 3 %	3	96.50	91.—
St-Nicolas . . . . . Oblig. . . . . . 3 %	3	97.25	92.—
Schaerbeek . . . . Lots 1897. 2 %	—	86. —	78.65
Tournai. . . . . id. 1874. 3 %	—	53.50	53.—
Verviers . . . . . id. 1873. 3 %	—	106.—	105.50
id. . . . . . Oblig. 1893. — —	3	96.25	91.—
AFRIQUE.			
Congo . . . . Lots 1888	—	90.10	82.35
id. . . . . Emprunt.	4	99.75	98.—

Valeurs.	Intérêts à bonifier.	31 décembre	
		1898.	1899.
AMÉRIQUE.			
Argentine . . . . Emp. 6 % 1881	6	91.50	87.50
id . . (funding) . id. 1891	6	91.—	88.75
Argentine . . . . . . Emp. 1884	5	71.50	68 —
id. . . . . . . id. 1886	5	90.—	90.25
id. . . . . . . id. 1887	5	85.—	80.75
id. . . . . . Emp. int. 1888	4 1/2	70.60	67.25
id. . . . . . Emp. ext. 1888	4 1/2	72.—	70.—
id. . . . . . . Emp. 1889	3 1/2	52.75	48.—
Buenos-Aires . . . . . id. »	4 1/2	74.—	72.10
Tucuman (Prov. de)	6	75.—	64.50
Brésil . . . . Emp. 1889	4	54.80	56.90
id. . . . . . . id. 1879	4 1/2	57.90	56.—
id. . . . . . . id. 1883	4 1/2	58.—	57.—
id. . . . . . . id. 1888	4 1/2	58.—	57.—
id. . . . . . . id. 1895	5	61.50	63.50
id. Ouest de Minas (chemin de fer)	5	57.50	58.75
id. San Paolo (Province) . . .	5	78.—	80.50
Chili . . . . Emp. 1885	4 1/2	69.50	78.75
id. . . . . . . id. 1886/7	4 1/2	74.50	80.—
id. . . . . . . id. 1889	4 1/2	77.50	83.50
id. . . . . . . id. 1896	5	81.—	85.50
Etats-Unis	4	110.—	107.—
Mexique . . . . . Emp. int. 1885	3	23.—	23.50
id. . . . . . Emp. ext. 1888	6	97.—	99.75
Uruguay . . . . Emp. 3 1/2	3 1/2	42.35	46.30
ASIE.			
Chine (empire) Emp. 1898	4 1/2	84.75	80 50
EUROPE.			
Allemagne Emprunt 3 %	3	93.75	87.25
id. id. 3 %	3	93.75	87.25
Autriche Rente or	4	103.—	95.—
id. Rente papier (Métalliques) 4 1/5	5	83.—	80.25
id. Rente argent (Nationales) 4 1/5	5	83.—	80.90
id. Couronne (fr. 1.05 la couronne).	4	101.50	97.25
id. Lots de 1854	4	870.—	865.—
id. id. 1860 . . .	5	1470.—	1410.—
Danemark. Emprunt 1897. . . .	3	96.50	87.—
Espagne. Dette extér. 1882 . . .	4	45.—	63.50
France. Rente 3 %	3	101 75	98.75
id. id. 3 1/2	3 1/2	103.50	101.—
Hollande. Dette active 2 1/2 . . .	2 1/2	85.25	79.—

Valeurs.	Intérêts à bonifier.	31 décembre 1898.	1899.
Hollande. Emprunt. 3 %	3	96.25	91.25
Hongrie. Emprunt or	4 1/2	98.50	98.—
Hongrie. Conronne (fr 1.05 la couronne)	4	97.90	93.90
Italie. Rente. 5 %	4	93.—	91.50
id. Emprunt Pontifical . 1860-1864	5	98.50	96.—
id. Emprunt Pontifical . Blount 1886	5	92.—	95.—
id. Certif. Jos. J. Le Grelle.	5	83.—	81.50
Norvége. Emprunt 1892	4	99 25	100.—
Prusse. Consolidé. Emprunt 1890	3	93.50	87.35
id. id. id. 1891	3	93.50	87.35
id. Rhénane (province) (10me serie)	3 1/2	98 50	92.50
Berlin. Emprunt 1890	3 1/2	98.75	94.50
Crédit foncier Central Prussien	3 1/2	95.50	91.—
id. id. id. id.	4	99.—	99.75
Roumanie. Emprunt. 1892-1893	5	101.—	94.—
id. id. 1890	4	91.25	82.75
id. id. 1891	4	91.25	82.75
id. id. 1894	4	92.90	82.75
id. id 1896	4	92.—	82.50
Bucharest (Ville) 1898	4 1 2	—.—	91.30
Russie Emprunt 1859	3	88.90	84.75
id. id. 1889	3	85.50	81.25
id. id. 1867-1869	4	101.50	99.50
id. id. 1880	4	101.—	99.25
id. id. 1889 1re et 2de s. (c. ch.f)	4	101.50	100.—
id. id. 1890 2e ém. (4 % or)	4	101.—	99.—
id. id. 1891 3e sie (cons. ch. d.f.)	4	101.50	100.—
id. id. 1894	3 1/2	100.—	93.50
id. id, or. 1896	3	94.25	85.25
id. Emprunt Oriental unifié.	4	67.25	66.—
id. Lots de 1864.	5	795.—	840.—
id. id 1866.	5	768.—	735.—
id. Crédit foncier 1e à 13 sér.	5	119.—	114.—
id. Ch. de fer Transcaucase 1882 3%	3	92.50	82.50
Suède. Emprunt 1880 (converti)	3 1/2	98.75	94.—
id. id. 1886	3 1/2	97 25	94.—
id. id. 1890	3 1/2	98.—	93.—
Turquie. Dette génér. série B 4	1	46.25	44.25
id. id. id. C 4	1	26.75	24.55
id. id. id. D 4	1	22.30	21.80
id. Emprunt 1888	5	97.—	96.—

OBLIGATIONS DIVERSES.

Valeurs.	Intérêts à bonifier.	31 décembre 1898.	1899.
Société Royale de Zoologie à Anvers	3	465.—	456.—
Cockerill 1888	4	517.50	515.—
Industrielle et Pastorale Belge-Sud Amér.	5	509.—	507.50

Valeurs.	Intérêts à bonifier.	31 décembre	
		1898.	1899.
Gaz de Rio.	6	489.—	480.—
Kemmerich	4	489.—	490.—
Niel-on-Rupel	6	527.50	510.—
Wagons-lits (1ᵉ et 2ᵉ série)	4	505.—	497.50

Valeurs se traitant intérêts compris dans le cours.

Valeurs.	Intérêts à bonifier.	31 décembre	
		1898.	1899.
Céd. Bque hyp. prov. B.-A. série A 6 or	—	12,—	10.—
id. » id. » I 8 pap.	—	7.—	5.—
id. » id. » J 8 »	—	7.—	5.—
id. nat. Rép. Arg. » A 7 »	—	40.—	39.50
id. » id. » B 7 »	—	39.25	36.—
id. » id. » C 7 »	—	39.70	35.50
id. » id. » D 7 »	—	41.05	36.35
id. » id. » A 5 or	—	68.20	67.—
Buenos-Aires (ville de) Emp. 6 % 1897	—	33.75	35.—
Cuba 1886.	6	—	190.—	300.—
id. 1890.	5	—	155.—	258.—
Haïti	5	—	215.—	210.—
Egypte dette unifiée	4	—	535.—	510.—
Bahia (province de)	5	—	400.—	415.—
Minas Geraes Emprunt papier.	5	—	135.—	140.—
Téléphones (Société Italienne).	5	—	487 50	485.—
Hollande. Ville d'Amsterdam. 1874.	3	—	232.50	222.—
id. Ville de Rotterdam. 1868.	3	—	222.50	220.—
id. Crédit Communal. 1870.	3	—	217.50	217.50

Valeurs à revenu variable.	Valeur nominale.	31 décembre.	
		1898.	1899.
Banque d'Anvers (act. lib.)	fr. 500	860.—	875.—
id. Centr. Anversoise (act.)	« 300	390.–	360.—
id. Crédit Com. (act. lib.)	» 500	570.—	510.—
id. de Commerce	» 300	295.—	280.—
id. Nationale	« 1000	2800.—	2800.—
Caisse d'annuités.	» 1000	1475.—	1310.–
Charb. Sacré-Madame.	» 700	3200.—	3775.—
Chemin d. fer Anvers-Rotterdam b. de liq.)	» 250	50.—	45.—
id. Est-Belge	» 300	102.50	100.—
id. Varsovie-Vienne.	R. 100	645.—	700.—
id. id. jouissance	» 100	435.—	515.—
Kemmerich (Société des produits)	fr. 500	585.—	585.—
Liebig Extract of Meat.	» 200	2160.—	2110.—
Niel-on-Rupel	» 500	500.—	510.—
Ougrée.	» 500	1125.—	1375.—
Remorquage à hélice	n 500	950.—	500.—
Magasins Généraux d'Anvers	» 500	500.—	500.—

Valeurs à revenu variable.	Valeur nominale.	31 décembre.	
		1898.	1899.
Basalte de Cotroceni	Fr. 250	385.—	376.—
Gaz de Rio (act. ordin.)	» 500	510.—	417.50
id. (act. privil.)	—	440.—	320.—
Haut-Congo (act. ord.).	—	1800 —	2725.—
id. (act. privil)	» 500	540.—	560.—

Valeurs à revenu fixe ayant des coupons en souffrance.	31 décembre.	
	1898.	1899.
OBLIGATIONS.		
Cordova (prov. de) Empr. 6 % 1886.	25.—	27.25
id. id. id. » 1887.	25.—	27.25
id. id. id. » 1888.	125.—	142.75
Corrientes id. id. » 1888.	182.—	168.—
Entre-Rios id. id. » 1886.	35.35	40.50
id. id. id. » 1888	35.35	40.50
Santa-Fé (Cie fr. des chemins de fer Pr.). . . 5	152.50	165.—
Portugal. Emprunts 1853/84. 3	24.20	22.75
id. id. 1888 . . . . 4 1/2	35.25	33 —
Vénézuela (Cie fr. des chemins de fer 5	27.50	18.—

Change d'Anvers au 31 décembre 1899.

Cours jours.	1898.		1899.	
	Argent.	Papier.	Argent.	Papier.
Amsterdam . . p. 100 fl.	208.65	209.10	209.20	209.50
Allemagne » p. 100 mk.	123.50	123.85	123.30	123.60
Vienne. . . . p. 100 fl.	209.75	210 50	209.—	209.50
Londres on demand p. 1 £.	25.28 1/2	25.33	25.36 1/2	25.42
id. courts jours id.	25 26 1/2	25.32	25.32 1/2	25.40
Paris . . . . p. 100 fr.	100.17 1/2	100.30	100.17 1/2	100.35
Italie . . . . p. 100 lires.	92.00	93.—	93.—	94.—
Suisse (pl. de banq.) p. 100 fr.	99.40	99.70	99.50	99.75

FINANCES PUBLIQUES.

La guerre dans l'Afrique du Sud est déjà et restera désastreuse au point de vue de la destruction d'hommes, de la dévastation de territoires et des finances de la Grande-Bretagne. Elle aura pour conséquence certaine l'augmentation de la dette par milliards et de très notables aggravations d'impôts qui pèseront longtemps et durement sur toute la nation britannique.

Le compartiment des pensions occupe dans le budget de la France une place assez considérable et qu'il est intéressant de connaître.

La République a eu à faire face en 1899, pour le seul service des pensions de toute nature à un total de 210,000,000 fr., dont 37,500,000 produits par retenue sur les traitements et 172,500,000 comblés par le Trésor public. Le principe des pensions n'est généralement pas mis en question, mais d'autre part, c'est un bien gros chiffre, qui ne fait qu'augmenter tous les ans, et l'on peut se demander s'il est équitable de prélever à charge de la généralité les cinq sixièmes du revenu des fonctionnaires en retraite.

On se plaint, par continuation, vivement, de la dépense imposée par les colonies françaises au Trésor public ; une seule semble faire exception au caractère déficitaire : l'Indo-Chine.

Les frais de la dernière guerre coloniale de l'Espagne s'élèvent à 1,969,355.214 pesetas, dont 1,796,269,462 affectés à Cuba, 7,097,403 à Porto-Rico et 165,988,257 aux Philippines. Il faudrait, pour avoir le compte exact, pouvoir y ajouter ce qu'ont coûté en principal et frais les flottes détruites et tous les autres milliards dilapidés pendant quatre siècles en vue de ces conquêtes, pour aboutir à la dépossession ; la conclusion en est qu'il ne faut pas chercher bien loin pour trouver la véritable cause de l'endettement inextricable de la Péninsule et de l'écrasement de ses habitants par toutes les formes de l'impôt.

Le budget de l'empire allemand pour 1900 prévoit 2,058,233,551 mk de dépenses, contre 1,979,135,140 mk de recettes. La principale source de revenu est fournie par les douanes et les impôts de consommation, estimés devoir produire 789,725,000 mk.

Le royaume des Pays-Bas prévoit pour l'an 1900 fl. 144,723,185 de recettes contre fl. 151,260,245 de dépenses, laissant un déficit de plus de fl. 6,500,000, présumé pouvoir être couvert par des économies. Dans les dépenses sont compris des crédits pour les chemins de fer et les travaux à l'embouchure de la Meuse. C'est un fait connu que le découvert de la Hollande trouve sa source principale dans les dépenses coloniales.

L'exercice 1898 a donné pour la Russie, un excédant de 8,190,283 roubles sur les dépenses ordinaires, mais par contre les recettes ont dépassé les estimations de 220,396,228 roubles et les dépenses ordinaires de 226,578,949 roubles. La dette de l'empire au 31 décembre 1899 était de 16,400,000,000 fr.

A en juger d'après la manière dont se fait le service de la dette ottomane, les finances de la Turquie doivent se trouver dans un état satisfaisant. Mais il n'en paraît pas être de même de celles du Sultan et de son haut entourage. Une correspondance publiée vers la fin de l'année a affirmé que les coffres de S. M. Impériale étaient vides et que les fonctionnaires n'étaient pas payés.

Le budget de la Grèce pour 1900 a été présenté avec un excédant de 1,074,797 drachmes, nonobstant que le budget de l'intérieur a été augmenté de 1,577,786 dr. celui des finances de 1.079,941 dr. et celui de la guerre de 726.700 dr. Le service de la dette publique exige 32,609,650 dr. ou 3,595,373 dr. de plus que pour 1899.

La dette italienne a diminué en 1899 de 18,176,000 lires, ce qui l'a ramenée au 31 décembre à 12,890,149,000 lires.

La Perse a conclu un emprunt de 22,500,000 roubles, avalisé par la Russie, destiné à rembourser le solde non amorti de l'emprunt de 12,500,000 fr. conclu en 1892 et qui était remboursable en quarante ans à partir de 1893; le nouvel emprunt est remboursable en 75 années.

Un document officiel renseigne ainsi l'état de situation de la République Argentine :

« Le budget actuel accuse un déficit d'un million de livres sterling : la dette extérieure s'élève au total de 69 millions de livres sterling ; la dette intérieure à 9 millions et la dette flottante à 5 millions. Il y a en circulation 2 millions de bons du Trésor. Les arrangements relatifs aux dettes provinciales portent le montant total de la dette publique nationale, intérieure et extérieure, à 103 millions de livres sterling. »

Le dernier message adressé au Congrès par le président du Chili fait connaître que l'exercice 1898 a laissé un boni de 2,462,367 piastres, qui, ajoutées aux estimations des recettes de l'année en cours, constituent un total de 110,719,273 piastres. Les dépenses de 1899 étaient fixées à 102,221,847 piastres, ce qui promet un boni de 8,497,426 piastres.

Les dépenses pour 1900 sont estimées à 100,940,079 piastres et les recettes, tant ordinaires qu'extraordinaires, à 108,374,548 piastres, ce qui, avec le boni mentionné plus haut, fait un total de 116,871,974 piastres. Mais depuis les estimations pour 1900 des dépenses imprévues sont survenues du côté des chemins de fer, par suite d'inondations, ce qui peut modifier les prévisions budgétaires.

Emissions de l'année 1899.

Pays emprunteurs.	Emprunts d'Etats, de Provinces et de Villes.	Etablissements de crédit.	Chem. de fer et sociétés industrielles.	Totaux 1899.	Totaux de 1898 Millions.
Afrique . . Fr	»	»	124,875,000	(2)132,375,000	53,7
Allemagne . »	745,500,000	619,275,000	1,169,962,500	2,534,737,500	2,927
Amérique lat. »	211,202,000	»	41,414,990	(2)789,046,990	320
Autriche-Hong.»	»	95,007,150	77,791,870	172,799,020	245
Belgique . . »	3,076,000	78,021,700	385,072,310	466,170,010	171 (2)
Bulgarie. . »	»	»	»	»	2
Canada . . »	12,057,250	»	56,025,000	68,082,250	84
Chine . . »	64,172,500	»	59,025,000	123,197,500	360
Congo . . »	»	»	9,702,950	9,702,950	17
Danemark . »	»	8,184,300	»	8,184,300	27
Egypte . . »	26,750,000	47,450,000	16,325,000	90,525,000	83 (2)
Espagne . »	10,912,500	»	117,983,000	128,895,500	12
Etats-Unis . »	»	»	509,925,000	509,925,000	332
France (1) . »	258,639,630	334,865,000	890,791,860	1.184,206,490	1,134 (2)
G. Bretagne(1)»	344,337,500	205,685,000	2,152,407,500	2,702,430,000	2,728
Grèce . . »	»	2,700,000	»	(2) 65,060,000	43
Italie. . . »	»	26,154,950	60,120,750	86,275,700	23 (2)
Japon . . »	225,000,000	»	»	225,000,000	—
Luxembourg »	»	»	10,450,000	10,450,000	6
Norvège. . »	29,687,500	8,120,000	»	37.807,500	—
Pays-Bas (1) »	10,965,050	23,115,540	192,989,330	227,069,920	3,195 (2)
Portugal (1). »	»	2,807,050	13,310,000	16,117,050	13
Roumanie . »	94,750,000	»	20,029,250	115,679,250	20 (2)
Russie . . »	317,375,000	14,271,720	386,192,400	(2) 737,839,120	1,286 (2)
Serbie . . »	30,000,000	»	»	30,000,000	2 (2)
Suède . . »	52,562,500	»	»	52,562,500	—
Suisse . . »	55,000,000	40,227,750	254,877,750	350,105,500	98 (2)
Transvaal . »	»	1,050,000	94,312,500	95,362,500	4,975
Turquie. . »	»	»	4,000,000	4,000,000	8
Totaux. . Fr.	2,491,987,430	505,935,160	6,648,483,960	11,273,696,550	10,543

(1) Et colonies.   (2) Ces totaux comprennent des conversions.

MARCHÉ MONÉTAIRE.

A la date du 1er janvier 1900, la nouvelle valeur « couronne » sera obligatoirement introduite dans les comptes en Autriche-Hongrie. La seule dénomination admise est celle de « couronne » et l'indication « couronne valeur autrichienne » ou « couronne valeur hongroise » n'est pas considérée comme légale.

La couronne de 100 hellers égale 1 fr. 05 au pair. Le heller vaut donc un peu plus que notre centime.

La valeur au change de la couronne se rapproche sensiblement de sa valeur au pair.

Comparée à la monnaie précédente, la monnaie de la nouvelle émission vaut :

1 couronne = 1/2 florin.

1 heller = 1/2 kreuzer.

Un projet de loi a été déposé au Sénat et au Congrès des Etats-Unis pour établir l'étalon d'or unique, l'argent devenant monnaie d'appoint. Dès son adoption, l'or sera seul autorisé pour les payements du Trésor. La loi abaisse en même temps le capital exigé pour la fondation des banques d'émission, de 50,000 à 25,000 dollars.

Les dispositions principales du bill sont : Le dollar, unité monétaire, doit contenir à 900 % 23 $^{22}/_{100}$ grains, poids de Troy, d'or pur.

Toutes les obligations des emprunts des Etats-Unis portant intérêt, existant ou à créer, les bons du trésor, de même que les banknotes des émissions des banques seront payables en or, et les nouvelles émissions se feront sur la base de l'or.

Les lois qui prescrivent que les billets des banques nationales pourront être reçus en payement de certaines dettes et taxes publiques et des obligations entre banques nationales subsistent sans altération.

Les banques d'émission pourront émettre des billets jusqu'à concurrence de la totalité des titres déposés par elles comme garantie de leur circulation. Jusqu'ici (loi de 1870) elles n'étaient autorisées à émettre des billets que jusqu'à 90 % de leur circulation.

La qualité de monnaie légale du dollar d'argent, dès

pièces de billon en argent ou du papier-monnaie des Etats-Unis ne subit aucun changement.

Le Parlement de l'Equateur a adopté une loi établissant l'étalon-or dans la République. La valeur du sucre ou peso a été fixée à 24 pence, soit 10 sucres pour une livre sterling. Des pièces d'or de la valeur d'une livre sterling anglaise seront frappées pour la circulation à l'intérieur de la République.

Variations du taux de l'escompte en 1899.

Mois.	Amsterdam.	Berlin.	Bruxelles	Londres.	Paris.	Vienne.
Janvier	2 1/2	6, 5	4, 3 1/2	4, 3 1/2	3	5
Février	2 1/2	5, 4 1/2	3 1/2	3 1/2, 3	3	5
Mars	2 1/2	4 1/2	3 1/2	3	3	5
Avril	2 1/2	4 1/2	3 1/2	3	3	5
Mai	2 1/2	4 1/2, 4	3 1/2	3	3	5, 4 1/2
Juin	2 1/2, 3	4, 4 1/2	3 1/2, 4	3	3	4 1/2
Juillet	3, 3 1/2, 4 1/2	4 1/2	4, 3 1/2	3, 3 1/2	3	4 1/2
Août	4 1/2	4 1/2, 5	3 1/2	3 1/2	3	4 1/2
Septembre	4 1/2	5	3 1/2	3 1/2	3	4 1/2, 5
Octobre	4 1/2, 5	5, 6	3 1/2, 4, 4 1/2, 5	3 1/2, 4 1/2, 5	3	5, 6
Novembre	5	6	5	5, 6	3	6
Décembre	5	6, 7	5	6	3, 3 1/2, 4 1/2	6, 5 1/2
Moyenne en 1899	3,83	4,98	3,91	3,75	3,06	5.04
id. 1898	2,75	4,28	3.04	2,26	2.20	4.16

PRODUCTION DE L'OR ET DE L'ARGENT.

Or. — La production se développe constamment et fortement. Voici les chiffres des deux dernières années :

Etats.	1898		1897	
	Onces.	Dollars.	Onces.	Dollars.
Afrique	3,890,704	80,428,000	2,832,776	58,558,700
Australie	3,137,644	64.860,800	2,547,704	52,665,700
Etats-Unis	3,118,398	64,463,000	2,774,935	57,363,000
Russie	1,241,791	25,463,400	1,124,511	23,245,700
Canada	669,445	13,838,900	294,582	6,089,500
Mexique	411,187	18,500,000	302,812	7,500,000
Inde britannique	576,431	7,781,500	350.585	17,247,200
Chine	294,059	6,078,700	427,321	8,833,000
Guyane	206.184	4,262.200	204,371	4,223,700
Colombie	109,483	2,263,200	107,740	2,227,200
Autriche-Hongrie	89,954	1,859,500	108,147	2,235,600
Autres pays européens	19,283	398,600	84,939	1,755,900
Amérique du Sud	201.677	4.168,000	187,833	3,882,490
Divers	148,123	3,063,000	144.276	2,984,400
Totaux	13,904,363	287,428,600	11,552,532	238,812,600

Le Colorado représente environ le tiers de la production des Etats-Unis. Le Transvaal a produit pour 9.250 fr. d'or en 1871 ; ce chiffre s'est accru, par progression très forte et régulière, notamment depuis 1892, à fr. 406,015,750 en 1898. L'Afrique occupe le premier rang, suivie par l'Australie qui a supplanté les Etats-Unis, relégués au troisième rang.

Argent. — Il y a un léger progrès, malgré la profonde dépréciation de ce métal. Voici les chiffres de production :

Pays.	1898		1897	
	Onces	Dollars.	Onces.	Dollars.
Mexique	56,738,000	73,358,200	53,903,180	69,693,000
Etats-Unis	54.438,000	70,384,500	53,860,000	69,857,200
Australie	12,021,682	15,543,200	11,878,000	15.587,400
Bolivie . . . . ,	8,204,568	10,607,900	8,204,568	10,607,900
Espagne	5,957,965	7,703,200	5,957,965	7,703,200
Allemagne . , . .	5,571.516	7,203,600	5,498,135	7,108,700
Colombie.	5,483,717	7,090,100	5,047,328	6,525,800
Canada	4,452,333	5,756,500	5,558,446	7,186,700
Chili	2.591,998	13,351,300	2,591,998	13,351,300
Autres pays européens .	5,117,476	6,616,500	5,406,027	6.989.500
Amérique du Sud . .	2,342,453	3,028,600	3,669,815	4,744,800
Divers.	2,375,864	3,071,800	2,497.710	3,229,300
Totaux. . . . , . .	165,295,572	213,715,400	164.073,172	212,134,800

Le Mexique garde la première place. Sa production a augmenté l'année dernière de plus de trois millions d'onces. Les États-Unis viennent en deuxième ordre et l'Australie en troisième.

Voici la situation (encaisse et circulation) des principales Banques du Continent européen depuis 1896, en millions de francs :

Au 31 décemb.	Banque Nationale de Belgique.		Banque de France.		Banque d'Allemagne.		Banque d'Angleterre.	
	Circulat.	Encaisse.	Circulat.	Encaisse	Circulat.	Encaisse.	Circulat.	Encaisse.
1896	471 3/4	100 1/2	3,838 3/4	3,142 3/4	1,572 —	1,006 —	666 1/2	854 —
1897	487 1/4	103 —	3,809 -	3,158 3/4	1,648 3/4	1.033	683 5/8	761 —
1898	520 3/4	116 —	3,810 —	3,030 —	1,696 3/4	940 1/4	682 5/8	733 1/2
1899	464 7/8	108 —	3,983 1/2	3,031 —	1,359 —	701 —	682 3/8	733 1/2

BANQUE NATIONALE (1).

Le montant des effets sur la Belgique, escomptés en 1899, a été de . . . . fr. 2.595,213,125 09

La succursale a escompté 235,617 effets pour fr. 434,378,259 45

Si au montant des effets escomptés sur la Belgique, l'on ajoute 19,384 effets sur l'étranger, pour une somme de fr. 647,063,307 83, on constate que le portefeuille a reçu, en 1899, 3,693,270 effets, pour une somme de fr. 3,242,276,432 92

En 1899, la Banque a refusé 5,354 effets ne réunissant pas les conditions statutaires. Ils représentaient . fr. 3,947,545—

Produit de l'escompte des valeurs belges » 10,568,711 13

Les Comptoirs ont touché pour ducroire, déduction faite des frais généraux remboursés à la Banque. . fr. 1,181,361 84

Portefeuille au bilan du 31 décembre 1899 » 433,577,079 78

Les valeurs étrangères figurent dans ce chiffre pour une somme de . . . . fr. 108,883.362 81

L'ensemble des trois portefeuilles étrangers de l'Etat, de la Caisse d'épargne et de la Banque s'élevait, au 31 décembre 1899, à . . . . fr. 217,395,518 26

Le mouvement des Caisses se traduit par les chiffres suivants :

CAISSES.	RECETTES.	PAIEMENTS.
De Bruxelles . . . fr.	4,274,238,616 22 fr.	4,274,822,266 60
Des Agences . . . »	5,756,864,144 67 »	5,735,999,152 88
De la Succursale . . »	1,369,003,410 14 »	1.365,069,080 04
	11,400,106,171 03	11,375,890,499 52

Les recettes effectuées en 1899, pour compte du Trésor, s'élèvent à . . . . fr. 1,676,140,503 94

Les paiements à . . . . » 1,698,930,813 56

Mouvement général . . . . . . » 3,375,071,317 50

Le solde du compte du Trésor était, le 31 décembre 1899, de. . . . . fr. 24,344,013 89

Le solde créditeur de la Caisse d'épargne est compris pour fr. 4,458,633 17 dans le solde général des comptes courants qui figure au bilan du 31 décembre 1899.

Les accréditifs délivrés à Bruxelles, en 1899, ont atteint le nombre de 139,214 pour . . . . . fr. 702,380,742 06

Les accréditifs délivrés en province ont atteint le nombre de 351,582 pour . . . . fr. 697,496,602 69

Ensemble. . . 390,796 pour fr. 1,399,877,344 75

---

(1) Un projet de loi soumis au Parlement propose la prorogation du privilège de la Banque Nationale pour trente ans.

Au 31 décembre 1899, le montant des dépôts volontaires était de . . . . fr. 357,620,576 07

Les dépôts de la Succursale y sont compris pour . . . . fr. 68,579,800 00

Le droit de garde perçu est de . . . » 227,406 48

Les fonds publics appartenant à la Banque figurent au bilan du 31 décembre 1899 pour. . . . fr. 49,913,427 50

Ils comprennent :

En Dette belge 2 1/2 p. c. un capital nominal de fr. 6,656,300 00
» » 3 » (1re série), » » 8.800,200 00
» » 3 » (2me série), » » 34.100,600 00
» » 3 » (3me série). » » 6,311,500 00

Le compte des billets au porteur figure au bilan pour . . . . fr. 749,190.000 00

Les billets en caisse pour. . . . . » 159,685,830 00

Le montant des billets en circulation, le 31 décembre 1899, était donc de . . . . fr. 589,504,170 00

Le produit de l'action pour les deux semestres est de . . . . fr. 121 00

Bilan de la Banque Nationale an 31 décembre 1899.

ACTIF.

Portefeuille (Valeurs en Portefeuille ou en Recouvrement)	Fr.	—	433,577,079 78
Caisse — Espèces et lingots	»	107,901,447 32	
Caisse — Billets de banque	»	159,685,830 »	
Caisse — Effets échus à l'encaissement	»	58,680,185 76	333,641,230 71
Caisse — Effets en compte courant et coupons payés par anticipation	»	7,373,773 63	
Prets sur fonds publics	»	—	60,072,804 —
Fonds publics	»	—	49,913,427 50
Valeurs de la réserve	»	—	27,463,669 23
Fonds publics du compte d'amortissement des immeubles de service, matériel et mobilier	»	—	4,072,625 56
Fonds publics des Caisses de Retraite et de Prévoyance des employés	»	—	2,402,510 01
Immeubles de service	»	—	12,271,894 25
Matériel et mobilier	»	—	627,401 82
Approvisionnements pour la fabrication des billets et des labeurs	»	—	130,462 34
Fonds publics. Intérêts acquis à recevoir	»	—	767,646 —
Valeurs garanties ou à réaliser (Art. 40 des statuts)	»	—	5,128,201 98
Effets en souffrance. Solde à recouvrer	»	—	25,577 99
Trésor public. Portefeuille	»	—	31,340,401 44
Id. Dépôts en fonds publics	»	—	1,002,448,882 —
Dépôts volontaires	»	—	357,620,576 07
Cautionnements des Agents et Comptoirs	»	—	12,993,917 46
Nantissements de prets reçus pour compte de la Banque et de la Caisse d'Epargne	»	—	98,521,300 —
Caisse générale d'Epargne et de Retraite sous la garantie de l'Etat. — Valeurs diverses	»	—	184,351,977 93
	Fr.		2,617,311,422 07

En y ajoutant la part de l'action dans l'accroissement de la réserve . . . . fr. 16 92

le produit total est de. . . . . . fr. 137 92

La part de l'Etat dans les bénéfices est de » 1,409,363,52

Le produit de l'escompte perçu pendant l'année est de . . . . fr. 1,588,277 24

Le nombre des comptes courants est de 383 au 31 décembre 1899.

Mouvement de ces comptes . . . . fr. 5,874,185,825 44

Les prets faits par la Succursale, en 1899, sur nantissement de fonds publics, ont été au nombre de 441, pour un capital de . . . . fr. 15,425,600 00

Le produit des intérêts de prets sur fonds publics a été de. . . . . fr. 161,826 22

Il restait en cours, au 31 décembre 1899, 132 contrats représentant . . . . fr. 6,241,000 00

Le solde des dépôts volontaires était de. » 68,579,800 00

Le droit de garde perçu a produit . » 71,421 60

PASSIF.

Capital, 50,000 actions de fr. 1,000	Fr.	—	50,000,000 —
Billets de banque. Emission à ce jour	»	—	740,190,000 —
Comptes courants. Dépôts pour solde	»	—	[illegible]
Intérêts et réescomptes sur le 1er semestre 1900	»	—	2,012,771 63
Compte d'amortissement des immeubles de service, matériel et mobilier	»	—	4,073,068 43
Caisses de Retraite et de Prévoyance des employés	»	—	2,438,718 89
Trésor public. Dépôts en numéraire	»	—	878,074 58
Id. Dépôts en Fonds publics	»	—	1,002,448,882 —
Déposants. Dépôts volontaires	»	—	357,620,576 07
Id. Nantissements de prets reçus pour compte de la Banque et de la Caisse d'Epargne	»	—	98,521,300 —
Agents et comptoirs. Cautionnements	»	—	12,993,917 46
Trésor public. Portefeuille	»	—	31,340,401 44
Caisse générale d'Epargne et de Retraite sous la garantie de l'Etat. Valeurs diverses	»	—	184,351,977 93
Trésor public. Part de l'Etat dans les bénéfices du semestre (Art. 43 des Statuts)	»	—	761,498 —
Trésor public. Droit de timbre sur la circulation moyenne du semestre	»	—	136,381 05
Trésor public. 1/4 % sur la circulation moyenne du semestre excédant 275 millions	»	—	648,766 98
Trésor public. Produit de l'escompte excédant 5 %	»	—	118,986 72
Fonds de Réserve	»	—	27,920,960 04
Dividende à répartir pour le 2e semestre 1899	»	—	3,150,000 —
	Fr.		2,617,311,422 07

BANQUE D'ANVERS.

ACTIF.   Bilan au 31 décembre 1899.   PASSIF.

Actionnaires		
Vers.n.app.fr. 12,000,000.—		
» antic. » 11,352,600.—		
Frs.	647.400.—	
Caisse	» 2,530,079.72	
Portef. Effets à recev.	» 15,998,959.03	
Portefeuille. Warrants	» 4,952,206 69	
Fonds Publics	» 1,881,809.33	
Prets sur effets publics	» 7,269,316 93	
Compte cour. Anvers	» 18,772,867.92	
Id. Prov. et Etrangers	» 15,230,448.25	
Id. d'acceptations	» 21,655,069.06	
Dépôts de garant. et aut.	» 51,534.241.81	
Réescompte des pro-		
messes-warrants.	» 3,983.35	
	Fr. 140,476,382.09	

Capital social	Frs. 20,000,000.—	
Fonds de réserve	» 6,455,598.95	
Effets à payer	» 24,451,512.01	
Promesses-warrants	» 349,000.—	
Comptes cour. Anvers	» 17,443,491.36	
Id. Prov. et Etrangers	» 18,704,209.75	
Déposants(Titres)	» 51,534,241.81	
Réesc. des Warrants	» 16,539.50	
Id. du Portef. d'effets	» 94,733.80	
Solde Cte prof. et pertes	» 1,427,054.88	
	Fr. 140,476,382.09	

BANQUE CENTRALE ANVERSOISE.

ACTIF.   Bilan au 31 décembre 1899.   PASSIF.

ACTIF		PASSIF	
Caisse et Banque Nat.	» 1,768 106.95	Capital	Fr. 10,500,000.—
Portefeuille	» 13,478,767.95	Créditeurs	» 16,706,691.28
Fonds publics.	» 3,210,231.25	Effets à payer	» 15,047,974.01
Reports	» 2,802,987.75	Réesc. du portefeuille	» 86,697.83
Débiteurs	» 24,710,771.34	Réserve statutaire	» 1,039,059.17
Immeuble.	» 400,000.00	» disponible	» 1,950,000.—
Meubles	» 1.—	Solde de 1898	» 62,856 29
	Frs 46,370,307,89	» de 1899	» 977,929,31
			Fr. 46,370,307.89

BANQUE DE CRÉDIT COMMERCIAL.

Bilan au 31 décembre 1899.

	ACTIF.	PASSIF.
Capital 16,000 actions de 500 francs	Fr. —	8,000,000.—
Actionnaires	» 2,193,300.—	—
Réserves { ordinaire . fr. 1,152,049.39	—	
{ extraordinaire . » 326,570.71		1,478,620.10
Caisse	» 745,087.15	—
Portefeuille	» 4,900,941.02	—
Actions, fonds publics, obligations et reports	» 1,475,810.37	—
Immeuble	» 250,000.—	—
Mobilier	» 8,000.—	—
Comptes-courants	» 19,177,737.22	7,222,445.13
Effets à payer	» —	11,790,552.28
Dépôts de garantie (Titres)	» 4,091,247.08	—
» volontaires »	» 271,040.55	—
Déposants	» —	4,362,287.63
Réescompte du portefeuille	» —	31,012.55
Profits et pertes. Solde créditeur	» —	227,645.70
	Fr. 33,112,563.39	33,112,563.39

BANQUE DE COMMERCE.

DOIT.		Bilan au 31 décembre 1899.	AVOIR.	
Immeuble . . . Fr.	93,800.—	Capital social. . . Fr.	3,000,000.—	
Mobilier . . . . »	8,200.—	Réserve statutaire . »	71,752.19	
Caisse et Banque Nat. »	589,656.86	Id. extraordinaire »	375,000.—	
Portefeuille . . . »	3,975,233.73	Comptes-courants :		
Fonds publics . . »	77,143.91	Ayants-Compte en ville »	4,593,786.82	
Participations financ. »	532,871.69	» intér. et ext. »	1,368,440.24	
Comptes-courants :		Accept. par nos corresp.		
Ayants-Compte en ville »	3,818,481.66	pour compte declients »	550,140.32	
» intér. et ext. »	888,083,89	Effets à payer. . »	1,659,249.89	
» d'acceptations »	1,957,208.83	Déposants (Titres) . »	4,109,427.46	
Dépôts de gar. et autres »	4,109,427.46	Réesc. du portefeuille »	27,272.83	
		Profits et pertes . . »	295,032.28	
Fr. 16,050,102.03			Fr. 16,050,102.03	

BANQUE A. DE LHONEUX, LINON ET Cie.

ACTIF.		Bilan au 31 décembre 1899.	PASSIF.	
Actionnaires		Capital . . . . Fr.	15,000,000.—	
Vers. n. app. fr. 9,000,000		Fonds de réserve . . »	1,597,316.52	
» anticipés, » 509,400		Fonds de prévision (art. »		
Fr.	8,490,600.—	42 des Statuts) . . »	989,026.29	
Caisse. . . . . »	1,520,176.—	Compt.-cour. banquiers »	3,730,637.69	
Portefeuille . . . »	15,943,423.73	» ordinaires »	17,452,833.49	
Rep. et prets sur f. pub. »	2,565,552.59	Effets à payer . . . »	18,353,357.18	
Fonds pub., act, et obl. »	6,608,537.18	Dépôts à terme et obl. »	16,882,126.66	
Compt.-cour. banquiers »	2,228,847.93	Déposants (titres) . . »	22,285,218.71	
» garantis »	13,125,930.65	Profits et pertes . . »	1,122,637.34	
» ordinaires »	9,245,813.59			
Compte d'acceptations »	14,361,730 77			
Immeubles . . . »	1,037,322.73			
Dép. vol. et de gar. (tit.) »	22,285,218.71	Fr. 97,413,153.88		
Fr. 97,413,153.88				

SOCIÉTÉ FRANÇAISE DE BANQUE ET DE DÉPÔTS.

ACTIF.		Bilan au 31 mars 1899.	PASSIF.	
Caisse et Banque . . fr.	624,007.61	Capital. . . . . Fr.	6,000,000 00	
Coupons à encaisser . »	52,942.73	Bons à échéance fixe »	109,000.00	
Portefeuille, effets »	2,302,296.43	Comptes de banque »	1,327,789.02	
Warrants et avances sur		Comptes de dépôts et		
marchandises. . »	2,714,155.03	comptes courants »	3,473,977.85	
Corresp. et effets en rec. »	345,778.38	Acceptations et chèques		
Rentes et actions . . »	506,378.05	à payer . . . »	1,112,251.39	
Reports. . . . »	524,013.64	Réescompte du Portef. »	11,728.81	
Avances sur titres. . »	1,724,690.34	Profits et Pertes (frais		
Participations financières »	210.578.65	généraux déduits) »	162,165.78	
Comptes de banque . . »	647,345.15			
Comptes courants divers »	830,784.70			
Frais de premier étab. »	213,942.14	Fr. 12,196,912,8		
Appels différés s. actions »	1,500,000.00			
Fr. 12,196,912.85				

CRÉDIT ANVERSOIS.

Bilan au 31 Juillet 1899.

ACTIF.

Capital. Versements non appelés sur 24000 actions	Fr.	4,800,000,00		
» anticipatifs	»	769,100,00	4,030,900.—	
Immeubles et Coffres-Forts.	»	559,197,29		
Amortissement par bénéfice 1898/99	»	50,000,00	509,197,29	
Mobilier	»	25,277,18		
Amortissement par bénéfice 1898/99	»	12,638,59	12,638,59	
Frais de constitution	»	70,154,84		
Amortissement par bénéfice 1898/99	»	70,154,84	—.00	
Portefeuille : Fonds d'Etats	»	594,674,32		
Actions.	»	1,853,950,00		
Obligations	»	337,500,00		
Participations	»	56,725,65		
	»	2,842,849,97		
Amortissement par bénéfice 1898/99	»	30,000,00	2,812,849,97	
Comptes-Courants Correspondants	»		3,532.763,93	
Clients	»		8,438,126,20	
» Acceptations	»		9,557,460,56	
» Reports	»		751,422,31	
Caisse & Banque Nationale	»		844,243,30	
Encaissement	»		143,460,34	
Portefeuille Effets	»		5,848,359,33	
Valeurs déposées en Garantie	»		14,730,216,74	
	fr.		51,211,638,56	

PASSIF.

Capital.	fr.	12,000,000,00	
Réserve statutaire	»	25,030,00	
Dividende 1898/99	»	288,000,00	
Intérêts s/Versements anticipés.	»	19,328,36	
Acceptations et effets à payer	»	12,052 156,40	
Comptes-Courants Correspondants	»	4,454,677,03	
Clients	»	5,401,603.94	
Déposants	»	2,198,239,02	
Valeurs déposées en Garantie	»	14,730,216,74	
Contributions.	»	19,548,44	
Réescompte du Portefeuille.	»	20,693,74	
Solde bénéfice 1898/99	»	2,174,89	
	Fr.	51,211,638,56	

AGRICULTURE.

La récolte dans notre pays pendant l'année 1899, comme dans plusieurs autres contrées d'Europe, a laissé à désirer tant au point de vue de la qualité que de la quantité.

Voici la cote et le produit par hectare des principaux éléments de la culture : froment, médiocre, 23,33 hectolitres par hectare ; — épeautre, assez bonne, 33.21 ; — seigle, bonne, 22.73 ; — orge, bonne, 33.25 ; — sarrasin, moyenne, 19.91 ; — avoine, bonne, 38.12 ; — pommes de terre, bonne, 17,650 ; — foin, médiocre, 4,600 ; — trèfle, assez bonne, 5,678 ; — betteraves, bonne, 30,250 ; — fourrages, bonne, 42,050 ; — carottes, assez bonne, 23,075 : — navets, satisfaisante, 24,800 ; — fèveroles, bonne, 26.50 — colza, bonne, 25.75 ; — tabac, bonne, 1,850 ; — lin, assez bonne, 615 kilog.

Le froment, le seigle, l'orge et l'avoine ont donné un rendement sensiblement inférieur à celui de l'année précédente.

La production de froment en Belgique s'est élevée, en 1899, à 338,406,000 kilogrammes environ, contre 382,000,000 kilogrammes en 1898, soit une différence en moins de 43,600,000 kilogrammes environ sur la récolte précédente.

Pour les pommes de terre, la récolte est évaluée à 17,650 kilogrammes par hectare ; elle était en 1898 de 17,400, en 1897 de 15,000 et en 1896 de 14,900 kilogrammes. Dans tout le pays la qualité est renseignée comme bonne.

Les prairies fauchées ont donné une récolte totale évaluée en moyenne à 4,600 kilogrammes de foin par hectare, de qualité médiocre.

Les betteraves fourragères ont donné une moyenne de 42,000 kilogrammes par hectare. Les carottes ont fourni une production satisfaisante comme qualité et quantité, de 23,000 kilogrammes par hectare ; le rendement des navets est également satisfaisant, avec 24,800 kilogrammes par hectare.

Pour la betterave sucrière nous avons, par hectare, un produit de 30,250 kilogrammes contre 27,800 kilogrammes en 1898.

Le tableau suivant résume le rendement des cultures principales par hectare dans la province d'Anvers :

Produits.		1897.	1898.	1899.
Froment d'hiver	Hectol.	23. —	28. —	24 1/2
Seigle	»	21. —	27. —	26. —
Orge d'hiver	»	34. —	42. —	34 —
Orge d'été	»	25.50	31. —	—
Avoine	»	41. —	47. —	40. —
Sarrasin	»	23.50	22.50	24. —
Pommes de terre	Kilog.	15.500	20.378	19.428
Carottes	»	25,600	10.913	20.333
Navets	»	20.000	27.000	—
Betteraves	»	28.900	28.427	30.625
Trèfle rouge	»	26.500	25,764	25.312
Foin	»	3.700	3.573	3.517
Lin (filasse)	»	415	466	550

Froment d'hiver. — Les pluies fréquentes et orageuses à l'époque de la floraison ont causé un rendement inférieur à la moyenne.

Celle-ci a donné 24 1/2 hect. à l'hectare contre 28 en 1898 et 78 1/8 kilog. par hectolitre contre 78 1/2.

Seigle. — La récolte a été excellente. Le grain a donné 26 hectolitres par hectare contre 27 en 1898 ; le poids par hectolitre a été de 71 1/2 kilog. contre 68 1/2.

Orge d'hiver. — Les orges ont souffert de la verse. Les rendements sont pourtant en général satisfaisants. La culture prend de l'extension dans les terres riches.

Le rendement moyen a été de 34 hectolitres par hectare contre 42 et le poids de 63 kilog. par hectolitre contre 64 en 1898.

Avoine. — Les avoines se sont ressenties du mauvais temps qui a régné à l'époque du semis. Le produit a été de 40 hectolitres par hectare contre 47 h. en 1898, mais le poids a donné 47 1/2 kilog. à l'hectolitre contre 45.

Sarrasin. — Cette culture disparaît de plus en plus.

Pois de campagne. — La production est estimée à 1500 kilog. par hectare.

Pommes de terre. — Les pommes de terre n'ont pas été attaquées par la maladie ; le rendement a été élevé et la qualité excellente. La vente a été difficile et n'a pu se faire qu'à des prix minimes. Le rendement de l'année a été de 194 hectolitres par hectare contre 203 en 1898.

Carottes. — La culture en jachère est insignifiante ; en culture dérobée, le rendement a été très faible, à cause de la sécheresse prolongée.

Navets. — La sécheresse a été nuisible à la germination et sa persistance a été cause de rendements insignifiants.

Betteraves. — Les betteraves fourragères ont souffert de la sécheresse de l'été ; la récolte est inférieure à la moyenne.

Dans les polders, les betteraves à sucre ont eu un rendement moyen mais la richesse a été extraordinaire.

Trèfle rouge. — La première coupe a été très bonne ; la seconde et la troisième ont été insignifiantes par suite de la sécheresse. Le rendement a été de 25,312 kilog. par hectare contre 26,764 en 1898.

Spergule. — La spergule n'a pu être semée à temps, par suite de la sécheresse, et le rendement a été tout à fait insignifiant.

Foin. — Le rendement du foin a été excellent et la qualité généralement satisfaisante ; les coupes de regain ont été très médiocres. Les deux coupes ont donné par hectare 4767 kilog. contre 4856 en 1898.

Terres potagères. — Dans le rayon de Malines, la culture maraîchère domine la culture agricole. Les produits sont achetés par les fabriques de conserves alimentaires ou expédiés sur les marchés de Bruxelles, d'Anvers et du pays wallon.

Arbres fruitiers. — La récolte des fruits n'a en général pas été abondante.

Arbres forestiers. — Les plantations de peupliers, de taillis et de tâtards de chêne sont lucratives.

Beurres. — La production augmente sensiblement depuis quelques années. La qualité est très bonne. Le prix le plus bas a été fr. 2.40 et le plus élevé fr. 2.90.

Apiculture. — La récolte du miel a été bonne. Le nombre des ruches augmente lentement.

Cultures nouvelles. — Rien d'important à signaler.

Espèce chevaline. — La race s'améliore et l'élevage des chevaux prend de l'extension d'année en année.

Espèce bovine. — L'élevage fait des progrès.

INDUSTRIE.

Relevé des machines à vapeur en Belgique.

Moteurs. Force en chevaux et Chaudières.	Années.	Chemins de fer.					Navigation.				Mines, usines, manufactures, exploitations agricoles et divers.
		Service de l'Etat.			Services des particuliers.		Service de l'Etat.		Services des particuliers.		
		Machines fixes.	Locomotives.	Voitures à vapeur.	Machines fixes.	Locomotives.	Machines fixes.	Bateaux-Embarcations. Dragueurs.	Machines fixes.	Bateaux Embarcations. Dragueurs.	
Nombre de moteurs.	1850	13	170	—	6	59	3	—	5	13	2.013
	1860	38	252	—	20	299	3	7	3	29	4.146
	1870	48	371	—	38	637	3	14	6	46	8.131
	1880	167	1.267	14	43	680	4	17	7	102	11.759
	1890	237	1.963	14	53	1.056	8	31	17	305	13.979
	1898	288	2.571	54	64	1.179	15	26	13	549	16.798
Force en chevaux.	1850	410	10.703	—	13	3.152	124	—	73	1.000	40.455
	1860	572	25.018	—	99	35.479	124	760	49	951	98.757
	1870	766	55.388		163	112.033	124	2.160	193	1.696	165.723
	1880	1.452	215.358	280	568	109.623	170	2.190	341	3.951	274.379
	1890	3.088	339.465	280	340	151.348	245	6.193	485	21,756	380.913
	1898	6.370	494.781	2653	3251	118.251	811	9.924	401	50,731	563.740
Nombre de chaudières.	1850	22	170	—	6	59	6	—	6	13	2.878
	1860	36	252	—	21	299	3	11	3	33	5.462
	1870	49	371	—	38	637	3	25	9	51	9.465
	1880	174	1.268	14	45	680	7	30	8	108	12.789
	1890	182	1.963	14	54	1.057	10	61	17	268	14.487
	1898	232	2.571	54	67	1.180	22	74	11	448	16.337

AMIDONNERIES DE RIZ.

La fabrication de l'amidon de riz prend chaque année de l'extension, grâce à l'augmentation des débouchés, et les résultats sont des plus satisfaisants.

Cette industrie serait plus prospère encore, si les dégrèvements réclamés par les amidonniers, et mentionnés dans nos divers rapports annuels antérieurs, étaient pris en considération.

ATELIERS DE CONSTRUCTION.

Les ateliers qui s'occupent spécialement des réparations des navires ont été en général fort occupés pendant l'année 1899, plusieurs réparations très importantes ayant été exécutées à des navires visitant régulièrement le port. En outre plusieurs navires ont pu être amenés de l'étranger pour subir leurs réparations à Anvers.

Quant aux autres ateliers s'occupant de travaux industriels ordinaires et n'ayant pas de spécialités, ils ont été assez bien occupés mais éprouvent cependant beaucoup de peine à lutter contre les ateliers similaires de l'intérieur du pays, en raison des régimes de salaire du personnel ouvrier en général qui préfère un travail plus rémunérateur.

CHOCOLATS.

Le chocolat de qualité ordinaire vaut 90 centimes, les bonnes qualités de fr. 2.50 à fr. 3 et les qualités surfines de fr. 4 à 5, le paquet d'1/2 kg.

Le beurre de cacao a constamment suivi et même dépassé la hausse sur le cacao brut. La marque préférée par les industriels se vendait au début de l'année fr. 307 et à la vente de novembre on l'a payée fr. 412 1/2 les 100 kilog.

Il est à remarquer que malgré la libre entrée du cacao en Belgique, et les droits de fr. 60 par 100 kg. dont sont imposés les chocolats étrangers, tous nos magasins de détail sont remplis de chocolats étrangers, surtout hollandais, suisse et allemand.

DIAMANTS.

Pendant les deux premiers mois de l'année le travail a été assez régulier. Néanmoins, plusieurs tailleries ont dû fermer de temps à autre leurs ateliers, à cause des difficultés que nos maisons avaient pour obtenir le diamant brut.

Une concurrence effrénée s'est produite pour se procurer la matière première et a été la cause de hausses suivies pendant tout le courant de l'année. C'est ainsi que nous avons vu les prix monter de 5o % pendant cette période.

Pendant les deux derniers mois, par suite de la guerre du Transvaal et de l'investissement de Kimberley, la production des mines de diamants a été complètement arrêtée, ce qui est cause du chômage actuel de cette industrie.

Nous estimons que, malgré une diminution du nombre de carats de taillé produit par notre place, le chiffre d'affaires a certainement dépassé celui de l'année 1898.

FABRICATION DE SUCRE.

Dans ses grandes lignes, l'année sous revue fut marquée par un relèvement régulièrement progressif des cours des sucres bruts durant le premier semestre, suivi d'une réaction presque ininterrompue jusqu'au début de décembre.

Le 17 janvier, les prix atteignirent leur niveau le plus bas de toute la campagne 1898/9, soit fr. 22 1/8 et le 3 mai on enregistra le cours de fr. 28 1/4, soit le plus élevé durant cette même période, voire pendant l'année 1899. Ultérieurement on pratiqua fr. 25 3/4 le 14 juillet, pour remonter — pour des raisons purement spéculatives — à fr. 27 1/4 le 4 août et retomber ensuite graduellement à fr. 21 3/4 le 1ʳ décembre.

L'an 1898 venait de finir sur une formidable surprise que la statistique valut à l'article : il était généralement admis que la production européenne de 1898/99 serait déficitaire de quelque 220/250,000 tonnes (pour ne citer que les chiffres les plus bas et les plus autorisés qui aient été émis), quand à mi-décembre (1898) les statisticiens reconnurent qu'il y avait lieu de relever leurs estimations respectives au niveau du chiffre de la production antérieure.

Non seulement il n'y avait plus de déficit en sucres de betteraves, mais d'autre part la production de sucres de cannes s'annonçait avec un excédant d'env. 150,000 tonnes.

La situation de l'article en parut totalement modifiée et bouleversée ; aussi, le revirement des esprits se traduisit-il par un brusque recul des cours. Toutefois on en vint bientôt à examiner les choses plus froidement, plus sainement et à conclure que les ressources de la campagne 1897/8 ayant été inférieures de 220,000 tx aux besoins et d'autre part l'excédant total de la production universelle n'étant que de 120 mille tonnes, toute surabondance se trouvait ainsi évitée, et même, à la faveur de l'augmentation normale de la consommation, on pouvait escompter au contraire un certain resserrement des ressources pour la fin de la campagne.

La spéculation reprit alors confiance et notamment un groupe parisien très important stimula vivement la hausse des prix.

La publication des chiffres des emblavements de betteraves n'exerça d'abord aucune influence directe sur les cours ; ils accusèrent une extension d'environ 7,3 o/o pour l'ensemble de l'Europe, mais la plus grande partie de cette augmentation se trouvait en Russie, de telle sorte que l'augmentation pour le reste de l'Europe n'était que de 3 1/2 p. c. seulement ; or, le rendement en Russie est beaucoup plus faible que dans les grands pays producteurs occidentaux.

Les semailles et la levée se firent normalement ; la plante, ultérieurement, se développa dans des conditions satisfaisantes quoiqu'avec un certain retard au début.

Mais dans l'entretemps de nouveaux facteurs étaient venus s'imposer à l'attention et exercèrent une action déprimante sur les prix.

1° La production universelle ressortit finalement à un chiffre encore supérieur à celui émis en décembre, pour les sucres de betteraves comme pour les sucres de cannes, et se compara comme suit en dernière analyse (les résultats graduellement acquis dans le cours de la campagne

avaient amené au fur et à mesure un relèvement des différents chiffres de la production) :

Pays.	1898/99	1897/98	1896/97
Allemagne	1,722,000	1,853,000	1,837,000
Autriche	1,051,000	832,000	934,000
France	830,000	821,000	752,000
Russie	776,000	739,000	729,000
Belgique	244,000	265,000	288,000
Pays-Bas	150,000	126,000	174,000
Divers	209,000	196,000	203,000
Europe	4,982,000	4,832,000	4,917,000
Et. Un. (Bett. et Cannes)	277,000	358,000	323,000
Colonies (Exp^ons) . . .	2,570,000	2,203,000	2,096,000
Total	7,829,000	7,393,000	7,336,000

Soit un surplus de 436,000 tonnes.

2° Dans cet excédant est comprise (et ce fut un des facteurs
les plus importants de la baisse) une importante quotité de
ressources prématurées autant qu'imprévues et inattendues,
c. à d., que les Américains, pour faire face au resserrement
des stocks que l'on entrevoyait pour la fin de la campagne,
avaient arrêté l'expédition précoce en juin-juillet de 287,000
tonnes nouveaux sucres (de la campagne 1899/1900) de Java —
fait sans précédent, car antérieurement les exportations de
cette colonie n'avaient jamais approché de pareil chiffre (pour
cette période) et n'avaient atteint que 119,000 t., 53,000 t.
et 107,000 tonnes respectivement en 1898, 1897 et 1896 pour
la période correspondante, outre que les expéditions de 1899
se firent pour la plupart par steamers, tandis qu'au contraire les années précédentes elles se faisaient en majeure
partie par voiliers. Dans ces conditions, dès fin août et surtout
en septembre (puis encore en octobre et en novembre), de
très gros arrivages de sucres de Java aux Etats-Unis vinrent
hebdomadairement grever fortement les stocks. De cette
manière, du 1ʳ juin au 28 septembre, il était arrivé en
Amérique, 200,000 tx contre 62,000 tx en 1898 et 52,000 tx
en 1897, et à la faveur de ces apports exceptionnels les
Américains purent dès le mois de juillet se passer de sucres
de betteraves et abandonner à lui-même le marché européen.

3⁰ La hausse des prix sur le rapproché, jusqu'en mai, alors que les cours sur la nouvelle campagne ne suivaient guère ou dans une proportion fort inégale, avait créé un déport qui dépassa fr. 9. — à Paris et s'y maintint jusques à fin août ; sur les autres marchés, il n'atteignit que fr. 3,25 environ et ne subsista que jusqu'en juillet. Mais cette situation n'en porta pas moins de très sérieuses conséquences : dès fin mai, un grand nombre de raffineries autrichiennes et allemandes éteignirent successivement leurs feux et le consommateur anglais reçut au jour le jour, ne s'approvisionnant qu'à concurrence de ses besoins strictement immédiats. Il en résulta naturellement une très sensible réduction des besoins généraux et la campagne 1898/99 finit en pleine réaction.

La nouvelle campagne s'ouvrait ainsi sous des auspices assez peu favorables : le monde spéculatif venait d'être fort éprouvé et se trouvait découragé devant une production qui s'annonçait comme considérablement supérieure à la précédente, en regard d'un déficit de stocks visibles qui de 150,000 tonnes environ au 1ʳ septembre, se trouva réduit à 50,000 t. à la date du 1ʳ octobre.

Les premières évaluations des statisticiens firent entrevoir un excédant d'environ 350,000 t., qu'ils durent relever ensuite à 500,000 t. pour la production européenne, parallèlement à un déficit pour les exportations coloniales d'environ 100,000 tonnes. (1)

Ainsi, les cours oscillèrent en octobre-novembre autour de fr. 22-22, 25.

Toutefois, le resserrement brusque des besoins durant les derniers mois de la campagne 1898-99, ne tarda pas à produire son contre-coup : en Allemagne, en Autriche, en France, la consommation visible reprit un essor d'autant plus considérable que les prix étaient bas et qu'elle avait à reconstituer ses stocks.

---

(1) À l'heure présente (février 1900) il apparaît que la production de sucres de betteraves donnera vraisemblablement un surplus de 550,000 t. contre un minus d'exportations probables des colonies de 190,000 t.

D'autre part, les arrivages anticipés de Java eurent pour conséquence l'épuisement prématuré des ressources de cette colonie, qui les autres années continuait à approvisionner les Etats-Unis durant toute la campagne.

Une autre cause encore qui rejeta les acheteurs américains sur le marché européen fut la grande réserve des planteurs de Porto-Rico, de Cuba et des autres Antilles, lesquels ne furent guère empressés de vendre leurs sucres, dans l'espoir de voir ceux-ci bénéficier ultérieurement d'un régime préférentiel à l'importation aux Etats-Unis, sous la forme d'une réduction des droits d'entrée en faveur de leurs produits.

Enfin, la gelée vint interrompre la navigation intérieure en Allemagne et en Autriche, et grâce à ces divers facteurs l'année finit en très bonne tendance, au prix de fr. 22 1/2.

Voici le tableau officiel de la production belge jusqu'au 31 décembre (non compris les excédants):

	1899	1898
Fabriques en activité (y compris 13 raperies).	122	123
Quantité de jus prise en charge. Hect	22,898,124.54	18,009,697.91
Charges en sucres bruts . . Kil.	250,931.466.—	184,741,433.—
Densité moyenne.	5,5	5,4

Nous avons exposé dans le rapport de 1897 que M. le Ministre des Finances, en vue de préparer une réduction du droit d'accise — dont, soit dit entre parenthèses, il semble ne plus guère être question. — avait décrété un régime transitoire dont il a été alors relaté les principales dispositions. Ce régime qui n'avait été mis en vigueur que pour les deux campagnes 1897-98 et 1898-99, fut prorogé pour l'exercice 1899-1900, mais avec un relèvement de la prise en charge de 1900 à 2,000 grammes.

Cette augmentation, dont la conséquence évidente est une réduction proportionnelle des excédants de fabrication, fut, par le fait, la principale cause du nonrenouvellement de la convention entre fabricants et raffineurs, intervenue en 1897 et qui expirait au 15 septembre 1899.

Toutefois, les fabricants parvinrent, non sans peine, à s'entendre pour combler de commun accord le déficit de la recette légale, par le paiement « à valoir » tandis que d'aucuns avaient d'abord voulu payer « à fonds perdus ». Mais il fut stipulé que les sucres en consommation, à provenir du fait de ce payement à valoir resteraient « bloqués » jusqu'à ce que la prime des droits serait descendue à un niveau satisfaisant. Ainsi, la prime qui, à la suite de la dénonciation de la convention susdite, avait atteint 15 o/o, était graduellement redescendue et se trouvait ramenée à la fin de l'année à env. 6 o/o.

Relevé des prix du sucre belge, cuite en grains, disponible, exportation, 87/96°.

Janvier.		Février.		Mars.		Avril.		Mai.		Juin.	
4	22.75	1	23.50	1	23.62	5	25.—	3	28.25	7	27.62
11	22.75	8	23.—	8	24.12	12	26.25	10	27.12	14	27.50
18	22.25	15	23.—	15	24.50	19	26.87	17	27.37	21	26.75
25	23.—	22	23.75	22	24.87	26	26.87	25	27.62	28	26.75
				29	24.62			31	27.37		

Juillet.		Août.		Septembre.		Octobre.		Novembre.		Décembre.	
5	26.37	2	26.75	6	25.—	4	22.75	3	22.25	6	22.12
12	26.—	9	26.75	13	24.50	11	22.12	8	22.25	13	22.50
19	25.87	17	26.—	20	23.62	18	22.12	15	22.25	20	22.37
26	26.25	23	25.62	27	23.50	25	22.50	22	22.25	27	22.62
		30	24.87					29	22.—		

A l'exemple des Etats-Unis — et sur la même base — les Indes Anglaises établirent un droit compensateur sur tous les sucres bénéficiant de primes directes ou indirectes à l'exportation. Les sucres belges notamment furent ainsi frappés d'une taxe supplémentaire de 1 roupie 6 annas pour bruts et de 1 troupie 10 annas, pour raffinés, soit fr. 2,336 et fr. 2.76 respectivement, par cwt., droits supérieurs à ceux grevant les provenances allemande et autrichienne. En l'espèce cette mesure était moins préjudiciable pour nos exportations que celle analogue prise en Amérique, nos expéditions pour l'Hindoustan se bornant antérieurement à quelques lots de raffinés (à peine 30,000 kil. annuellement).

Nos exportations de sucres bruts se comparent comme suit pour les trois dernières années.

Destinations.	1899	1898	1897
Angleterre . . . . T.	96,464	74,608	56,624
Canada . . . . »	27,777	19,290	12,907
Danemark . . . . »	—	1,587	—
Etats-Unis . . . . . . , »	11,127	—	60,919
Hambourg . . . . »	1,907	—	—
Italie . . . . . . , . »	80	110	180
Pays-Bas. . . . , , . . »	43,532	25,005	47,633
Portugal . . . . , , . . »	684	670	—
Autres pays . , ... »	561	546	531
Totaux	182,132	121,816	178,794

Le Canada semble devenu un débouché considérable et régulier pour nos produits et dans une mesure probablement plus forte encore que ne l'indiquent les chiffres ci-dessus, car il y a peut-être lieu d'y ajouter les quantités officiellement renseignées comme exportées aux Etats-Unis, alors que très vraisemblablement elles faisaient simplement escale dans un port américain pour être finalement réexpédiées par transbordement ou autrement à destination du Canada.

Nous sommes amenés à le croire en raison des droits très élevés, comparativement aux provenances allemande et autrichienne, qui grèvent nos sucres à l'entrée en Amérique, situation qui explique et a nécessité, d'ailleurs, l'essor énorme de nos expéditions pour l'Angleterre et pour les Pays-Bas, outre que nous avions une forte surproduction à écouler.

Les exportations exceptionnelles vers Hambourg furent provoquées par le resserrement de ressources qui se produisit sur cette place et y fit craindre à un moment donné un certain étranglement.

HUILERIES.

La situation des huileries en Belgique n'a guère été plus brillante en 1899 que les années précédentes.

Les fabricants belges se heurtent, à toutes les frontières, à des droits prohibitifs qui leur ferment tout débouché.

Les pays qui cultivent les graines, n'ayant à payer le fret

que sur le produit fabriqué, peuvent vendre ici à des conditions plus avantageuses que les huileries belges, qui sont
obligées de supporter les frais de transport sur les graines.
On peut citer comme exemples : l'Amérique pour les huiles
de coton, de maïs, de lin ; la France pour les œillettes et
les olives ; les Indes pour les ricins.

L'industrie des huiles estime que les tourteaux pour engrais
ne sont pas suffisamment soutenus par les chimistes et con-
férenciers agricoles officiels, qui prônent surtout les engrais
chimiques, de sorte que les tourteaux sont délaissés par la
culture.

La trituration des graines de lin, qui jadis faisait la prospérité des petites huileries de l'intérieur, a dû être partiellement abandonnée, la culture de cette graine étant devenue
insignifiante en Belgique. Ces petites huileries ne sont, du
reste, pas suffisamment outillées pour travailler économi-
quement.

SABLES QUARTZEUX.

Cet article n'a pas subi de fluctuation notable durant l'année
1899.

Les exportations ont légèrement augmenté : elles pour-
raient être beaucoup plus importantes si l'on n'avait pas
tant de difficultés avec les ouvriers transbordeurs du port
qui exigent des salaires excessifs et surtout si le Gouvernement se décidait enfin à abolir les droits qui pèsent si
lourdement sur la navigation intérieure.

SCIERIES DE BOIS.

La prospérité de cette industrie est intimement liée à celle
du commerce des bois. Son activité a été grande pendant
toute l'année sous revue, et comme elles sont toutes instal-
lées dans les meilleurs conditions, elles ont satisfait à toutes
les exigences du commerce : — nous ne pouvons que leur
souhaiter la continuation de leur prospérité.

TANNERIE.

L'année 1899 a débuté dans de mauvaises conditions : la
matière première était chère et le fabriqué très peu remuné-

rateur. Pendant les derniers mois, il y a eu des achats considérables, débarrassant les stocks et une amélioration sensible s'est produite, donnant, en somme, une moyenne de bonne année. L'industrie de la tannerie a à lutter contre des concurrents infatigables et c'est grâce à ses initiatives d'installations nouvelles, dictées par le progrès dans la fabrication, ses conférences sur la chimie et l'enseignement professionnel, qu'elle reste à la hauteur de la situation. La tannerie est bien secondée par ses agents acheteurs de matières premières, qui s'alimentent à source directe de la production sans rester tributaires des marchés étrangers. Si de ce côté il y a des progrès très sensibles pour aider l'industrie de la tannerie, il faudrait d'un autre côté que le tarif de transports fût réduit à son minimum, c. a. d. ne formant qu'une classification pour tous tannins, comme cela se pratique à l'étranger, et ne distinguant plus entre matières tinctoriales et matières tannantes, toute matière tinctoriale employée dans la tannerie ayant avant tout le principe du tannin ; tel l'extrait de quebracho et le gambier, tarifés 1re classe alors que les extraits de chûtaignier et de chêne sont portés à la 3me. La tannerie est, par moments, très éprouvée ; il faut par tous moyens la seconder.

TONNELLERIE.

Rien de particulier ne s'est présenté concernant la tonnellerie dans le courant de l'année 1899 ; cette industrie aurait suivi sa marche normale, mais ayant besoin de 10 à 15 wagons par jour, elle a eu beaucoup à souffrir du désarroi qui s'est produit au chemin de fer.

VERNIS ET COULEURS.

Les couleurs et vernis ont, en 1899, donné lieu à d'importantes transactions. Les exportations ont surpassé de 154,571 kil. les importations par chemin de fer, tandis que par mer et par rivière il y a eu pour les importations un excédant de 2.587.585 kilog.

Vers la fin de l'année une hausse croissante, s'est produite

sur la plupart des matières premières et semble avoir nui
notablemement aux importations, tandis que les exportations
ne paraissent pas s'en être ressenties.

Le tableau suivant qui résume le mouvement mensuel de
la place donnera une idée assez nette de nos relations commerciales. Malheureusement toutes les couleurs de même que
les vernis sont compris à la douane sous la même rubrique
et il n'y a donc guère moyen de connaître quelles sont les
marchandises qui y occupent les premiers rangs.

Par mer et par rivière.		Importations.	Exportations.
Janvier	Kilog.	4,011.082	692,437
Février	»	2,228,768	2,719,572
Mars	»	4.396,127	3,161.058
Avril	»	2.862.836	3,220.402
Mai	»	3,668,914	3,475.721
Juin	»	4,690,145	3,823,565
Juillet	»	3,374,521	3,926,845
Août	»	4,134,265	3,887,879
Septembre	»	3.030,563	2,903,032
Octobre	»	2,871,574	3,059.758
Novembre	»	3.713,546	4,929,548
Décembre	»	3,761,070	4,356,009

Par chemin de fer.		Importations.	Exportations.
Janvier	Kilog.	10,055	35,446
Février	»	15,906	20,208
Mars	»	20,213	32,079
Avril	»	48,200	18,845
Mai	»	19,356	37,575
Juin	»	17,555	34,066
Juillet	»	16,267	20,714
Août	»	19,150	40,446
Septembre	»	10,896	23.767
Octobre	»	18,675	36.565
Novembre	»	6.770	21.178
Décembre	»	3,740	40,478

BORGERHOUT.

Le développement de l'industrie dans la commune suit une
marche régulièrement progressive. Les établissements industriels existants sont :

1 fabrique de bougies employant 500 personnes, 2 teintu-

reries et blanchisseries, 2 blanchisseries, 1 atelier de reliure, 1 laiterie, 1 fabrique de vélocipêdes, 2 tanneries, 1 fabrique de cigares, 6 tailleries de diamants, 1 fabrique de moutarde, 1 fabrique de caisses d'emballages, 1 atelier de construction électro-technique, 1 fabrique de graisses, 2 savonneries, 1 fabrique de soude, 1 huilerie, 2 distilleries de liqueurs, 1 fabrique de conserves de fruits, 1 raffinerie de sucre, 1 fabrique de pain d'épices, 1 fabrique de matières pour la brosserie, 1 fonderie de fer, 1 fabrique de conserves de poisson, 2 malteries, 1 fabrique de paillons, 3 brasseries, 1 fabrique de saucissons et 1 fabrique de viande fumée.

DUFFEL.

Le commerce et l'industrie dans la commune pour l'année 1899 montrent une amélioration sensible.

La fabrication d'étoffes de laine emploie un très grand nombre d'ouvriers ; ses produits sont appréciés et recherchés.

La fabrication de tissus métalliques, la manufacture de bougies et d'orgues d'église ne perdent rien de leur activité.

Les briqueteries se relèvent de leur torpeur et s'améliorent.

La culture sous verre, grandement pratiquée, est l'objet de soins attentifs ; les produits en sont recherchés partout.

La fabrication de consèrves alimentaires fait des progrès, Beaucoup de ses produits sont expédiés au Congo.

HEMIXEM.

L'industrie briquetière s'est maintenu florissante comme en 1898. La production s'est élevée à 50,000,000 environ, le mille se vendant au prix moyen de fr. 9.75.

La fabrique de falots, de graisses et huiles industrielles, la manufacture de produits imperméables, les brasseries, et la meunerie à vapeur sont toutes en pleine prospérité.

L'industrie de la verrerie-cristallerie occupe en moyenne 275 ouvriers.

Usine à cuivre. — Consommations : résidus de pyrites cuivreuses 15,525 tonnes ; sel 2570 tonnes ; charbon 5500 tonnes ; mitrailles de fer 800 tonnes ; acide sulfurique, (53°) 600 tonnes.

Productions : Cément de cuivre 830 tonnes : minerai de fer (purple ore) 1500 tonnes.

Ouvriers : nombre 140 ; salaire moyen fr. 2.75.

Usines à produits chimiques. — Consommations : pyrites 10.000 tonnes ; charbon 3400 tonnes ; acide nitrique 190 tonnes.

Productions : acide sulfurique 53° 20000 tonnes : id. 60° 600 tonnes ; id. 66° 1000 tonnes ; acide nitrique 60 tonnes : bisulfate de soude 40 tonnes.

Ouvriers : nombre 60 ; salaire moyen 3 fr.

Société anonyme de produits chimiques — L'usine a fabriqué en 1899 :

Extraits de quebracho secs 1,462,500 kil. ; id. pâteux 750,000 kil. ; id. liquides 1,200,000 kil.

Total : 3,412,500 kil.

Emaux artistiques. — La fabrication comprend les carreaux de revêtements en tous genres et carreaux imprimés sur et sous émail en tous genres et dessins, carreaux majoliques en relief, nuances, etc.

HOBOKEN.

Les industries existant dans la commune sont : un chantier de construction navale, 536 ouvriers ; un peignage de laines, 800 ouvriers et ouvrières ; une usine de désargentation, 338 ouvriers ; un chantier pour la construction de bateaux d'intérieur en fer et en acier, 50 ouvriers ; une cristallerie, 175 ouvriers et ouvrières ; un établissement de forges et atelier de construction, 60 ouvriers ; deux fabriques d'huiles, graisses industrielles et savonnerie, 19 ouvriers ; une fabrique de vernis, 25 ouvriers ; six brasseries dont trois à vapeur, 30 ouvriers ; en construction : un chantier de construction navale et une aciérie et tôlerie.

Société Cockerill. — Le chantier a livré en 1899 :

40 pontons	pour le Gouv^t Russe.		
1 barge	»	»	»
2 dragues	»	»	»
1 sternwheel	»	»	»

1 transport postal	pour	l'Etat Ind. du Congo.
1 barge	»	» » »
1 grand transport	»	la flottille Cockerill.
1 remorqueur	»	l'Etat Ind. du Congo.
3 sternwheels	»	» » » »
1 drague	»	» » » »
2 barges à clapets	»	» » » »
2 bateaux à roues	»	la Sté Oranienbaum.
1 id.	»	la » Samolet.
1 sternwheel	»	la N. Afr. hand. venn.
1 canot en aluminium	»	l'Etat Ind. du Congo.
1 sternwheel	»	Sté Afric. Française.
1 canot	»	Est du Kwango.
1 barge	»	Etat Ind. du Congo.
3 pirogues	»	Sté Ame Cce Haut Congo.
2 canots	»	la Cie du Lomami.
1 sternwheel	»	id.
3 pirogues	»	Ste Sud Kameroun.
2 canots	»	Ste Est du Kwango.
1 sternwheel	»	Ste La Lulonga.
1 canot	»	le Trafic Congolais.
1 sternwheel	»	la Cie Produits Sangha.
1 pirogue	»	le Trafic Congolais.
10 caissons	»	MM. Hersent fils, quais d'Anvers.

En construction :

2 bateaux à vapeur, 1 remorqueur, 1 bateau, 1 sternwheel, 3 barges, 1 embarcation, 2 pirogues et 8 caissons.

Le chantier a fait des modifications et réparations importantes à divers grands navires dans le courant de l'année 1899.

Le nombre moyen des ouvriers pour l'année écoulée a été, pour le 1r semestre, de 583, et pour le 2e semestre, de 490.

Le salaire payé varie de fr. 0.75 pour les apprentis à francs 6.50 pour les artisans.

Beaucoup d'armateurs et courtiers de navires d'Anvers négligent les chantiers de constructions navales belges pour s'adresser à la concurrence étrangère.

Le chantier peut mettre en œuvre annuellement 4 à 5000

tonnes acier, construire 4 grands navires et une dizaine de bateaux de rivière.

Usine de désargentation. — Pendant l'année 1899 l'usine a travaillé 41,669,000 kil. de plombs argentifères étrangers et 2,352,000 kil. de sous-produits plombifères de provenance belge.

Elle a produit 41,832,000 kil. de plomb raffiné d'une valeur de fr. 15,866.877 ; 99,406 kil. argent, d'une valeur globale de fr. 9,940,600 ; 5396, kil. or, d'une valeur globale de fr. 1,852,986.

Le nombre moyen des ouvriers pendant l'année 1899 a été de 338.

LILLO.

Une grande quantité des betteraves consommées par la sucrerie sont importées des Pays-Bas. Cette industrie réalise de grands bénéfices.

Le projet d'établissement d'une seconde industrie se poursuit activement. Des cultivateurs de betteraves des régions des polders anversois du Bas-Escaut formeront une société coopérative pour la fabrication du sucre.

LIERRE.

Nous n'avons à signaler l'installation d'aucune nouvelle fabrique.

Les établissements existants maintiennent le degré de développement et de prospérité qu'ils avaient su atteindre, mais il leur faut dépenser un ensemble d'efforts qui va toujours en augmeutant.

Les marchés hebdomadaires du samedi ainsi que les marchés aux chevaux et au bétail sont toujours bien fréquentés.

L'agriculture s'applique plus que jamais à la culture maraîchère, fruitière et horticole.

Grâce au voisinage du marché d'Anvers, ces productions se vendent facilement et à des prix très rémunérateurs.

NIEL.

Il existe dans la commune 32 briqueteries, toutes en activité, et une fabrique de ciment.

Les briqueteries emploient en été environ 1200 ouvriers et ouvrières. L'industrie briquetière se maintient en état de prospérité, malgré l'énorme concurrence que lui font des établissements similaires répandus dans tout le pays.

Elle comporte, outre la fabrication de briques, celle de tuiles et de carreaux.

La fabrique de ciment a 850 ouvriers ; elle prend d'année en année une extension plus considérable. Le ciment est exporté dans les principaux pays du continent, en Amérique et en Australie.

SCHOOTEN.

Sucrerie. — La campagne 1899-1900 de la fabrication du sucre de betterave a été traversée par des circonstances défavorables à cette industrie. La législature a majoré la prise en charge au chiffre de 2000 grammes par hectolitre de jus à un degré du densimètre, diminuant ainsi la prime accordée de fait à l'industrie.

La surtaxe de fr.4.50 aux Etats-Unis, qui grevait les produits belges, a été réduite, il est vrai, au mois de février à fr. 2.25, mais lorsque la plupart des sucres étaient vendus. Ce sont donc les spéculateurs qui en ont profité.

La hausse du prix du charbon est venue augmenter dans une forte proportion le prix de revient du sucre. — Enfin, la qualité de la betterave a été inférieure à celle de la précédente campagne, surtout au point de vue de la pureté du jus extrait, ce qui a amené et un rendement inférieur en sucre et une réduction des excédants sur la prise en charge.

Il est bien désirable que les puissances s'entendent sur l'abolition des primes, et sur la réduction, ou mieux la suppression des droits d'accise, de manière à étendre considérablement la consommation. Le sucre est un aliment extrêmement utile à l'homme, et il peut servir avantageusement à la nourriture des animaux ; malheureusement, les droits dont on a dans tous les pays grevé cette marchandise, alors qu'elle était encore considérée comme denrée de luxe, continuent toujours à la grever, et entravent l'extension de sa consommation dans la population bourgeoise et ouvrière.

Les gelées trop précoces ont rendu très difficile la rentrée d'une partie considérable des betteraves.

Les pulpes de betteraves ont été fort recherchées cette année par la culture. Les mélasses, par suite de la crise des distilleries, ont été à vil prix. Le temps semble prochain où la mélasse entrera dans l'alimentation du bétail comme en Allemagne.

L'encombrement du canal de jonction de la Meuse à l'Escaut, dans la traversée de la ville d'Anvers, par suite de la défectueuse organisation du service, du refus de laisser naviguer de nuit et des obstacles existant sur cette voie de communication, tant par le pont du Dam que par celui du chemin de fer, continuent à causer aux industries et aux bateliers des dommages considérables.

L'administration devrait prendre les mesures nécessaires pour obvier à ces inconvénients, en renonçant à des économies mal placées. Pour s'éviter une minime dépense, elle fait perdre à l'industrie et à la batellerie des sommes très importantes. Il n'arrive pas rarement qu'un bateau met *deux jours pleins* à se rendre depuis les remparts jusque dans le Bassin; on doit bien s'étonner qu'une situation pareille ait perduré si longtemps, sans qu'on ait pris des mesures sérieuses pour en rendre les conséquences moins dommageables.

TURNHOUT.

La branche principale de notre industrie locale consiste toujours dans la fabrication des papiers coloriés, des cartes à jouer et de la reliure.

La concurrence effrénée, aggravée par les droits si prohibitionnistes de divers Etats de l'Europe et d'outre mer, oblige les industriels à observer les inventions les plus récentes et à les appliquer résolument.

Aussi tous les établissements qui ont suivi le progrès, nonobstant les agrandissements de quelques-uns, sont restés très actifs.

En ce moment il n'y a pas de crainte de manque d'ordres, mais on espère des prix plus rénumérateurs.

La situation de l'industrie des coutils n'est pas favorable.

La fabrication de la dentelle reste florissante. La demande est suivie pour toutes nos qualités supérieures. Seules les dentelles de fil dites « torchons » paraissent avoir perdu quelque peu de leur activité. La plupart des ouvrières de cette spécialité ont passé à d'autres industries.

Les fabriques de tabac à fumer éprouvent une rude concurrence de la part des tabacs néerlandais, qui échappent à l'impôt élevé frappant les Belges. Le tabac coupé se vend à si bas prix aux habitants de la frontière que les fabricants de Turnhout ne parviennent plus à vendre leur fabricat.

La fabrication des cigares a subi une assez forte crise.

LE PORT D'ANVERS.

Le Gouvernement a fait poursuivre les travaux des 2000 métres courants de quais en construction au Sud, mais par suite d'un accident aucune partie n'en a encore pu être remise à la Ville, qui est prête pour en commencer immédiatement l'appropriation et l'outillage.

Les hangars au Nord et au Sud du bassin aux bois ont été achevés ainsi que les routes pavées nécessaires pour leur bonne exploitation. Du côté nord du même bassin, un appontement continu est en construction afin de rendre le quai facilement exploitable pour le commerce en général, lorsqu'il n'en est pas fait usage pour les bois.

Dans le but de gagner des emplacements pour les navires, on a déplacé vers le bassin de la Campine les embarcadères du service de la propreté publique et commencé la construction d'un mur de quai au n° 4 du grand bassin ancien.

Un hangar, couvrant une superficie de 2160 mètres carrés, a été érigé à l'extrémité sud du quai du Rhin.

En vue de satisfaire aux nécessités du trafic aux bassins, un pont roulant est en construction sur l'écluse intermédiaire du Kattendijk.

L'outillage du port a été amélioré par la mise en service de deux remorqueurs brise-glace et d'un bateau dragueur.

Pour la manutention des marchandises, 11 grues hydrauliques roulantes de 2 tonnes ont été fournies dans le courant de l'année et de plus une nouvelle commande de 18 engins semblables a été passée.

COMMERCE.

BOIS DE CONSTRUCTION.

(Droits d'entrée ; 1 fr. par m. cube pour chêne et noyer ;   autres en grume ou non
scié, 1 fr. ; — bois scié de toutes dimensio: s 6 fr. ; — bo's rabotés 9 fr. par m. cube.)

Nous finissions l'année 1898 avec une bonne perspective
de hausse ; elle a depassé toutes les prévisions.

En effet les prix tant en Scandinavie, qu'en Finlande et
en Russie se sont élevés à des hauteurs inconnues jusqu'ici
et comme la hausse dans les pays de production a été secondée
par de fortes demandes pour la consommation, le commerce
des bois, tant sur notre place que dans les ports voisins,
a eu une année de pleine prospérité. Les bois d'Amérique
et surtout le pitchpine ont largement suivi le mouvement
de ceux d'Europe.

Les importations ont été fort en avance sur celles de 1898 ;
le chiffre total a atteint 571,072 mètres cubes contre 487,157
en 1898.

Les augmentations portent sur toutes les provenances, mais

particulièrement sur celles de Norvége, Suède et Finlande.

Nous finissons l'année avec un stock important, mais pas en disproportion avec les besoins du marché.

Une nouvelle hausse s'est produite dans tous les pays producteurs. Les prix sont arrivés à une altitude qui finira peut-être par inspirer des craintes sérieuses.

Les nouveaux beaux hangars couverts construits par l'administration communale au nord et au sud du Bassin aux

bois ont été entièrement achevés et mis à la disposition du commerce, auquel ils rendront les plus grands services. Si, de son côté, le Gouvernement voulait enfin se résoudre à abolir les droits sur les bois, notre commerce prendrait une plus grande extension encore. Cette abolition permettrait d'économiser beaucoup de place et de réduire notablement les délais de séjour sur les quais.

Espérons que ce vœu soit bientôt exaucé.

Relevé des importations de bois à Anvers pendant l'année 1899.

Provenance	Madriers 3 et 4 × 10 à 13	Madriers 3 × 9	Madriers 3 × 8 et moins	Battens 2 1/2 × 8 et plus	Battens 2 1/2 × 7	Battens 2 1/2 × 6 1/2	Battens 2 1/2 × 6 et moins	Planches Brutes 2	Planches Brutes 6/4	Planches Brutes 5/4	Planches Brutes 3/4, 4/4	Planches Rabotées	Poutrelles	Divers	Planchettes pour verreries et douvelles
Suède	2800	25080	25941	7419	106864	35978	96033	178842	227580	797486	3260593	28245	—	26814	11800868
Norvége	321	83791	18084	2004	380784	251276	222189	53026	15293	10507	24692	41451	—	—	8404889
Finlande	2202	22217	12758	6465	241536	153614	399808	183357	490193	281302	2901760	—	—	—	8707995
Totaux en 1899	5323	131088	56783	15978	749184	440868	718030	711125	733066	1102305	6187145	69696	—	26814	26158789
» » 1898	10819	97791	32118	3014	447846	261741	534105	392154	743087	409931	5628554	160265	—	—	27918743

Russie, Prusse, Autriche.	Poutres Rouges	Poutres Blanches et tremble	Poutrelles de sapin et de tremble	Madriers 3 et 4	Battens 2 1/2	Planches 2	Planches 6/4	Planches 5/4	Planches 4/4 et 3/4	Bouts de sapin	Frêne. Orme Hêtre	Billes	Chêne Tronçons, Poutres, Wagon schot	Chêne Planches, planchettes et frises	Planchettes pour verreries et douvelles
Riga	2197	17446	1061	410092	659552	74618	7472	—	429736	209620	—	—	—	6634	58048
Mer blanche, Libau, Windau	—	673	—	39829	28378	57752	349335	605790	3847241	—	—	—	—	333695	1858791
Narva, Petersb., Cronst.	—	6535	—	—	18752	17124	43573	29572	269850	—	—	—	—	—	122016
Danzig	—	—	42108	—	—	—	—	—	—	—	—	8717	4119	—	—
Stettin	—	—	—	—	—	—	—	—	—	—	—	—	—	—	—
Memel, Königsberg	—	—	1332	—	—	—	—	—	—	—	—	2987	—	—	—
Adriatique, Mer Noire	—	—	—	—	—	—	—	—	—	—	18927	41231	3826	1824820	77181
Totaux en 1899	2197	24654	44501	449921	706682	149494	400370	635362	4546827	209620	18927	52935	7945	2165149	2116139
» » 1898	3195	20604	29036	592536	587658	133681	261233	571806	3084941	1631287	594	98708	58119	1876864	2145474

Amérique et Inde.	Poutres et plateaux Pitch-pine Hachées	Poutres et plateaux Pitch-pine Sciées	Poutres et plateaux Yellow pine	Poutres et plateaux Chêne	Poutres et plateaux Teak	Hickory. Peuplier. Frêne.	Bois scié 3 pouces et plus	Bois scié 2 1/2	Bois scié Cotton wood	Bois scié Yellow pine	Bois scié 2	Bois scié 6/4	Bois scié 5/4	Bois scié 4/4	Planchettes et douvelles
Colombie, Floride	175	4159	—	19964	—	—	24101	73679	—	—	75829	145714	30517	631701	—
États-Unis et Canada	—	1018	—	739783	—	7724	35185	139192	217046	—	190103	187678	107415	422314	188273
Inde	—	—	—	—	—	—	—	—	—	—	—	—	—	—	—
Voie indirecte	25	105	—	19476	9658	—	—	3007	—	—	1922	15144	441	8310	—
Totaux en 1899	200	5281	—	779123	9658	7724	59282	215878	217046	—	267854	348536	138373	1062325	188273
» » 1898	1142	3075	—	592867	13664	5676	76252	69148	105115	1833	141649	229653	100078	954915	—

Résumé des importations à Anvers en 1899.

Provenance.	Planchettes pr verreries et douvelles.	Sapin scié.	Sapin non scié.	Totaux des mètres cubes,
Norvége . . M.cub.	27024	84815	—	111839
Suède . . . »	26697	55079	—	81776
Finlande . . »	15325	103820	—	119145
Totaux 1899 . M.cub.	69046	243714	—	312760
En 1898 . . »	67869	183902	—	251772

Russie, Prusse, Autriche, etc.	Planchettes pour verreries et douvelles.	Sapin scié.	Sapin non scié. Tremble.	Frêne, Hêtre.	Chêne. Billes.	Chêne. Tronçons etc.	Chêne. Planches et frises.	Totaux des mètres cubes.
Riga . . . M.cub.	191	65683	8702	—	—	—	291	74867
Mer Blanche, Libau, Windau. . . . »	2818	38791	80	—	—	—	667	42356
Narva, Pétersb., Cronst. »	1800	8773	1546	—	—	—	—	12119
Danzig. . . . . »	—	—	10568	—	451	925	—	11944
Stettin . . . . »	—	—	—	—	—	—	—	
Memel, Königsberg. »	—	—	127	—	262	—	—	389
Adriatique, Mer Noire »	645	—	—	264	3982	17485	—	22376
Totaux 1899 . M.cub.	5454	113247	21023	264	4695	18410	958	164151
En 1898 . . »	6258	114770	15812	48	9510	12071	—	159069

Amérique et Inde.	Sapin scié.	Bois non scié. Pitch-pine.	Bois non scié. Yellow pine.	Chêne et teak	Y.-p., Hickory, Peuplier, Frêne, Cotton wood.	Planchettes et douveles	Totaux des mètres cubes.
Colombie et Floride M. c.	28324	4208	—	498	—	—	33030
Etats-Unis et Canada »	33636	933	—	15870	7348	897	58684
Inde . . . . »	—	—	—	—	—	—	
Voie indirecte . . »	780	152	—	1615	—	—	2547
Totaux 1899 . M.cub.	62740	5293	—	17983	7348	897	94261
En 1898 . . »	51464	5115	—	15969	3769	—	76317

Récapitulation des importations en 1899.

26316 mèt. cubes sapin brut (non scié), tremble : poutres, poutrelles, esparis, etc.

419701 { » » scié à plus de 5 centimètres.
{ » » » à moins de 5 centimètres.

75397 » » » en planchettes pour verreries et douvelles.

42046 » bois de chêne et teak.

7612 » yellow pine, hickory, frêne, hêtre, cottonwood.

Total 571072 mètres cubes

CACAO.

(En fèves, pelures et beurre, libres à l'entrée.)

Relevé des importations à Anvers depuis 1860.

Provenance.		1860	1870.	1880.	1890.	1897.	1898.	1899.
Bahia et Rio-Janeiro	Balles	—	—	1079	3322	9056	6520	7330
Haïti	»	25	208	26	361	—	—	1420
Trinidad	»	—	—	—	150	—	—	50
Caracas.	»	—	—	—	50	—	—	—
New-York	»	1227	50	1706	1635	476	—	25
Guayaquil	»	—	—	—	697	680	1460	750
Lisbonne	»	—	—	2076	277	2885	5224	13330
France	»	—	3245	1677	4783	8368	5294	10731
Hambourg et Brême	»	839	2764	1740	937	2724	4200	4502
Angleterre	»	1369	1362	4461	3609	4147	3636	4402
Hollande	»	—	302	450	587	1678	704	369
Para	»	2543	—	—	227	300	—	—
Livourne	»	300	—	—	—	—	—	—
Colombo	»	—	—	—	—	627	200	25
Kingston	»	—	—	—	—	—	—	50
Venezuela	»	—	—	—	—	—	—	300
Totaux	Balles	6303	7931	13215	16635	30941	27247	43293

La valeur du cacao en fève varie énormément suivant qualité. Le Haïti ou St-Domingue, qualité ordinaire, vaut fr. 70 à 74 par 50 kilog, alors que le Caracas qualité fine varie de fr. 115 à 135 par 50 kilog.

Nos fabricants de chocolat travaillent le plus le St-Domingue, le Samana et le Bahia fermenté et en petites quantités le Trinidad fin et le Caracas.

L'article a suivi un mouvement continuel de hausse. Le St-Domingue, de fr. 64.50 a atteint le prix de fr. 73 à 74 ; le Samana, de fr. 70 à 83 ; le Bahia fermenté, de fr. 71 à 87 ; le Trinidad de fr. 82 à 93 ; le Guayaquil Machala de fr. 76 à 84.

La qualité d'Orriba n'est pas beaucoup employée dans la fabrication belge, les prix en étant généralement assez élevés.

CAFÉS.

(Droits d'entrée : 10 fr. par 100 kilogrammes.)

Résumé des importations à Anvers depuis 1850.

Années.	1850.	1860.	1870	1880.	1890.	1897.	1898.	1899.
Balles	247303	197581	320229	743067	669631	736880	728497	655670
Barriques	597	—	—	4763	690	1010	1357	—

Relevé des importations des sept dernières années.

Provenance.	1893.	1891.	1895.	1896.	1897.	1898.	1899.
Rio Janeiro . . . B/s	24903	71511	49815	41284	92328	60011	48995
Santos . . . . . »	189390	231131	221690	261489	404894	440470	362774
Bahia . . . . . »	51776	40133	68871	7985	9775	13311	13361
Haïti . . . . »	9963	30522	45404	15660	54023	37700	56000
Manille . . . . »	—	939	—	—	—	I	—
Bombay . . . »	6173	—	—	—	—	—	—
Guatemala. . . »	—	776	—	—	—	—	—
Portugal . . . . »	10902	10334	4661	4505	5898	11550	12413
Etats-Unis. . . »	13952	16224	12596	14077	11463	3589	2736
Angleterre. . . »	51406	35357	31632	24757	33011	41773	48268
France . . . . »	138146	71334	63580	117821	60350	59293	47796
Hambourg, Brême »	33464	44636	37393	24567	44166	29824	57979
Hollande pr l'int. »	32134	26445	6300	37098	15400	24000	27300
Diverses . . . »	—	—	2435	2709	5392	6976	8048
Totaux. . . . Balles	562219	579342	544703	551952	736880	728497	655670
Plus en barriques. .	890	—	1027	972	1010	1357	

En cloturant notre dernière revue, nous avons signalé la torpeur existant dans les differents marchés et nourrissions peu d'espoir de constater un revirement La vente a continué à être très difficile et à des prix constamment en baisse ; aussi le découragement était général et la spéculation se désintéressait complètement de l'article.

Les cours tombèrent graduellement jusqu'au mois de septembre, où les prix de la source reculèrent à 24 s. pour good average. Santos et à 23 s. 6 d. pour seconde bonne de Rio. A cette époque cependant on commença à montrer plus de courage et dans ces prix plusieurs transactions d'importance furent traitées pour notre port. Au mois d'octobre un mieux sensible dans l'article fit place au découragement de longue durée et la demande de la consommation provoqua des prix plus élevés ; cette demande continua sans interruption jusqu'au mois de décembre et les prix augmentèrent successivement ; nous finissons l'année à des cours en hausse, soit fr. 40 pour good average, de fr. 32 3/4 qu'ils étaient à fin septembre.

Les cafés Haïti ont partagé dans une large mesure la faiblesse de l'article ; au début de l'année on payait pour les Cayes 22 à 22 1/2, Jacmel 23 1/2, Gonaïves 26 1/2 ; un recul constant fit descendre ces cotes en juillet à 19 3/4 pour les Cayes, 22 pour les Jacmel et pour les Gonaïves 23 1/4 à 23 1/2. Cette position perdura pendant quelque temps ; à la reprise, en octobre, les prix montèrent graduellement sans interruption pour atteindre en décembre pour Cayes 25 1/2 à 26, Jacmel 27, Gonaïves 28, et nous cloturons l'année à ces derniers cours avec marche ascendante et bonne demande.

Il reste un mot à dire concernant les causes de revirement. Pendant les trois premiers trimestres, le commerce et la spéculation, découragés par les revers des années précédentes et l'accumulation constante des stocks, résultat de l'extension excessive de la culture au Brésil, escomptaient une nouvelle surproduction pour la campagne suivante. Par suite d'un découragement général, on perdit de vue que, grâce aux bas prix, la consommation avait progressé considérablement. Les délivraisons énormes pendant les mois d'automne jointes aux déficits attendus dans la production des pays autres que le Brésil, démontrèrent tout à coup que l'équilibre était rétabli et que par suite les prix dérisoires auxquels on s'était laissé aller n'avaient pas de raison d'être. L'année a donc cloturé dans des dispositions favorables à l'article. Sous leur influence il est à espérer que nos chiffres d'importation, qui ont rétrogradé cette année par suite de la prudente réserve que notre commerce s'est imposée pendant une grande partie de la campagne, reprendront un un nouvel essor.

Le stock en entrepôt (1re et 2de mains) à Anvers au 31 décembre 1899 est de : Java 500 b., Haïti 15000 b., Rio, Santos et Bahia 209,000 b., divers 5343 b., ensemble 229,848 b., contre 327,676 en 1898.

Les prix cotés à la fin de chaque mois pour les cafés Santos good average par 50 kilogrammes ont été :

Janvier	Fr. 38 —	Juillet	Fr. 34 —
Février	» 37 —	Août	» 33 3/4
Mars	» 36 —	Septembre	» 32 3/4
Avril	» 35 3/4	Octobre	» 36 —
Mai	» 36 1/2	Novembre	» 42 —
Juin	» 35 1/2	Décembre	» 40 —

La Caisse de liquidation a enregistré pendant l'année 23,250 balles, contre 20,250 en 1898.

Enchères de la Société de Commerce des Pays-Bas en 1898.

Dates.	Bon ordinaire Java.		Dates.	Bon ordinaire Java.	
	Taxation.	Prix payés.		Taxations.	Prix payés.
31 janv. c^t	31 1/2 à 33 —	30 — à 31 1/2	8 août c^t	27 — à 28 1/2	25 3/4 » 27 3/4
7 mars »	30 — » 31 —	27 — » 27 1/2	12 sept. »	25 3/4 » 27 1/2	25 3/4 » 27 —
11 avril »	27 — » 28 —	27 1/4 » 28 1/2	17 oct. »	26 1/2 » 28 —	29 3/4 » 30 1/4
17 mai »	27 1/4 » 27 1/2	27 1/2 » 28 —	21 nov. »	31 — » 32 —	34 — » 35 3/4
20 juin »	27 3/4 » 29 -	26 3/4 » 27 1/4			

Tableau comparatif des récoltes au Brésil.

Années		Rio.	Santos.	Totaux.
1895-96.	Sacs.	2.398,000	3.091.000	5.489,000
1896-97.	»	3.501,000	5.058,000	8.559,000
1897-98	»	4.530,000	6.050,000	10.580,000
1898-99.	»	3.177,000	5.504,000	8.741,000

CAOUTCHOUC.

(Libre à l'entrée.)

Les importations se sont élevées en 1899 à env. 2,992,414 k. de l'État Indépendant du Congo, contre 1,734,305 k. en 1898, et 410,466 k. d'autres provenances, contre 280,286. L'article caoutchouc a pris sur notre marché, pendant l'année écoulée, un développement remarquable.

La qualité des caoutchoucs du Congo est de plus en plus appréciée des acheteurs, notamment les gommes blanches provenant du Haut-Congo, telles que les Lopori, Bussira, Equateur, Mongalla, etc.; cependant dans les provenances du Kassaï, on remarque une tendance à sécher imparfaitement le caoutchouc avant la mise en balles pour l'Europe. Il s'ensuit, qu'outre une forte freinte pendant le voyage, ces caoutchoucs obtiennent des prix moins rémunérateurs, à cause de la proportion de matières volatiles qu'ils contiennent.

Pendant l'année sous revue, les cours ont subi une nouvelle plus value ; les prix de clôture établissent une avance de 10 9/10 % en moyenne sur les cours de fin décembre 1898.

La production annuelle du caoutchouc brut, bien qu'augmentant sans cesse par suite de la mise en valeur de nouveaux pays producteurs, ne semble cependant pas encore en rapport avec la consommation qui, par les applications industrielles multiples, augmente dans de bien plus vastes proportions.

La production totale du caoutchouc dans le monde, est évaluée à env. 50,000 tonnes.

Voici la statistique du marché d'Anvers :

Années.		Importations.	Ventes.	Stock fin d'année.
1891	Kilog.	21.000	21.000	—
1892	»	62 955	59.687	2.878
1893	»	167.196	162.885	8.189
1894	»	274.580	235.148	39.432
1895	»	531.074	442.220	88.854
1896	»	1 115.875	1 065.101	139.628
1897	»	1 679.154	1.724.319	94.463
1898	»	2.014.591	1.845.714	263.340
1899	»	3 402.880	3.374.229	291,991

Importation de caoutchouc sur les principaux marchés.

Marchés.	1891.	1896.	1897.	1898.
Liverpool.	10,409,000	16,113,000	14,627,000	18,136,000
Londres	2,064,000	1,718,000	2.053,000	2,752,000
Le Hâvre.	1,056,000	1,633,140	2,326,665	2,394.600
Rotterdam	532,000	324,500	303,500	242,000
Anvers	21,000	1,115,875	1,679,154	2,014,591
Etats-Unis	15,070,000	13,833,000	17,421,000	18,470,000
Totaux	29,252,000	34,737,515	38,419,319	44,009.191

CÉRÉALES.

(Droits d'entrée : avoine fr. 3 : farines : d'avoines fr. 4, autres fr. 2 : malt fr. 1.50 par 100 kilog. — Autres céréales, libres.)

Les fluctuations furent encore très importantes durant l'année 1899, et le commerce sérieux eut à se défendre constamment contre les coups de bourse insensés des marchés régulateurs.

Les premiers mois (comme presque toujours, d'ailleurs) furent assez calmes, lorsque subitement nous parvinrent des plaintes des plus sérieuses de la Roumanie et de la Russie. Tous les avis de ces deux contrées furent unanimes à dire que si elles n'étaient pas bientôt gratifiées de quelques bonnes pluies, non seulement les récoltes des blés, seigles et orges seraient perdues, mais que même la récolte du maïs serait nulle. Les prix montèrent rapidement et la spéculation se jeta sur les céréales avec un ensemble prodigieux. Les maisons du Danube taxaient le rendement de la prochaine récolte de 40 à 50 % d'une récolte ordinaire, tandis que les évaluations de la Russie étaient moins pessimistes.

. La sècheresse continuant. et rien ne pouvant plus sauver les récoltes en Roumanie, les négociants du Danube se mirent à acheter des voiliers de blé Walla Walla et Californie, des vapeurs complets de blé Plata, des orges et des quantités immenses de maïs.

La conséquence inévitable fut que l'emballement devint encore plus grand et la hausse fit de nouveaux progrès sur tous les articles.

Pendant ce temps la République Argentine profitait de la hausse pour vendre à l'Europe son immense récolte, et nous vîmes les expéditions de blé et maïs Plata augmenter d'une façon considérable.

Entretemps on constata dans les autres pays d'Europe et aussi aux Etats-Unis de brillantes perspectives pour la nouvelle récolte et les spéculateurs à la hausse eurent bien à rabattre de leurs premières illusions.

La demande de la consommation diminua subitement, au moment même de l'augmentation des arrivages, et lorsque les grandes quantités achetées par la spéculation roumaine et locale arrivèrent, on constata une indifférence sérieuse de la part des acheteurs, qui malgré les sacrifices auxquels les vendeurs étaient disposés, se refusaient à acheter.

Il s'ensuivit une baisse sérieuse, à laquelle poussa l'Amérique par ses offres innombrables et des cours en baisse journaliers.

Entretemps éclata la guerre entre l'Angleterre et le Transvaal, provoquant une hausse considérable de l'escompte et il s'ensuivit une crise des plus sérieuses qui accentua encore davantage la baisse, quelques détenteurs se voyant obligés de réaliser au meilleur prix obtenable.

Par la statistique que nous donnons plus loin, on verra que nos importations furent sensiblement plus élevées pour blé que celles des années précédentes, et dépassent de 2,138,995 hectolitres celles de l'année dernière.

Par suite de notre forte récolte des avoines et du seigle, l'importation de ces deux articles est en diminution sensible sur les années précédentes et les affaires sur place furent de très peu d'importance.

Les récoltes d'orge en Sicile, Tunisie, Algérie, Espagne, Smyrne, Anatolie furent très déficitaires cette campagne, et tout faisait prévoir de très grands prix pour cet article. Aussi le commerce fit des achats considérables d'orges de Californie qui, étant donné le déficit des autres provenances, la grande récolte en Californie et la qualité exceptionnellement belle de cette année, semblaient être appelées à un très grand avenir. Le relèvement du taux de l'argent et la crise financière vinrent enrayer les bonnes dispositions que nos détenteurs avaient pour cet article, et toutes ces orges se vendirent à perte à leur arrivée, soit à fr. 16.— par 100 kilog., alors qu'on avait payé jusque fr. 17.50 à livrer et fr. 18.— en disponible.

Résumé des importations à Anvers depuis 1860.

Années.	Froment	Seigle.	Orge.	Avoine.	Maïs.	Totaux.
1860 Hectol.	690,348	623,092	368,118	29,901	—	1,711,459
1870 »	2,020,279	441,112	853,975	1,324,297	—	4,639,563
1880 »	7,747,012	1,107,615	1,570,839	1,445,552	1,083,900	12,954,918
1890 »	12,208,872	1,079,327	2,465,554	1,875,837	3,455,713	21,058,303
1893 »	13,594,563	393,317	2,787,307	3,029,300	1,966,252	21,764,829
1894 »	16,368,437	456,863	3,629,023	3,474,242	1,962,944	25,891,611
1895 »	17,466,822	390,026	3,121,504	1,626,247	2,071,571	25,276,170
1896 »	16,650,730	834,594	3,302,854	2,460,520	4,278,126	27,526,824
1897 »	13,770,514	1,252,745	3,826,886	3,788,571	5,228,457	27,867,173
1898 »	15,957,439	1,191,771	4,698,459	2,841,909	5,758,484	29,848,062
1899 »	18,096,434	274,860	7,215,652	1,833,617	3,949,131	31,371,634

CHANVRES ET AUTRES FILAMENTS VÉGÉTAUX.

(Libres à l'entrée).

Relevé des importations de chanvre à Anvers depuis 1850.

Provenance.		1850.	1860.	1870.	1880.	1890.	1898.	1899.
Angleterre	Balles	—	3689	9524	10713	5258	6574	10340
Italie	»	—	950	860	574	3655	16890	11223
Russie	»	1814	1161	2103	10920	3276	1923	2939
Allemagne	»	—	—	143	9617	8802	6583	7464
France	»	—	—	—	316	806	439	545
Autres d'Europe	»	—	—	—	—	—	527	1802
Inde anglaise	»	—	—	—	49	8251	29137	31717
Chine	»	—	—	—	—	—	397	277
Etats-Unis	»	—	—	—	25	1912	665	6942
Mexique	»	—	—	—	—	-	2394	754
Philippines	»	—	—	—	—	—	—	48
Totaux	Balles.	1814	5794	12630	41214	31960	68539	74066

Tous les chanvres ont augmenté de valeur cette année, surtout les auxiliaires du chanvre de Manille lequel, par les entraves apportes par les événements à son exportation, a réalisé, à certains moments, des prix de famine. Cette hausse générale n'a pas ralenti nos importations par mer ; elles dépassent encore de 6000 balles celles de l'année dernière.

Il ressort des chiffres ci-dessus que nos importations d'Italie ont diminué d'environ 6000 balles, mais que nous avons reçu 12,000 balles de plus en chanvres de Russie, de Bombay, Sisal, etc.

Il est généralement reconnu que, malgré les hauts prix, la consommation a augmenté plutôt que diminué.

Chanvres de la Baltique. — Durant tout le premier semestre les prix sont restés sans changement notable. En juillet, quand on fut fixé sur le peu d'importance de la dernière récolte (98), les affaires prirent un volume plus considérable et les prix entrèrent dans la voie de la hausse. Fin de l'année, les qualités fines réalisèrent une avance de £ 6, et les qualités à cordages de £ 8, sur les prix d'ouverture.

Nous cotons : qualités supérieures « épuré » £ 75 à 80, fines pour filature £ 65 à 73, courantes à cordages £ 62 à 70, ordinaires « mi-net » £ 52 à 60 cif.

Chanvres des Indes Orientales. — La sécheresse ayant fait manquer la récolte dans certains districts, les prix se sont relevés dans le courant du second semestre. Le chanvre a été offert fort parcimonieusement et à prix de plus en plus élevés, cloturant à une avance de £ 10. Nous cotons : qualités bonnes à fines £ 47 à 57, moyennes £ 40 à 45, communes à ordinaires £ 32 à 37.

Chanvre de Manille. — La baisse qui avait marqué la fin de la guerre hispano-américaine, s'est arrêtée dès le commencement de cette année devant l'incertitude découlant des événements politiques aux îles Philippinnes.

En janvier, il y eut quelques fluctuations sans grande importance, basées sur les nouvelles plus ou moins rassurantes qu'on recevait sur l'insurrection.

Mais en février, quand on apprit que les difficultés avaient augmenté, et que les steamers, entre les provinces et Manille, cesseraient temporairement le trafic, l'article entra franchement dans la voie de la hausse.

En mars, les nouvelles continuant défavorables, il s'éleva une vive demande de la part des consommateurs, et les spéculateurs se mirent de la partie. Fin mars la hausse était de fr. 22 1/2.

Les ports ayant été rouverts entretemps, les chanvres arrivèrent à Manille en grandes quantités (133,000 balles en 6 semaines), et, sous le poids de ces arrivages, les prix baissèrent en avril-mai de fr. 19 ; mais les ports des districts chanvriers ayant été fermés de nouveau, les prix remontèrent en mai-juin de fr. 27 1/2. Au commencement de juillet, sur la nouvelle que quelques ports seraient temporairement rouverts, le prix recula de 15 francs en une semaine. Les six semaines suivantes, Manille reçut de nouveau 132,000 balles. Entretemps le marché fut irrégulier, sujet à beaucoup de fluctuations, mais en somme la baisse n'avait pas fait de plus grands progrès, quand, en août, on apprit que les ports allaient être fermés de nouveau. Depuis lors, les arrivages à Manille ont été insignifiants. A mesure que les quantités disponibles s'épuisaient, les prix montaient à grands pas. De juillet à novembre ils ont haussé de fr. 75.

Jusque là, les prix avaient été à peu près les mêmes pour le livrable comme pour le disponible, mais vers la fin de novembre cette situation changea.

Les baissiers, ayant en vue la quantité de chanvre qui serait expédiable à la réouverture des ports, qu'ils prévoyaient à bref délai, offrirent à expédier en janvier-mars à une réduction qui, vers la mi-décembre, allait jusqu'à 50 francs, tandis que les détenteurs du disponible, voyant graduellement diminuer leur stock, sans possibilité de recevoir des renforts avant longtemps, maintinrent fermement le prix atteint, et réalisent encore aujourd'hui un prix dépassant de 50 francs celui du livrable.

Les nouvelles reçues de Manille à la fin de décembre ne laissant pas prévoir encore une prompte réouverture des ports, les vendeurs sur janvier-mars se sont retirés, et on ne trouve plus vendeurs que sur mars-avril-mai et à une dizaine de francs d'avance.

L'année cloture ainsi en hausse d'environ 50 francs pour le livrable, et de 100 francs pour le disponible. On cote : fair current disponible £ 64, et embarquement mars-mai £ 45, cif.

Les arrivages à Manille (production) sont restés de 237,000 balles en dessous de ceux de 1898, mais il reste à savoir quelle est la quantité de chanvre qui s'est accumulée dans les provinces depuis ces quatre derniers mois de fermeture presque complète. Sur base des arrivages des huit premiers mois, ce stock invisible serait d'environ 200,000 balles, mais il faut tenir compte aussi des destructions possibles.

Les délivraisons (consommation) sont en diminution de 60,000 balles.

Les stocks des marchés et l'approvisionnement de l'industrie sont extrèmement réduits.

Sisal. — Les fluctuations de prix du Sisal n'ont pas été aussi nombreuses ni la hausse aussi importante que celle du Manille. L'Amérique a trouvé dans la production actuelle et les stocks de ses spéculateurs de quoi suffire à son énorme consommation. Les délivraisons de l'année s'y sont élevées à 477,000 balles contre 360,000 en 1898.

Au cours du premier semestre le prix du Sisal était trop élevé pour l'emploi européen ; mais quand ce prix était venu à niveau avec celui du current Manila, il commença à attirer l'attention ; et, vers la fin de l'année, le prix du Manille ayant dépassé sensiblement celui du Sisal, la demande se porta sur ce dernier chanvre qui donna lieu à un chiffre d'affaires qu'il n'avait plus connu depuis longtemps en Europe.

De fr. 70.- qu'il était au début, il a monté presque sans interruption jusqu'à fr. 108.-, réalisant ainsi une avance de fr. 38.- sur le prix d'ouverture.

Chanvre de Nouvelle-Zélande. — Ce chanvre a pris une place plus importante sur les marchés.

Encouragés par les prix obtenus l'année dernière, les ateliers de préparation ont produit de plus fortes quantités que les années antérieures, et toute leur production était engagée dès juillet-août, quand on vendit déjà le chanvre à embarquer en mars 1900. Jusque là le prix n'avait encore augmenté que de 10 francs, mais dès que la spéculation fut entrée dans l'article la hausse fit de rapides progrès, et est aujourd'hui d'environ fr. 40.- Parti de £ 18 cif- le livrable vaut actuellement £ 33.- 10 cif- et le disponible £ 39.-

Jute. — A débuté faible à £ 12.10.— pour bonnes premières marques, base M triangles, et malgré la récolte déficitaire qui ne permit l'importation en Europe que de 2,350,000 balles contre environ 3,000,000 de balles estimées nécessaires à la filature, les prix continuèrent à fléchir jusque £ 11.5.— à fin juin. A partir de juillet, sur les avis du Gouvernement des Indes faisant prévoir pour la saison 1899/1900 une nouvelle récolte déficitaire, les cours se raffermirent graduellement et en septembre, sur l'annonce que la quantité exportable pour l'Europe ne dépasserait pas 2,000,000 de balles, les prix haussèrent rapidement à £ 14.7.6 et à un moment donné jusqu'à £ 15.10.— pour en fin d'année cloturer de £ 14.5 — à £ 14.—.—

Il est à remarquer que malgré la situation constamment précaire que deux récoltes déficitaires successives créaient au marché de Calcutta, les filateurs d'Europe ne se sont pas départis de leur calme et, par leurs achats restreints et strictement limités aux besoins immédiats de leur fabrication, ils ont réussi à éviter le retour des prix de famine qui en semblable circonstance montèrent en 1893 jusque £ 22.— ; il y a lieu de les en féliciter.

L'article fabriqué a suivi la hausse de la matière première et nous cloturons l'année de 2 s. 1/8 d. à 2 s. 2/12 d. pour Hessians 40 pces 10 1/2 ozs, 1 s. 5.3/4 d. à 1 s. 6 d. pour fils 8 ℔ Cops, contre 1 s. 8/12 d. pour Hessians et 1 s. 2 1/2 d. pour Cops, prix payés à la fin de 1898.

CHARBONS.
(Libres à l'entrée.)

Le Rapport sur l'exercice 1898 annonçait la hausse des combustibles de tout genre sur tous les marchés producteurs, mais personne ne pouvait prévoir qu'en 1899 la hausse atteindrait des hauteurs inconnues jusqu'ici, tout au moins depuis les années d'extraction intensive.

Diverses causes ont amené ce mouvement en avant, qui paraît devoir se maintenir sans grandes fluctuations aussi longtemps que dureront les causes premières, lesquelles, de l'avis de tous les hommes compétents, sont les suivantes :

1° l'accroissement dans la fabrication du fer et de l'acier, qui a dû augmenter la consommation du combustible de 40 millions de tonnes pendant les trois années 1897 à 1899 ;

2° la demande croissante de chemins de fer, qui ont dû faire face à un mouvement énorme d'affaires ;

3° l'augmentation de la marine marchande du monde entier, et l'accroissement du tonnage des vapeurs, — correspondant à l'accroissement des opérations commerciales, — qui doit être de 15 à 20 %, proportionnellement à toute période triennale antérieure ;

4° la prospérité presque générale de toutes les industries manufacturières ;

5° la prospérité plus grande de l'humanité, qui a entraîné une augmentation de la consommation pour les usages domestiques ;

6° l'augmentation des populations, et finalement

7° un élément dont il doit être sérieusement tenu compte, la diminution de l'effet utile de l'ouvrier charbonnier, par suite de la hausse des salaires.

La rareté actuelle du combustible est particulièrement curieuse à observer lorsque l'on considère l'énorme augmentation de la production du charbon dans le monde entier, de 1869 (180,000,000 t.) à 1899 (663,000,000 t.).

La production de charbons divers (houille, anthracite, lignite, tourbe, etc.) s'est accrue, pendant cette période, de 475 millions de tonnes ou de 252 %.

D'autre part, la consommation du pétrole et du gaz naturel pour le chauffage a fait des progrès correspondants ; de ce chef, il y a une addition d'au moins 50 ou 60 millions de tonnes dans les ressources annuelles de combustible dans le monde.

Comme aucune des causes de renchérissement citées plus haut ne paraît devoir cesser brusquement et que d'autre part il y a lieu également de tenir compte de l'appauvrissement progressif des mines dans certains districts, il semble en résulter que les prix moyens actuels pourront se maintenir longtemps encore et il paraît peu probable que l'on revoie de sitôt les bas prix pratiqués il y a quelques années.

En **Belgique**, les prix partent de fr. 12.00 pour les fines demi grasses type III Etat Belge, au commencement de l'année, pour aboutir à fr. 20.00 vers fin décembre. Pour le coke, les prix au début de l'année à fr. 20.00, montent à fr. 45.00 et plus en décembre."

L'extraction totale de l'année 1899 a été de 21,917,740 tonnes seulement, en diminution de 170,595 tonnes sur l'année précédente, en même temps que les stocks accusaient une diminution de 203,300 tonnes au 31 décembre 1899.

Il est à noter cependant que l'administration des chemins de fer de l'Etat Belge, ne parvenant plus à imposer ses conditions draconniennes aux charbonnages belges, pour la fourniture des combustibles destinés au service de la traction et du matériel, avait acheté dans le courant du mois de septembre 1899 environ 200,000 tonnes de charbons anglais à Cardiff, à Newcastle et en Ecosse, pour livraison sur les six mois suivants. Une des conséquences de ces achats faits directement par l'administration a été de faire hausser immédiatement les prix du jour sur les trois marchés vendeurs.

En présence des hauts prix pratiqués en Belgique, nos charbonnages ont notablement réduit l'exportation par Anvers et à part les contrats en cours pour fourniture aux vapeurs, rien ou presque rien n'a été exporté en fait de combustible pendant l'année 1899. (Il s'agit ici bien entendu de l'exportation vers les pays d'outremer, l'exportation vers la France et l'Allemagne n'intéressant pas le port d'Anvers.)

En **Angleterre**, la situation n'a pas été moins brillante et de 13 à 14 shellings la tonne franco bord à Cardiff, pour les meilleurs charbons et briquettes, couramment pratiqués au début de l'année, les prix ont été poussés par moment à 26, 28 et même 30 shellings pour disponible. Ils cloturent fin de l'année à 22 et 23 shellings, soit en hausse de 75 % sur le prix de 1898.

A côté des chiffres de la production en Angleterre, qui donnent pour l'année 1899 un total de 220,000,000 tonnes, soit une augmentation de 15,000,000 tonnes ou environ 10 % sur l'année 1898, il est intéressant de relever les chiffres de la production dans les colonies anglaises.

Colonies.		1888	1898
Inde anglaise	Tonnes.	1,708.903	4,604,980
Nouvelle Galles du Sud . .	»	3,203.444	4.706,251
Victoria	»	8,573	242,800
Tasmanie.	»	41,577	40,116
Nouvelle-Zélande	»	613,895	907.033
Queensland	»	311,412	407,934
Natal	»	25,609	387,811
Cap de Bonne Espérance .	»	32,820	191,858
Canada	»	2,600,552	4,172,655
Australie Occidentale . .	»	—	3,250
Totaux	»	8,548,785	15,673,748

On évalue l'importance des gisements du Bengale à environ 25,000,000,000 tonnes, d'où suit que l'Inde pourra devenir un des principaux producteurs du globe. L'exportation y a passé de 235,000 tonnes en 1894 à 1,284,000 tonnes l'année dernière, et si l'on pouvait embarquer là-bas comme à Cardiff, le travail de 150 coolies occupés pendant toute une journée, se ferait en 2 heures par 6 hommes.

En **Allemagne** la situation est également des plus prospère, ainsi que le prouve le cours des actions des Charbonnages ; et le Syndicat des Charbons de la Ruhr, qui commande la presque totalité des charbonnages de la région Ouest, ne parvient pas à satisfaire à toutes les demandes. Grâce à l'influence modératrice de ce Syndicat, les prix en Allemagne n'ont pas été poussés à l'extrême, de sorte que de ce côté les réactions violentes ne sont pas à craindre ; mais par suite de la pénurie des charbons industriels, causée par la demande croissante, le Syndicat n'a pu fournir toutes les quantités demandées.

et de nombreux achats ont dû être faits en Angleterre pour livraison aux usines jusque dans le sud de l'Allemagne.

En **France** les grèves de Monceaux ont jeté pendant tout un temps le plus grand trouble dans l'alimentation des usines qui dépendent du bassin houiller de Saône et Loire, et des charbons anglais ont été introduits jusque là, par suite du manque de disponible en Belgique et en Allemagne.

Un fait notable de l'année 1899 a été l'importation en Europe, par grandes quantités, de charbons américains. Pour la première fois. en effet, les Etats-Unis sont parvenus à traiter des marchés importants de combustibles avec le Midi de la France et paraissent vouloir lutter en Italie, en Egypte, en Espagne, etc. Des charbonnages américains ont livré des charbons à Barcelone, à Gênes, à Alexandrie, et à des chemins de fer français. Il y a en ce moment des demandes pour Lisbonne, pour l'Autriche et la Russie, pour les Canaries, pour Port-Elisabeth, pour Rio de Janeiro, le Rio de la Plata, les Indes Occidentales, les Détroits et la Chine.

En 1899, la production totale des Etats Unis a été
en houilles . . . . 170,000,000 tonnes
en anthracite . . . . 52,000,000 »
en coke . . . . 17,500,000 »
soit pour les charbons 222,000,000 tonnes (dix fois la production de la Belgique), en augmentation de 22,000,000 tonnes ou 10 % sur l'année 1898.

Pour la première fois aussi dans l'histoire de l'industrie, les Etats-Unis ont vu leur production en charbons dépasser celle de l'Angleterre, qui avait toujours, et de loin, tenu la tête du mouvement.

Au **Japon**, la production, qui avait été de 2,000,000 tonnes en 1888, a atteint 6,000,000 en 1897. La consommation des manufactures, qui était de 140,000 tonnes, a monté dans le même laps de temps à 1,553,000 tonnes, pendant que l'exportation, qui avait triplé depuis 1882, a atteint en 1897 le chiffre de 2,500,000 tonnes.

On rapporte la découverte à Cuba, dans le district de Mayari, près de la baie Nipi, de riches gisements de charbons de la meilleure qualité.

D'autre part, le gouvernement vénézuélien a concédé une exploitation de mines de houille.

Le tableau suivant indique la marche de la production de la houille en Europe et aux Etats-Unis depuis 1850:

Années.		Belgique.	Allemagne.	France.	Grande Bretagne.	Etats-Unis d'Amérique.
1850	T.	5.820.588	18.197.132	4.500.000	65.000.000	7.359.899
1870	»	13.697.118	26.397.800	13.179.000	112.200.000	25.000.000
1880	»	16.866.698	46.973.566	18.804.767	146.969.489	66.831.213
1890	»	20.463.960	64.373.545	26.083.118	181.614.288	141.657.596
1896	»	21.252.370	85.690.233	28.870.091	195.361.260	172.426.366
1897	»	21.492.146	91.054.982	30.797.629	202.129.931	181.694.264
1898	»	22.988.335	96.279.992	32.439.736	205.274.000	197.852.394
1899	»	21.917.740	101.622.000	32.933.789	220.000.000	221.882.677

Il résulte de ce tableau que la production de la houille qui était en 1850 de 101,000,000 tonnes, a passé en 1899 dans les cinq pays de grande production, à 600,000,000 de tonnes. La production a donc sextuplé ! Et il est intéressant à noter que malgré cet énorme développement, la demande a été plus forte encore que la production en 1899 et que jamais, sauf peut-être en 1873-1874, la crainte d'une disette de combustible n'a été aussi forte qu'en 1899.

Cette situation provient de l'accroissement de la demande dû aux raisons que nous avons mentionnées déjà, mais elle dérive surtout du développement de la sidérurgie. Depuis 1869 la production de la fonte seule a augmenté de plus de 40,000,000 de tonnes, ce qui implique une majoration de consommation de houille de près de 50,000,000 de tonnes.

L'industrie des transports se trouve participer également à la situation actuelle ; la marine marchande, en effet, s'est développée à tel point depuis trente ans, que la consommation de charbons pour les transports maritimes a passé à 60,000,000 de tonnes par an.

Les chemins de fer sont devenus également un important client pour les charbonnages ; dans le monde entier, il existe actuellement un réseau supérieur à 465,000 milles et l'on peut évaluer à 180,000,000 de tonnes la quantité de houille absorbée annuellement par les locomotives.

Si l'on examine les causes principales de l'augmentation de la consommation du charbon pendant ces dernières années, il est évident que les phénomènes qui produisent le cas actuel sont d'un caractère plus ou moins permanent et que les causes de cette augmentation continueront à être de plus en plus employées.

CIRE.

(Libre à l'entrée.)

Depuis l'année dernière il a régné dans tous les pays agricoles une rareté extrême de produits, et cette situation s'est accentuée encore par les achats considérables faits partout par une grande blanchisserie d'Allemagne (200 à 225,000 kilog.) et pour la Russie (230,000 à 250,000 kilog). Il en est résulté sur tous les marchés une hausse de 30 à 45 francs par 100 kilog. soit environ 15 %.

Nos blanchisseurs de cire ne font habituellement leurs achats qu'à l'approche de la saison du blanchiment, tandis que les forts acheteurs étrangers, mentionnés ci-dessus, ont commencé leurs opérations, même à livrer, depuis quelques mois déjà sur les lieux de production.

Les qualités d'Afrique (Benguela, Angola, Loanda) les plus estimées par nos blanchisseurs sont devenues presque introuvables, sinon à des prix extrêmes, et les provenances de Zanzibar et Mozambique ont suivi le même mouvement de hausse, ainsi que les qualités de Haïti et Porto-Plata.

L'attention s'est ainsi portée sur les provenances des Indes Orientales, de bonne qualité généralement, et à des prix plus avantageux, de fr. 290 à 315 les 100 kilog.; également sur les produits du Chili, de Californie et d'Australie et en dernier lieu sur les cires de France, blanchissant très bien aussi, entre autres celle de la Bretagne (Morlaix et Nantes) et celle des landes de Bordeaux, coûtant fr. 325 à 330 les 100 kilog. franco à bord.

La récolte indigène est encore toujours insignifiante et tenue à de hauts prix.

13

CORNES.

(Libres à l'entrée.)

Importations à Anvers depuis 1860.

Provenance.	1860.	1870.	1880.	1890.	1898.	1899.
Rio-Grande. Pièces	160000	64000	289000	62000	42000	—
Uruguay et M. v. »	—	365000	1081000	754000	678800	620227
Buenos-Aires »	700000	615000	681000	259000	694700	471384
Diverses »	-	34284	7000	124000	245500	189219
Totaux. Pièces	860000	1978284	2058000	1399000	1661000	1280830

Ventes 1,448,000 pièces contre 1,576,000 en 1898.

L'article a acquis pendant l'année une plusvalue notable, par suite des ordres venus des Etats-Unis, ainsi qu'il résulte des cotes comparatives ci-dessous.

Désignation.	Poids	Fin 1898.	Fin 1899.	Différence.
Rio-Grande.	50 à 60 k.	Fr. 52 à 62	Fr. 70 à 83	Hausse fr. 21
Uruguay et Montevideo .	45 » 55 »	» 47 » 57	» 63 » 76	» » 19
Buenos-Aires	35 » 45 »	» 28 » 38	» 39 » 58	» » 20
Vaches	27 » 37 »	» 23 » 31	» 25 » 38	» » 7

COTONS.

(Libres à l'entrée.)

L'année a commencé par le prix de 3 3/32 d. pour le middling Amérique à Liverpool ou environ fr. 36 1/2 à Anvers et un approvisionnement général très fort, soit 5,110.000 balles contre 4,218,000 balles en 1898.

La demande de la part de la filature étant bornée, les marchés haussèrent lentement ; fin février on atteignit le prix de 3 3/8 d. à Liverpool et à Anvers on traita quelques lots dans les prix de fr. 41 à fr. 43 suivant qualité ; ces prix se maintinrent avec de légères fluctuations jusqu'à fin août.

Les récoltes américaines finissant le 31 août ont donné :

1899	1898	1897	1896
11,235,000 b	11,181 000 b.	8,714,000 b.	7,162,000 balles.

La récolte 1898/99, quoique très forte comme quantité, était assez mauvaise comme qualité et les stocks de fin août, forts qu'ils étaient, contenaient une grande quantité de coton inférieur, dont on ne savait guère que faire, la filature s'étant déshabituée à filer des cotons de bas classement, qui d'ailleurs avaient fait défaut pendant des années.

Pendant tout l'été les avis de l'Amérique sur la récolte

ensemencée au printemps, étaient favorables et quelques maisons dont l'opinion avait fait autorité jusqu'alors préconisèrent une nouvelle récolte monstre. L'Europe se fit à l'idée que l'ère des grands prix et des petites récoltes était définitivement close, l'Amérique plantant d'année en année davantage. Un fort découvert sur les mois de la nouvelle récolte se créa.

En septembre une brusque volteface des Américains s'opéra. Les avis sur la récolte devinrent exécrables, les recettes de coton dans les villes et ports intérieurs américains restèrent bien en dessous de celles des années précédentes, les prix haussèrent violemment et presque sans interruption, et fin décembre on était à Liverpool à 4 7/16 d. et à Anvers à environ fr. 52.—.

Les affaires en coton ont été de peu d'importance à Anvers pendant toute l'année.

Résumé des importations à Anvers depuis 1850.

Années.	1850.	1860	1870.	1880.	1890.	1899.
Balles.	46,277	24,389	11,107	123,946	405,361	237,808

Relevé des importations à Anvers depuis 1894.

Provenance.		1894.	1895.	1896.	1897.	1898.	1899.
New-York	Balles	61726	55198	40555	21312	34396	20685
New-Orleans	»	11277	7783	17829	27300	21000	13853
Newport News	»	—	—	—	—	2483	610
Boston	»	226	—	40	—	—	—
Galveston	»	3371	7526	2194	20093	39723	50380
Philadelphie	»	5947	2164	1099	1251	804	—
Baltimore	»	13144	18324	3508	4111	7553	336
Norfolk	»	—	—	4000	300	1898	100
Savannah.	»	—	—	—	6674	—	—
Pensacola	»	—	—	—	—	5014	4424
Bombay	»	154107	96593	150261	107514	72936	85570
Kurrachee	»	25436	23725	15043	15087	38378	16838
Madras	»	430	—	410	435	440	1593
Calcutta	»	710	63	2093	2972	991	2406
Shanghaï	»	965	52	—	—	—	—
Colombo	»	—	—	—	—	1670	100
Alexandrie	»	2202	1620	2560	3219	5436	8655
Hambourg	»	544	1154	459	730	241	458
Smyrne	»	200	—	125	100	—	—
Angleterre	»	5947	28550	15070	20761	11359	23108
France	»	5238	10647	11133	5768	4691	7022
Diverses	»	241	36	—	105	310	1670
Totaux	Balles	291711	253435	266388	237435	248822	237808

CRINS.

(Libres à l'entrée.)

Résumé des importations à Anvers depuis 1860.

Provenance.	1860	1870	1880	1890	1897	1898	1899
La Plata . Balles.	716	2,744	2,621	2,112	2,639	1863	1742
États Unis »			90	79	22	—	—
Russie. . »			—	99	—	—	—

La hausse continuelle et les arrivages restreints ont influé énormément sur les ventes, qui sont restées de 510 colis en dessous de l'année 1898.

En comparant les prix à ceux de l'année dernière à la même époque, on constate que ce sont les mélangés ordinaires qui ont le plus avancé (environ 25 centimes).

Les queues de cheval ont fort peu participé à ce mouvement et pour les queues de bœuf l'augmentation peut être évaluée de 10 à 12 1/2 centimes.

Ventes 1756 colis contre 2266 colis en 1898.

CUIRS.

(Libres à l'entrée.)

Cuirs salés. — Nous avons eu pendant l'année écoulée des fluctuations de prix considérables.

L'article n'a présenté qu'un intérêt relatif durant les six premiers mois, les renforts n'ont pas eu grande importance et la demande est restée plutôt hésitante ; aussi les prix n'ont-ils subi que des variations de détail pendant cette période.

Depuis le mois de juillet, nous avons assisté à un revirement sérieux : l'amélioration survenue dans le cours des cuirs fabriqués et plus tard les fortes demandes résultant des armements militaires en Angleterre, ont provoqué une hausse successive d'env. 20 % pour saladeros bœufs.

Les cotes comparatives de fin décembre des deux dernières années sont :

Désignation.	1898.	1899.	Différence.
Sal. d'été Buenos-Aires bœufs 20/25 k.	Fr. 58 à 62	Fr. 72 à 76	Hausse Fr. 14
» » » » 25/32 »	» 60 » 65	» 74 » 79	» » 14
» » » » 32/40 »	» 57 » 61	» 70 » 74	» » 13
» » Uruguay » 20/25 »	» 60 » 64	» 72 » 76	» » 12
» » » » 25/32 »	» 63 » 68	» 75 » 80	» » 12
» » » » 32/40 »	» 61 » 66	» 73 » 78	» » 12
» » Buenos-Aires vaches 14/20 »	» 58 » 62	» 64 » 67	» » 5
» » » » 20/25 »	» 60 » 64	» 66 » 70	» » 6
» » Uruguay » 14/20 »	» 59 » 62	» 64 » 67	» » 5
» » » » 20/25 »	» 64 » 68	» 74 » 78	» » 10

La production des vaches saladeros, déjà réduite depuis trois campagnes, n'a guère été plus abondante cette année : aussi les prix ont-ils suivi une marche ascendante, sans que toutefois la hausse n'ait atteint, à beaucoup près, celle des bœufs saladeros.

Quant à la qualité des cuirs saladeros, les plaintes ont continué, sauf cependant pour une couple de saladeros qui nous ont livré des chargements irréprochables, toujours vendus très rapidement aux plus hauts cours.

Il règne à La Plata une tendance fâcheuse d'embarquer les cuirs avec trop de saumure. Au débarquement, les cuirs sont humides, l'apparence de force est moindre, ils ne se conservent pas suffisamment et ils perdent, à la délivraison, un poids anormal.

Les marques de feu ont fait de nouveau l'objet de plaintes nombreuses et fondées.

En ce qui concerne les mataderos, les produits reçus de Montevideo continuent à donner satisfaction sous tous les rapports ; à Buenos-Aires, il y a un léger progrès dans la salaison et la dépouille, mais il reste beaucoup à faire pour rendre à cette sorte son bon renom d'autrefois.

Nous constatons une amélioration dans la façon de traiter les cuirs du Paraguay, dont les envois ont été très suivis ; quelques lots exceptionnellement bien soignés ont obtenu les plus hauts cours.

On a vendu à livrer, en 1899, environ 68,000 cuirs, contre 82,510 en 1898 et 102,844 en 1897.

Cuirs secs de La Plata. — Importations : 94,900 cuirs contre 200,300 en 1898.

Cet article continue à jouer un rôle de plus en plus effacé. Les prix n'ont guère varié jusqu'au mois de juillet ; depuis lors, ils ont haussé d'environ 17 %. Nous cotons :

Désignation.	1898.	1899.	Différence.
Bœufs Mataderos	Fr. 96 à 103	Fr 117 à 120	Hausse fr. 17
Vaches »	» 90 » 95	» 106 » 112	» » 17
Bœufs Campos	» 90 » 93	» 107 » 110	» » 17
Vaches »	» 75 » 90	» 91 » 105	» » 15

Cuirs salés d'Australie. — Importations 25,300 cuirs contre 33,982 en 1898. Nos importateurs ne semblent pas attacher à cet article toute l'attention qu'il mérite ; les cuirs d'Australie sont d'un débouché facile sur notre marché et y obtiennent de bons prix ; malgré cela, l'importation reste à peu près stationnaire.

Rognures. — Importations 1067 balles contre 2639 balles en 1898. Ventes 1640 balles contre 1682 balles en 1898.

Notre marché a été très incolore et les variations de prix peu notables.

Mouvement des cuirs en poils (en 1re main) sur la place d'Anvers.

Veaux et vachettes non compris.

Années 1898 et 1899.	Plata secs.	Plata salés.	Rio-Grande secs.	Rio Grande salés.	Brésil.	Etats-Unis et divers.	Chevaux.	Totaux.
Importations en 1899	94852	778936	1150	29285	11958	163205	2841	1082227
» » 1898	200323	815180	335	39132	24813	187559	2580	1269922
Augmentation pour 1899	—	—	815	—	—	—	261	—
Diminution » »	105471	36244	—	9847	12855	24354	—	187695
Ventes en 1899	64608	624102	1150	48456	20984	79461	1786	840657
» » 1898	66609	638140	335	8978	16481	79604	2240	812387
Augmentation pour 1899	—	—	815	39478	4503	—	—	28250
Diminution » »	2001	13948	—	—	—	143	454	—
Passage et réexportation en 1899	51072	142744	—	—	—	93222	—	287038
» » 1898	122822	163337	—	8979	—	101682	400	397220
Augmentation pour 1899	—	—	—	—	—	—	—	—
Diminution » »	71750	20393	—	8979	—	8460	400	110182
Stock fin décembre 1899	3959	50687	—	2004	—	5770	—	63475
» » » 1898	24787	38687	—	21175	9026	15248	1055	108923
Augmentation pour 1899	—	12000	—	—	—	—	1055	—
Diminution » »	20828	—	—	19171	9026	9478	—	45448

Résumé des importations à Anvers depuis 1850.

Années.	1850.	1860.	1870.	1880.	1890.	1898.	1899.
Pièces . .	684,921	983,525	1,138,222	1,141,175	1,373,821	1,269,922	1,082,227

Importations à Anvers, au Havre et à Liverpool.

Veaux, Vachettes et buffles non compris.

Espèces.	1899.			1898.		
	Anvers.	Le Havre.	Liverpool.	Anvers.	Le Havre.	Liverpool.
Plata salés.	778936	235450	91159	815180	338474	81942
Rio-Grande salés	29285	46686	—	39132	49858	—
Totaux.	808221	282136	91159	854312	388332	81942
Plata et R.-G. secs	96002	33946	25494	200658	132194	10679
Espèces diverses	175163	745136	134309	212372	1001147	51311
Chevaux	2841	1098	—	2580	2952	524
Totaux généraux	1082227	1062316	250962	1269922	1524625	144456

Débouchés à Anvers, au Havre et à Liverpool.

Espèces.	1899.			1898.		
	Anvers.	Le Havre	Liverpool.	Anvers.	Le Havre.	Liverpool
Plata salés . .	624192	314421	89964	638140	269927	81713
Rio Grande salés	48456	54801	—	8978	50425	—
Totaux . . .	672648	369222	89964	647118	320352	81713
Plata et R.-G. secs	65758	67184	25494	66944	116194	10887
Espèces diverses	100445	854684	134617	96085	929906	51511
Chevaux . . .	1786	2448	—	2240	1873	524
Totaux généraux	840637 et 287038 en transit.	1294538 transit compris.	250075 transit compris.	812387 et 397220 en transit.	1368325 transit compris.	144635 transit compris.

Stocks à Anvers, au Havre et à Liverpool.

Espèces.	1899.			1898.		
	Anvers.	Le Havre.	Liverpool.	Anvers.	Le Havre.	Liverpool.
Plata salés . . .	50689	6276	4700	38587	87305	3505
Rio-Grande salés .	2004	6813	—	21175	6097	—
Totaux	52691	13089	4700	59862	93492	3505
Plata et R.-G. secs	3959	584	—	24787	33416	225
Espèces diverses .	5770	26221	1500	24274	124888	—
Chevaux . , .	1055	779	—	—	2129	—
Totaux généraux.	63475	40673	6200	108923	253925	3730

DROGUERIES.
(Libres à l'entrée.)

Nous n'avons à mentionner pour toute la durée de l'exercice écoulé, aucune transaction dépassant en importance celles des années précédentes. Comme d'habitude les importations se sont bornées aux stricts besoins de la consommation·

En fin d'année, nous cotons : Bois de réglisse, de fr. 55 à 65 p. % k. Borax raffiné cristaux fr. 42 1/2, poudre 45.— Baies de Genièvre fr. 22.— Crême de tartre 1er blanc, crist. fr. 190, poudre 192 1/2. Jus de réglisse Caraffa fr. 52 1/2 a 53 1/2 p. 50 k. Longo fr 56 à 57. Pierre-ponce poudre fr. 7.— morceaux de 25 à 30 fr. p. % k.

ENGRAIS.
(Libres à l'entrée.)

Guano du Pérou. — En 1899 l'importation a repris et un certain nombre de chargements sont arrivés de l'Océan Pacifique; selon toutes les prévisions cette importation va reprendre son cours régulier, et les contrats en vigueur assurent l'approvisionnement suffisant des besoins du pays. Il est à remarquer que quelques cargaisons sont arrivées à Anvers d'une provenance jusque là inconnue, tout en se trouvant dans les environs de Callao, les *Mazorca Islands*, — et que ce guano, auquel on a donné le nom de « *Huaura* », se distingue par son dosage exceptionnellement riche, et par une qualité de tout premier ordre. D'autres chargements de ce même guano sont attendus.

Nitrate de soude. — Les affaires en nitrate ont pris durant l'exercice écoulé un développement considérable, comme on le voit au chiffre de nos importations, qui est beaucoup supérieur à celui des années précédentes.

Cela prouve que l'agriculture, se rendant compte de la nécessité d'abandonner les anciennes routines, se résout plus facilement à faire une dépense utile en achetant des engrais dont elle apprécie la haute valeur, et qu'elle se montre disposée à suivre la voie du progrès.

La science peut s'attribuer le mérite d'avoir vaincu les préventions des cultivateurs ignares, et de leur avoir inculqué la ferme conviction que l'avenir de leur industrie dépend d'une exploitation plus intelligente de la terre.

Ce revirement heureux, qui n'a pu s'opérer qu'à la longue, aura surtout pour effet de consolider les bons rapports déjà formés entre l'agriculture et le commerce, rapprochement très désirable au point de vue de leur intérêt commun, auquel s'unit celui du pays.

A part une hausse très passagère, qui s'est produite vers la fin du mois d'avril, où le cours du nitrate s'est élevé à fr. 22.25 par suite de la réduction du stock, à défaut d'arrivages, il n'y a guère eu de fluctuations dans les prix pratiqués durant l'année.

Il n'en pouvait être autrement, en présence du remarquable équilibre qu'on a vu se maintenir entre les quantités exportées du Chili et les besoins, majorés, de l'Europe. Cette même raison justifie le cours de fr. 18.062 que nous pouvons citer comme prix moyen du nitrate en 1899 sur nos marchés belges.

Nous faisons suivre le tableau statistique des arrivages et des délivraisons.

Délivraisons de nitrate de soude en 1899 dans les ports suivants :

1899	ANVERS.			GAND.			OSTENDE.		
	Stock au 1er	Arrivages.	Délivraisons	Stock au 1er	Arrivages.	Délivraisons	Stock au 1er	Arrivages.	Délivraisons
Janvier.	7700	10600	3100	900	1500	100	5425	—	—
Février.	15200	15000	16625	2300	2350	2950	5425	—	4025
Mars	13575	23100	26075	1700	—	1700	1400	15200	9800
Avril	10600	13500	22400	—	4700	3450	4800	3850	6750
Mai.	1700	18520	11770	1250	1700	1800	1900	5050	3350
Juin	8450	3350	6200	1150	2900	1600	3600	—	3400
Juillet	5600	6500	5800	2450	—	2450	200	6750	3350
Août	6300	10100	4000	—	3600	260	2600	4100	1500
Septembre.	12400	—	2300	3340	1700	940	5200	—	400
Octobre	10100	4000	2420	4100	—	—	4800	—	—
Novembre.	11680	4500	1240	4100	—	—	4800	—	—
Décembre.	14940	8300	1420	4100	—	—	4800	1800	100
Totaux.	.....	.....	103350	.....	.....	15250	... ..	.....	33675

Le stock invendu au 31 décembre 1899 était de 32,420 tonnes.
Si on en déduit l'existant au 1r janvier 1899 14,025 »

Il reste une différence de . . . . 18,395 »
à défalquer du total des importations. . . 170,670 »

ce qui porte la consommation en 1899 à 152,275 tonnes
ou un excédant de 2430 tonnes sur l'année antérieure.

Ce résultat nous permet de conclure que si les efforts
faits du côté du Chili pour rétablir l'ancien « convenio »
entre exportateurs, sont restés infructueux, il ne paraît y
avoir aucune raison de le regretter.

L'amélioration du prix moyen du nitrate en 1899 doit
s'attribuer à la hausse des frets vers l'Europe et à celle
de la main d'œuvre au Chili.

L'exploitation nitratère semble avoir passé son plus mauvais quart d'heure, ce qui fait présumer qu'elle rencontrera
moins d'obstacles dans l'avenir.

Sulfate d'ammoniaque. — La production anglaise s'est élevée
en 1899 à 202,000 tonnes, celle du Continent peut être
estimée à 136,000 tonnes.

L'importation au Royaume-Uni a subi une diminution de
quelques mille sur tonnes, le chiffre de l'année antérieure,
conséquence de la diminution des expéditions vers le Continent.
On constate par contre une augmentation sur celles dirigées
vers l'Espagne et certains pays du centre Amérique.

Pour le vendeur anglais, il n'y a qu'un déplacement partiel de clientèle, très avantageux pour lui, car les prix de vente dénotent une avance considérable sur ceux pratiqués en 1898.

En fait la valeur moyenne de l'article en l'année 1899 a été de £ 11 - 5 - 9 3/4 franco bord Hull contre £ 9 - 9 - 7 1/2 en 1898 et £ 7 - 18 - 4 3/4 en 1897.

La conclusion à tirer de ces chiffres, c'est que le sulfate d'ammoniaque a regagné de hauts cours, malgré le prix minime du nitrate de soude, d'où il appert que ces deux produits ne se font pas concurrence. Cela confirme ce que nous avons dit l'année dernière des qualités intrinsèques spéciales du sulphate d'ammoniaque. Il ne restait qu'un stock de 7000 tonnes de sulphate anglais invendu à la fin de 1899.

Phosphate de chaux. — A défaut d'une statistique séparée des mouvements du phosphate de chaux, il nous est impossible de rien dire de précis des quantités importées et exportées.

En tenant compte des nouveaux arrivages du Tenessee, il y a toute apparence que les importations de l'étranger en l'année 1899 excèdent celles de 1898.

Suivant les teneurs de plus hauts prix ont été payés durant toute l'année 1899, ce qui a fait hausser dans la même proportion les cours du superphosphate.

On sait que le superphosphate, toujours encore à bas prix, est un engrais qui trouve son débouché tant à l'intérieur de notre pays que dans divers pays de l'Europe.

ESSENCE DE TÉRÉBENTHINE.
(Libre à l'entrée).

L'importation de l'essence de térébenthine d'Amérique est en diminution sur celle de l'année dernière. La consommation ayant sensiblement augmenté, il a fallu recourir aux essences françaises et espagnoles dont l'importation a, par ce fait, considérablement augmenté.

Les prix ont été très élevés durant toute la campagne et l'année s'est cloturée au plus haut cours.

Résumé des importations à Anvers depuis 1860.

Essence d'Amérique.	1860.	1870.	1880.	1890.	1898.	1899.
De Wilmington . . . . . Barils.	—	1,585	14,595	2,941	—	—
De Charleston . . . . . »	200	—	2,751	—	—	—
De New-York . . . . . »	12,314	3,914	2,857	—	—	—
De Savannah . . . . . »	—	—	900	16,438	49,095	46,814
De Brunswick . . . . . »	—	—	—	1,500	—	—
De Baltimore . . . . . »	—	—	—	—	—	—
D'Angleterre. . . . . »	—	—	1,421	1,280	350	265
Du Havre et de Hambourg . »	—	—	150	—	—	—
De Rotterdam . . . . . »	—	—	—	—	260	350
Totaux . . . . Barils.	12,514	5,499	22,674	22,150	49,705	47,429
Essence de France et d'Espagne.	1860.	1870.	1880.	1890.	1898.	1899.
De Bordeaux . . . . . Colis.	21	382	5,399	3,893	325	4607
De Bayonne. . . . . . »	—	5,951	3,336	8,093	100	250
De Bilbao et Santander . . »	—	—	—	1,000	4,117	5,530
Totaux . . . . Colis.	21	6,333	8,735	12,986	4,572	10,387

FRUITS.

Figues (droits d'entrée : fr. 9 par 100 kilog.) — La récolte
au Portugal n'a guère été meilleure que celle de 1898, les
producteurs continuent à rechercher la quantité au détriment
de la qualité. A force de vouloir établir différentes classi-
fications, les fruits généralement demandés par la consommation, c. à d. les Comadres courantes, finissent par ne
représenter qu'une qualité absolument médiocre. Les arrivages
de 1899 se chiffrent par 195,637 cabas, 17,215 surons, 2,857
caisses et 4,300 fractions.

Prix moyen de la campagne pour les cabas fr. 4.15 à 4.95.

A Naples, la récolte a été en dessous de la bonne moyenne; en
outre, les premières expéditions s'étant faites avant que le
fruit ne fut en état de supporter le voyage, il s'en est suivi
que la plupart des envois sont arrivés en état de fermentation. — Quelques lots de qualité convenable ont été importés par la suite ; toutefois l'article n'est guère parvenu
à inspirer confiance aux consommateurs.

Bari a fourni une bonne récolte moyenne, doublée d'une
excellente qualité. Ce fruit, profitant du peu de demande pour
les Comadres ainsi que de la qualité défectueuse des
figues de Naples, a fini, après avoir connu un placement
régulier, par être très demandé à la fin de la saison et à
des prix en faveur.

Les Naples se sont vendues de fr. 47 à 60, les Bari de fr. 45 à 60.

La récolte des figues de Smyrne a été quasi nulle. D'ailleurs ce fruit tend insensiblement à ne plus connaître l'importation sur notre place.

Amandes (droits d'entrée : fr. 35 par 100 kilog.)— Au Portugal récolte plutôt restreinte. Les prix s'en sont sensiblement ressentis. Aussi la consommation s'est-elle jetée sur les amandes Majorque, dont la récolte a été abondante et de belle qualité.

Faro en coques, récolte moyenne. Toutefois les prix d'ouverture ont été raisonnables. Ce n'est que par la suite que la hausse est survenue.

Malheureusement, ainsi que nous l'avons constaté déjà, la consommation des amandes est littéralement contrariée par suite des droits d'entrée exagérés.

Prix moyens de l'année : Faro douces cassées fr. 235 à 245 en coques fr. 135 à 160, Majorque fr. 215 à 218.

Prunes (droits d'entrée : fr. 25 par 100 kilog.) — en barils minimum de 180 kilog. ou sacs de 80 kilog. fr. 15.)

La Californie a donné une récolte absolument belle, tant sous le rapport de la quantité que de la qualité.

Aussi, ce fruit dont les prix sont généralement bien plus favorables que ceux des prunes françaises (prunes d'Ente) tend-il annuellement davantage à supprimer l'importation de cette dernière provenance.

En Bosnie et en Serbie les récoltes ont été belles et abondantes. Les prunes de ces deux pays de production ont joui d'une demande active et à des prix toujours en faveur.

Cours pratiqués : Californie fr. 94 à 130, d'Ente fr. 135 à 170, Bosnie et Serbie fr. 62 à 70.

Abricots (droits d'entrée : évaporés de Californie 10 % à la valeur). La récolte de 1899 a été comme quantité en dessous de la moyenne ; comme qualité elle a été médiocre.

A défaut de toute concurrence, ce fruit a cependant su se maintenir à des prix relativement élevés, mais qui n'en ont guère favorisé la consommation.

Valeur moyenne de l'année fr. 160 à 180 les 100 kilog.

Pommes évaporées (droits d'entrée : 10 % à la valeur). Bonne récolte moyenne aux Etats-Unis.

Malheureusement au début de la campagne, la spéculation s'est emparée de l'article et durant la saison entière eu égard aux renseignements contradictoires fournis par les vendeurs, il a regné pour ce fruit une indécision telle que la consommation s'en est fortement ressentie.

Aussi les pommes évaporées ont-elles fini par subir une baisse assez sensible.

Prix pratiqués : fr. 85 à 112 les 100 kilog.

Raisins sultanes (droits d'entrée : fr. 25 par 100 kilog.). — A Smyrne la récolte a été abondante mais le fruit a été, généralement, de qualité laissant à désirer. A l'ouverture de la campagne les producteurs ont eu des prétentions exagérées. Il s'est produit sur les prix de début, et ce en peu de temps, une baisse colossale, dont le résultat n'a nullement été en faveur de l'article.

Il est à remarquer que précédemment les raisins sultanes se vendaient sous la dénomination des marques véritables d'origine ; depuis quelque temps déjà ces estampilles de provenance, qui constituaient pour l'acheteur une garantie sérieuse, ne sont plus respectées.

Des fruits parfaitement inférieurs portent parfois la marque d'une qualité bien supérieure.

Il serait à souhaiter, dans l'intérêt de l'article, que l'on puisse en revenir à l'ancien système.

Prix moyens variant, sacs de fr. 73 à 93 les 100 kilog., caisses fr. 80 à 125 les 100 kilog.

Corinthes (droits d'entrée : fr. 20 par 100 kilog.) — La récolte aux divers lieux de production en Grèce a été bonne.

Toutefois les belles qualités ont été rares.

L'article a été plus ou moins négligé au début de la saison. Ce n'est que vers la fin de la campagne qu'une reprise générale s'est produite.

Nous continuons à exprimer le regret de constater que les droits d'entrée — absolument trop élevés — empêchent notre place de lutter sur un pied d'égalité, avec les pays voisins.

Les corinthes se sont vendues de fr. 47 à 62 les 100 kilog. suivant qualité et emballage (sacs, caisses ou barils).

Noisettes (droits d'entrée: 10 % à la valeur).—Naples a donné une récolte médiocre comme quantité, mauvaise comme qualité.

La consommation du fruit de cette provenance s'en est vivement ressentie. Les acheteurs ont préféré les noisettes d'Espagne lesquelles tout en étant vendues à des prix élevés, ont été couramment demandées étant d'excellente qualité.

A Trébisonde, récolte nulle.

Cours en 1899 : Naples fr. 74 à 82, Espagne courantes fr. 70 à 76, criblées fr. 74 à 80.

Dattes (droits d'entrée: 10 °/₀ à la valeur) — Récolte abondante. Il est à remarquer que comme qualité, les « Siars » (dattes brunes) ont été bien plus favorisées que les « hallowee» (dattes claires). Aussi ces dernières ont-elles eu à subir une concurrence passablement vive de la part des dattes « Siars » qui ont obtenu des prix se rapprochant sensiblement de ceux pratiqués pour les « hallowee. »

L'Angleterre ayant avant l'ouverture de la campagne épuisé complètement son stock de 1898, la conséquence en a été que les dattes se sont maintenues pendant toute la saison à des prix élevés.

Cours de l'année : Siars fr. 34 à 37, Hallowee fr. 40 à 42.

Oranges (droits d'entrée : fr. 9 par 100 kilog.) — A Séville la sécheresse a contrarié le développement du fruit ; aussi les oranges de cette provenance n'ont-elles guère été de conserve.

Leur importation s'est élevée au chiffre d'environ 25,000 caisses.

Le fruit de Valence a été excellent au début de la saison. De fortes gelées tardives ont fait qu'à partir du mois de février le restant de la récolte a beaucoup laissé à désirer.

Valeurs moyennes : Séville fr. 19 1/2 à 21, Valence fr. 17 à 32.

Citrons (droit d'entrée : fr. 9 par 100 kilog.) — Sans être aussi importante que son aînée, la récolte en Sicile a dépassé une bonne moyenne.

Notons que notre place n'importe les belles qualités qu'en quantités minimes.

Ce ne sont guère que les qualités courantes voire même inférieures qui sont dirigées sur notre port.

Prix de vente variant de fr. 11 à 18.

GRAINES OLÉAGINEUSES.

(Libres à l'entrée.)

Faisant suite à une longue période de baisse, l'année 1899 commença par de très bas prix pour graine de lin et graine de colza. Au début de la campagne les prix restèrent très calmes et lorsque les offres des lins de la nouvelle récolte de la Plata arrivèrent dans le marché, les vendeurs eurent de très grandes difficultés pour placer leurs quantités, malgré les bas prix de fr. 22 à 22 1/2. Au mois de juin cependant le marché devint plus ferme, parsuite des nouvelles défavorables au sujet de la nouvelle récolte de la Russie qui, à cause de la longue sécheresse est considérée comme absolument perdue.

En août la hausse commença à se dessiner et en septembre, la preuve évidente du manque de récolte en Russie, les petits stocks aux Indes et la constatation de l'exagération de la nouvelle récolte de la Plata et aux Etats-Unis, furent cause que la hausse s'accentua davantage, et alors qu'au début du mois de septembre on payait fr. 26 pour les Azoff, 26.50 pour l'Amérique et 26.25 pour Plata, on constata à la fin du mois fr. 1 1/2 par cent kilog. de hausse sur toutes ces provenances. En octobre et en novembre, la hausse fit encore de nouveaux progrès parsuite de l'augmentation sensible de la consommation de l'huile de lin et de la cherté des huiles concurrentes, maïs et coton. En décembre, on constata cependant une petite réaction par suite de gros arrivages pesant sur le marché, et quelques spéculateurs désirant réaliser leurs bénéfices.

Pour graine de colza l'année a débuté après la débâcle qui suivit la folle hausse de 1898, par des prix excessivement bas, malgré le manque de récolte en Russie et au Danube, et une récolte presque mauvaise aux Indes. Les prix ne se sont relevés que vers le milieu de l'année pour atteindre la normale vers la fin.

L'article a présenté peu d'intérêt ; d'abord le lin absorbait surtout l'attention du fabricant qui ne trouvait pas de bénéfice à travailler le colza. Ensuite le manque de consommation d'huile et de tourteaux de colza, fut cause que la plupart des spéculateurs se détachèrent de cet article jadis si animé. L'huile de colza dont le prix est relativement très élevé, a été remplacée par des produits bon marché dans la plupart de ses anciennes applications. Les lampes à base d'huile de colza tendent à disparaître de plus en plus.

Voici les quantités importées en graines oléagineuses en 1899 : graine de lin, 1,262,000 hectolitres ; autres 2,211,000.

HOUBLON.

(Libre à l'entrée.)

La récolte de l'année 1899, qui s'annonçait sous les meilleurs auspices, avait produit un soulagement général dans le commerce des houblons, tant chez les marchands que chez les consommateurs. En effet, les prix du crû 1898 se maintenaient fermes ; les Alost et les Poperinghe se cotaient de fr. 140 à fr. 160 les 50 kilog., les Allemands de fr. 190 à 225.

Le besoin de marchandise intermédiaire, par cette année de cherté, avait amené au marché un stock bien conservé de houblons allemands surannés, qui était en grande partie en mains fixes, et qu'on a payé de fr. 90 à fr. 150. Les houblons américains 1898, mieux réussis que ceux de l'Europe, ont été également bien appréciés par la brasserie. Aussi leur importation a pris à cette occasion un développement sans précédent, dont on devra tenir compte à l'avenir : on les a payés de fr. 80 à 140.

Les transactions depuis le mois de janvier se bornaient presqu'exclusivement à ces deux espèces, et auraient subi des complications graves si la nouvelle récolte ne surpassait la précédente, le stock des houblons surannés propres à l'emploi étant pour ainsi dire épuisé.

La récolte 1899 n'a cependant pas répondu à l'attente générale. Evaluée à 38,000 quintaux pour Alost, à 35,000 pour Poperinghe. elle n'a produit respectivement qu'environ 33,000 et 30,000 quintaux. L'Allemagne, l'Angleterre et l'Amérique n'ont également réalisé que les 5/6 de leur estimation.

Sans doute faut-il en chercher la raison dans la température froide et humide qui n'a cessé de régner depuis la deuxième semaine de la cueillette. La conséquence directe a été une légère hausse des prix qui, suivant toutes apparences, se maintiendra, puisque les besoins de la brasserie consommeront toute la quantité récoltée.

La qualité, qui pendant la croissance se présentait comme supérieure, n'est que d'une bonne moyenne.

Les prix se cotent pour les Alost et Poperinghe de fr. 50 à 60, Allemands fr. 90 à 115, Anglais fr. 75 à 95, Américains fr. 80 à 90.

Le bas prix des houblons anglais (qui cependant se payaient au commencement de la récolte jusqu'à fr. 130) en a augmenté l'importation au détriment des houblons américains, dont la qualité est généralement secondaire.

IVOIRE.

(Libre à l'entrée)

L'année a été très prospère pour l'article, qui a bénéficié d'une plusvalue encore plus importante que durant l'exercice précédent.

L'ivoire doux a haussé dans des proportions très fortes principalement aux enchères d'octobre.

Les prix des dents en dessous de 30 ℔ destinées à l'industrie exportant aux Indes ont été légèrement affectés par la triste situation sanitaire qui y persiste et sont env. fr. 1/2 en-dessous des cours de fin 1898.

Les cours des dents à billes, après avoir fléchi d'env. fr. 1. — à la vente de février, sont, par la suite, revenus à leur niveau antérieur.

Pour scrivailles solides ils s'établissent en hausse d'env. fr. 2 1/2, et d'env. 1. — pour scrivailles creuses.

Voici le mouvement de notre marché depuis 1890 :

Années.	Importations.	Ventes.
1890	77,500 Kilog.	77,500 Kilog.
1891	59,500 »	59,500 »
1892	118,000 »	118,000 »
1893	224,000 »	224,000 »
1894	264,500 »	186,000 »
1895	362,000 »	274,500 »
1896	200,000 »	265,700 »
1897	265,000 »	281,000 »
1898	231,000 »	205,300 »
1899	328,000 »	292,500 »

LAINES.

(Libres à l'entrée.)

Le renchérissement de la laine depuis le début de l'année sous revue constitue la plus forte hausse enregistrée pour un terme de douze mois pendant la dernière période décennale. Son action, limitée d'abord au relèvement des laines fines, s'étendit plus tard aux laines croisées. Appuyée par une position statistique toute favorable à son développement, elle domina les marchés avec une énergie toujours croissante, au fur et au mesure qu'on se rendait mieux compte des quantités livrables à la consommation. Sous son impulsion, un grand essor d'activité se déploya dans toutes les branches de l'industrie lainière, qui bénéficièrent largement de la situation prospère survenue au cours de cette année.

Dès le commencement de janvier, la demande fut active et aux enchères tenues le 10 de ce mois les cours s'établirent en hausse de 10 % pour les laines fines et 5 % pour les laines croisées, comparativement à ceux pratiqués aux enchères de septembre de l'année précédente. Il y fut exposé 2411 b laines de la Plata et 1781 b. laines diverses, dont il fut adjugé 1548 b de la Plata et 267 b. diverses. Vers fin janvier les cours des laines fines avancèrent encore de 3 %.

La demande se maintint régulière jusqu'à la seconde série de nos enchères, qui commença le 21 février. Il y eut trois séances, pendant lesquelles on exposa 4748 b. laines de la Plata et 915 b. laines diverses, dont il fut vendu 1861 b. Plata et 212 b. diverses. La première séance il

y eut un peu d'hésitation, mais le ton se raffermit rapidement et l'on pratiqua couramment le cours de la vente
de janvier ; les laines 2ᵃ et 3ᵃ de Montevideo et les agneaux
obtinrent une hausse de 5 à 10 centimes.

Pendant le mois de mars notre marché fut calme, on nota
quelques demandes pour les agneaux, morceaux et ventres.
Les cours marquaient cependant une tendance à la hausse
et vers la fin de mois ils avaient acquis une nouvelle avanee
de 10 centimes.

En avril, les transactions furent actives à des prix en
hausse rapide ; ils s'établirent à 25/30 centimes au dessus
des cours de février. Les laines croisées étaient un peu
plus demandées.

Le marché accusa de la fermeté pendant les mois de mai
et de juin et, la hausse continuant à progresser, l'avance
acquise par les cours à fin juin étaient de 30 à 40 centimes
suivant qualités au dessus des cours de février.

Le mois de juillet fut une période de calme, mais en
août la demande redevint active et les cours avancèrent de
nouveau de 5 centimes. Les laines croisées furent à cette
époque bien recherchées et obtinrent une avance de 50
centimes pour les croisés fins et de 30 centimes pour les
croisés communs, sur les cours de février. Pendant le mois
de septembre, la demande ne se ralentit pas ; les laines croisées étaient par continuation voulues. Les prix dénotaient
pour tous les genres une grande fermeté.

En octobre eut lieu la 3ᵐᵉ série de nos enchères. Il y fut
exposé 7623 b. laines de la Plata et 1124 b. laines diverses,
dont on adjugea 3735 b. Plata et 418 b. diverses à des prix
25 % plus élevés qu'en février. Les croisés communs, moins
demandés, n'obtinrent qu'une amélioration de prix d'environ
8 à 10 %.

Pendant le mois d'octobre on constata la même activité
dans la demande et les cours des laines fines s'élevèrent
encore de 10 centimes. Les mois de novembre et décembre
n'eurent forcément que des transactions restreintes, le stock
étant épuisé. Les quelques affaires conclues à cette époque
indiquèrent encore une hausse de 5 à 10 centimes.

En résumé, la hausse acquise par les cours pendant le courant de l'année fut de 50 à 55 % pour les laines fines et croisés fins, de 30 à 35 % pour les croisés moyens et de 20 % pour les croisés communs.

Blousses. — Les six ventes publiques tenues pendant l'année, ont donné les résultats suivants :

1re vente, 24 février. Vendu 164,500 kilog. Grand concours d'acheteurs. Enchères très animées. Sur les cours de notre vente de décembre dernier, les blousses Plata fines se sont payées en hausse de 25 à 30 cs, les Australie, de 15 à 20 cs, et les croisées de 10 cs.

2e vente, 13 avril. — Vendu 161,200 kilog. Acheteurs très nombreux. Enchères extrêmement animées. Relativement aux cours de notre vente de février dernier, les prix sont en hausse pour : Plata fines, de 35 à 40 cs ; Plata croisées fines, de 30 cs ; Australie tous genres, de 30 cs ; les communes restant inchangées.

3e vente, 8 juin. — Vendu 189.600 kilog. Les enchères se sont faites avec animation en présence de nombreux acheteurs allemands, français et belges.

Les prix payés relativement à ceux de notre vente publique précédente, sont en hausse de 35 à 40 cs pour belles blousses Buenos-Aires, Australie et Cap, et de 25 à 30 cs pour genres courants des mêmes provenances, tandis que les blousses croisées communes restent délaissées.

4e vente, 10 août. — Vendu 165,200 kilog. Acheteurs nombreux ; bonne animation. Relativement aux cours de notre vente de juin, les prix des blousses fines sont inchangés, mais fermes, tandis que ceux des Australie sont en hausse de 5 à 10 cs. Croisées complètement délaissées.

5e vente, 13 octobre. — Vendu 218,300 kilog. Acheteurs nombreux ; grande animation. Prix en hausse sur vente précédente, de 20 à 25 c. pour belles Plata ; 10 à 15 cs pour Plata courantes, 30 cs pour Australie de tous genres. Communes, toujours délaissées.

6e vente, 13 décembre. — Vendu 235,000 kilog. Séance animée. Acheteurs nombreux, surtout allemands. Prix en hausse sur vente octobre dernier, de 15 à 20 % pour blousses Australie et Plata fines et de 10 à 15 % pour croisées fines.

Il a donc été vendu un total aux enchères de 1,134,000 kilog. contre 683,000 kilog. l'année précédente. Les transactions à main ferme ont suivi la même marche ascendante. De janvier à décembre, la hausse a été continue et la comparaison des prix de ces deux époques dénote une hausse de 75 à 78 %, soit 1.90 à 2 fr. par kilog. pour les blousses fines de La Plata et d'Australie.

Peignés. — Dès le commencement de l'année sous revue, le mouvement ascendant se dessina, grâce aux bonnes nouvelles tant des centres industriels que des marchés producteurs et importateurs.

Le mois de janvier débuta à fr. 4.75 pour le mérinos d'été mois rapprochés et fr. 4.65 pour les éloignés, pour atteindre au plus haut fr. 4.97 1/2 et 4.85.

Le mois suivant n'apporta pas de grands changements, mais en mars on dépassa fr. 5 et une nouvelle poussée en avant porta les cours, pour ainsi dire sans discontinuer, jusqu'à fr. 5.80 à 5.82 1/2, prix atteints mi-avril. Trois semaines plus tard, à l'ouverture des enchères de Londres, le 2 mai, on cota fr. 6.10 et fr. 6.15 pour le rapproché et fr. 6.20 pour l'éloigné.

De nombreuses prises de bénéfice et des ventes à découvert provoquèrent une réaction, refoulant un instant les cours à 30 et 35 c[s] en dessous du plus haut point atteint ; mais le recul trop vif amena une nouvelle reprise, grâce aux meilleurs prix qu'obtint l'industrie. Après cette activité une période de calme se fit jour et les prix oscillèrent entre fr. 5.75 et 5.95 jusqu'à mi-octobre.

A ce moment, les avis stimulants de l'Australie et de La Plata (où les laines de la nouvelle tonte se vendaient en hausse progressive), eurent leur contrecoup sur les marchés européens, donnant l'essor à une avance graduelle dans les prix, non seulement du terme mais aussi des peignés disponibles.

Le type B atteint le 14 novembre fr. 6.52 1/2 à 6.62 1/2 soit 30 c[s] au dessus du plus haut point touché (en 1889) depuis l'existence du terme.

Un certain ralentissement se manifesta plus tard, mais grâce au beau temps froid, on cloture l'année à

    fr. 6 35 à 6.45 pour les mois rapprochés
    et »   6.55   »   »   » éloignés.

Les prix extrêmes ont été

    pour le mois courant fr. 4.75 à fr. 6.52 1/2
    »   »   » éloignés » 4.65 » » 6.65

Les transactions ont atteint le chiffre de 57,105,000 kilog. contre 36,720,000 kilog. en 1898.

Résumé des importations à Anvers depuis 1850.

Années.	1850.	1860.	1870.	1880.	1890.	1897.	1898.	1899.
Balles . . .	21,294	16,245	135,586	159,015	294,931	217,698	226,685	238,776

Mouvement du marché en 1899 et 1898.

Provenance.	Importations.		Ventes.		Transit.		Stock au 31 décembre.	
	1899.	1898.	1899.	1898.	1899.	1898.	1899.	1898.
La Plata . . . Balles.	94036	103162	25631	28221	65257	74954	6023	2875
Russie . . . »	—	1082	83	—	25	974	—	108
Chili et Pérou . »	—	153	—	74	—	79	—	—
Cap . . . . »	24490	12582	1648	1164	22696	11033	757	611
Afrique, etc. . »	1156	1704	349	291	1132	1260	—	325
Espagne . . . »	4638	1828	682	1228	4709	669	—	753
Australie. . . »	114456	106174	1147	4502	113910	101091	27	628
Totaux . . Balles.	238776	226685	29540	35480	207729	190060	6807	5300
Peaux de moutons.								
La Plata . . Balles.	902	241	51	133	805	161	1	15
Diverses . . . »	6698	4116	7	190	6695	3922	—	4
Totaux . . . Balles.	7600	4357	58	323	7500	4083	1	19

Mouvement des marchés européens en laines de la Plata.

Marchés.	Importations.		Débouchés. 1898.		Débouchés. 1899.		Stock au 31 décembre.	
	1898.	1899.	Ventes.	Transit.	Ventes.	Transit.	1898.	1899.
Anvers . . Ball.	103162	94036	28221	74954	25631	65257	2875	6023
Havre . . »	11092	22749	6185	5499	8387	5425	3189	12126
Dunkerque »	198312	259569	—	198312	—	259569	—	—
Brême . . »	95003	90567	—	95003	—	90567	—	—
Hambourg »	101184	99318	—	101184	—	99318	—	—
Marseille . »	6319	7215	—	6319	—	7215	—	—
Bordeaux »	2011	976	—	2011	—	976	—	—
Londres »	2191	2754	2729	—	2240	90	259	683
Liverpool . »	25670	14734	15611	10780	10362	3289	1467	2550
Gênes . . »	15595	8390	—	15595	—	8390	—	—
Totaux . Ball.	560539	600308	52746	509657	46620	540096	7790	21382

Exportation des laines de Buenos-Aires et de Montevideo
(du 1ᵉʳ novembre au 31 octobre.)

Destination.	Buenos-Aires.		Montevideo.	
	1897/98.	1898/99.	1897/98.	1898/99.
Anvers . . . . . . Balles.	72302	61702	18291	13128
Havre . . . . . . »	9052	11469	57	527
Dunkerque. . . . . »	187399	222589	21685	21804
Bordeaux . . . . . »	6218	3065	321	944
Marseille . . . . . »	7762	6800	1424	1314
Hambourg et Brême . . »	127759	120695	18352	18167
Angleterre . . . . . »	26776	15379	2849	1670
Italie . . . . . »	19082	5254	1083	249
Espagne et Portugal . . »	43	20	—	6
Etats-Unis . . . . . »	10188	6085	1307	9
Autres . . . . »	731	478	7666	5051
Totaux . . . . . Balles.	467292	453477	73035	62869

LÉGUMES SECS.

(Libres à l'entrée.)

L'importation des haricots originaires du Danube semble diminuer d'année en année.

Les hivers doux d'abord, le bon marché des pommes de terre ensuite, et surtout les exigences des consommateurs, qui préfèrent les bonnes qualités, sont les causes de cette diminution. Au Danube, il semble aussi, que la culture des haricots s'améliore, comme celle des froments, et il nous arrive des qualités pouvant lutter avec celles de Hongrie.

Il y a dix ans et plus, nous recevions annuellement 50 à 100,000 sacs haricots originaires ; nous en recevons encore à peine 15 à 25,000. Les prix moyens ont varié de 15 à 17 fr. par 100 kil.

La France, qui recevait beaucoup de haricots par Anvers, s'approvisionne par Dunkerque, Le Havre et Rouen.

MATIÈRES A TANNER.

(Libres à l'entrée).

Les transactions ont été très importantes en 1899. Nos

importateurs s'évertuent à faire de mieux en mieux et sont parvenus à constituer un marché à Anvers. (1)

Importations : garouilles, 2500 tonnes de 1000 kilog. ; valonée 1500 t., myrabolans 4500 t., mimosa 1200 t., gambier 2000 t., bois de quebracho 40,000 t., extrait de quebracho 500 t., id. de chataignier 1500 t., id. chêne 4000 t., extrait de hemlock, mélèze, myrabolans et autres 500 t.

Trois fabriques nationales produisent environ 5000 tonnes extrait de quebracho.

MIEL.

(Droits d'entrée : fr. 18. par 100 kilog.)

Par suite des événements à Cuba, la récolte de cette colonie a laissé naturellement à désirer sous le rapport de la quantité, et on a dû allouer les prix élevés de fr. 69 à 72 les 100 kilog. Ent. pour les provenances de Havane City, Matanzas et Cienfucgos, les plus estimées par la consommation en Belgique. Par contre, les récoltes du Mexique, de Jamaïque et d'Haïti ont assez bien réussi et ont pour une certaine part suppléé à la pénurie du miel de Cuba.

La récolte au Chili augmente d'année en année ; les arrivages viâ Havre et Hambourg ont été importants et la hausse a marché de fr. 49 à 50 par 100 kilog. jusqu'à fr. 60 à 61 par 100 kilog. cif Anvers.

Par suite de la longue sècheresse, la récolte en France a beaucoup souffert et les prix ont été assez élevés. Le miel de Bretagne, de la région de Marbaix, s'est payé de fr. 82 à 85 et celui de Nantes de fr. 80 à 82 franco à bord au Havre et à Nantes.

Depuis ces deux dernières années, la récolte du miel des Landes n'a presque rien donné et a obtenu de fr. 72 à 75 franco bord Bordeaux.

Notre production indigène quoique en progression est encore toujours de peu d'importance.

------

(1) Notre place a organisé une Chambre arbitrale et de conciliation pour les matières tannantes et tinctoriales, à l'instar des grandes places commerciales. La compétence de cette Chambre est une garantie pour tous ceux qui veulent lui soumettre leurs différends.

PÉTROLES.

(Libres à l'entrée).

Affaires spéculatives nulles, malgré la hausse constante ;
cette circonstance est très significative, car elle prouve que
le public se désintéresse de plus en plus de cet article qui
n'offre plus aux négociants la liberté d'allure d'antan. Malgré
le niveau très élevé du prix du produit brut, il semble
prouvé que ni l'Amérique, ni la Russie ne sont à même de
satisfaire les besoins domestiques et surtout industriels, qui se
sont développés sous le régime des prix doux, et que les
cercles dirigeants font leur possible pour entraver la consommation au lieu de la stimuler.

Importations de pétrole raffiné à Anvers depuis 1862.

Provenance.	1862.	1870.	1880.	1890.	1897.	1898.	1899.
Etats-Unis. . Colis.	36000	400000	752803	718497	918919	847898	854351
Russie . . . Barils.	—	—	—	167400	56000	190000	191500

Les affaires de consommation ont été très suivies et
grâce à la hausse persistante, elles ont donné de beaux
résultats aux contractants.

Voici les cours de liquidation du raffiné d'Amérique pendant
l'année (par 100 kilog.) :

Mois.	Prix.	Mois.	Prix.
Janvier . , ...Fr.	19 —	Juillet . . . . .Fr.	18 3/4
Février . . . . . , »	19 —	Août . . . . »	19 —
Mars . . . , . . »	18 1/2	Septembre . . . »	21 1/4
Avril . . . . . . ».	18 —	Octobre . . . . »	21 3/4
Mai . . . . . , »	17 3/4	Novembre . . . »	22 3/4
Juin . . . . . . »	17 3/4	Décembre. . . . »	23 1/4

En pétrole russe la qualité s'améliore de plus en plus et la
vente devient croissante d'année en année.

La consommation est aujourd'hui habituée à cette huile ;
l'Etat en achète de fortes quantités pour le service de ses
chemins de fer.

Contre 115,000 barils en 1897 et 130,000 barils en 1898, les
délivraisons montent pour 1899 à 145,000 barils en Belgique.

RÉSINES.

(Libres à l'entrée)

Le mouvement en résines américaines ne présente pas
de différence notable sur celui de l'année précédente. Les
cours toutefois ont fortement monté, sous l'influence de la

hausse en Amérique. La demande pour cet article a été régulière et l'année se cloture avec des stocks très réduits.

Nous constatons une diminution dans les importations de résines françaises, qui affecte spécialement les qualités supérieures.

En résines espagnoles l'importation a été insignifiante.

Relevé des importations à Anvers.

De France.	1870.	1880.	1890.	1898.	1899.
Bordeaux . Barr.	10597	10769	6243	6540	6100
Bayonne . , »	15356	11542	10018	6043	3500
Totaux . . Barr.	25953	22311	16261	12583	9600

D'Amérique.	1850.	1860.	1870.	1880.	1890.	1897.	1898.	1899
New-York. . Barils.	13500	63270	19532	—	24626	1500	240	5520
Wilmington . »	—	—	—	31248	11065	8505	11561	—
Charleston. . »	—	—	—	908	—	—	3980	—
Savannah . . »	—	—	—	5669	12109	41295	37079	48012
Nouvelle Orléans »	—	—	216	—	—	—	499	—
Brunswick . »	—	—	—	—	1297	—	—	—
Baltimore . . »	—	—	—	—	500	—	2750	2200
Hambourg . »	—	—	—	—	—	—	—	200
Anglet.et Hollande »	—	—	3876	—	—	—	—	—
Totaux. . . Barils.	13500	63270	23624	37258	49597	51300	56109	55932

RIZ.

Libres à l'entrée.

Résumé des importations à Anvers depuis 1850.

1850.	1860	1870	1880	1890	1898.	1899.
Balles . .118,677	184,664	357,968	606,727	721,465	527,015	697,857

Détail des importations à Anvers.

	Provenance.	1899.	1898.	1897.	1896.
Riz bruts.	Akyab . . . . B.	239856	67957	92905	242050
	Rangoon . . . . . . »	66077	43904	84467	235911
	Bassein . . . . . . »	10000	16570	69779	43450
	Moulmein , ... »	89210	200225	127689	121022
	Saïgon . . . . . . »	46943	29316	152290	—
	Siam . . . . . . »	—	—	45026	—
	Japon. . . . . . »	39220	—	12700	22260
	Bombay . . . . »	—	—	—	—
Riz pelés, brisures, déchets.	Italie. . . . . . »	19868	4330	22283	4996
	Hambourg et Copenhague . »	39185	38466	44985	50156
	France . . . . . »	62204	22847	4045	360
	Angleterre . . . . »	32407	43400	39172	39500
	Diverses. . . . . »	10386	—	—	—
	Totaux . . . . B.	655357	467015	695341	759705
	Hollande par l'intérieur (pelés et brisés) B.	42500	60000	34000	30000
	Ensemble . . . . B.	697857	527015	729341	978705

SAINDOUX.

(Libres à l'entrée.)

L'année qui vient de s'écouler n'a pas été bonne pour les saindoux : les affaires ont été restreintes et la spéculation s'est tenue éloignée de l'article, tant en Amérique qu'en Europe. — La consommation, découragée par les grandes fluctuations des dernières années, n'a acheté qu'au fur et à mesure de ses besoins et les contrats à terme pour compte étranger deviennent de plus en plus rares. — La conséquence de cette abstention presque générale a été presque toute l'année des séances ternes avec peu de changements dans les prix. La plus haute valeur payée pour disponible a été le 3 octobre fr. 74 1/2 et la plus basse le 12 mai fr. 62.—

Vers la fin de l'année toutefois une sérieuse reprise des affaires semble se montrer ; les arrivages de porcs, qui pendant cette saison sont toujours abondants, restent de beaucoup en dessous de la moyenne des années précedentes, et si ce déficit n'est pas comblé au mois de janvier, tout porte à croire que nous pouvons nous attendre à des prix beaucoup plus élévés dans la prochaine saison. Les stocks en Europe sont très réduits, circonstance que les maisons américaines sauront, à un moment donné, exploiter à leur profit.

Importations à Anvers depuis 1850.

Provenance.		1850.	1870.	1880.	1890	1898.	1899.
New-York	Colis.			168420	225116	282860	192941
Philadelphie	»			6788	19779	728	21332
Baltimore	»	1788	1200	—	58630	124759	91322
New Orléans	»			650	—	23402	25925
Boston	»			200	1798	33613	18127
Newport-News	»	—	—	—	—	1300	1226
Galvaston	»	—	—	—	—	—	3650
Montréal	»	—	—	—	—	700	1125
Norfolk	»	—	—	—	—	1600	—
Portland	»	—	—	—	—	—	130
Hambourg et Brême	»			44	—	301	1047
Hollande	»	116	647	441	—	—	—
Angleterre	»			4	—	1084	488
France	»	—	—	—	—	—	350
Totaux	Colis.	1904	1847	176547	305323	470347	357653

Détail des importations en 1899 et 1898.

Provenance.	1899.		1898.	
New-York. . . . »	16.915 Tcs	176,026 Col.	36,509 Tcs,	246,351 Col.
Philadelphie . . . »	335 »	20,997 »	513 »	20,997 »
Baltimore . . . . »	7,808 »	83,514 »	16.340 »	108,410 »
Boston. . . . . »	2,860 »	15,267 »	4,760 »	28,853 »
New-Orléans . . . »	3,000 »	22,925 »	3,052 »	20,350 »
Newport News . . »	— »	1,226 »	400 »	900 »
Montréal . . . . »	575 »	550 »	700 »	— »
Galveston . . . »	300 »	3,350 »	— »	— »
Portland . . . . »	130 »	— »	— »	— »
Norfolk . . . . »	— »	— »	150 »	1,4·0 »
Total . . , . . »	31,923 Tcs.	323,855 Col.	62,424 Tcs.	427,320 Col.
France. . . . . »	100 »	250 »	—	
Hambourg . , . »	250 »	797 »	301	
Angleterre . . . »	95 »	393 »	1084	
Hollande . . . . »	— »	— »	—	

Les cours de liquidation de fin de mois ont été comme suit en 1899 par 100 kilogrammes :

Janvier . Fr. 72 1/4	Mai . . Fr. 63 3/4	Septembre Fr. 73 3/4
Février . » 69 1/2	Juin . . » 63 1/2	Octobre. » 70 3/4
Mars . . » 67 3/4	Juillet . » 68 —	Novembre » 68 3/4
Avril . . » 65 1/4	Août . . » 69 1/2	Décembre » 71 3/4

SALAISONS.

(Libres à l'entrée.)

Les affaires ont été calmes pour ces articles dans le présent exercice. La demande pour la consommation intérieure, bien que normale et régulière, a été moindre que l'année dernière.

Pour l'exportation elle a certainement diminué dans une notable proportion, par suite des difficultés que certains pays voisins, sous prétexte d'hygiène mais en réalité dans un but protectionniste, suscitent au produit américain.

Les premiers mois de l'année furent assez pénibles pour nos importateurs, par suite de la baisse lente mais continue de l'article ; c'est dans les mois de mai et juin qu'on vit les plus bas prix. La situation commença alors à s'améliorer et le second semestre fut plus rémunérateur.

Les bas prix du produit américain, provoqués par l'augmentation énorme et constante de la production des porcs, paraîtraient à première vue devoir être désastreux pour les fabricants d'outre mer, si nous ne savions que la savante organisation que les Américains sont parvenus à donner à cette industrie leur permet d'utiliser tout au maximum de valeur. Il y a cependant lieu de croire que lorsque, comme cette année, le porc reste constamment cher par suite de la compétition des immenses installations des fabricants et que d'autre part le produit se vend bon marché par suite de son abondance, cette industrie n'a pu être vraiment rémunératrice.

Importations à Anvers depuis 1880.

Provenance.	1880.		1890.		1898.		1899.	
	Caisses.	Barils.	Caisses.	Barils.	Caisses.	Barils.	Caisses.	Barils.
New-York	122583	8807	65767	829	87102	310	57661	2026
Chicago	—	—	—	—	290	—	—	—
Philadelphie	12371	664	1775	—	—	—	830	—
Boston	2995	—	25415	—	23233	300	12070	159
Baltimore	—	—	6561	—	3925	150	1150	50
New-Orléans	—	—	—	—	80	—	—	—
Newport News	—	—	—	—	—	—	—	—
Portland	—	—	—	—	—	—	200	—
Hambourg et Brême	65	262	29	515	1232	—	1664	—
France	3126	8	22	—	—	—	—	—
Angleterre	12609	164	5466	54	2472	—	1188	—
Autres	499	—	—	—	—	—	—	—
Totaux	154248	9995	105035	1398	118334	760	74763	2235
Colis	164243		166433		119094		76998	

SUCRES BRUTS.

(Libres à l'entrée, mais passibles du droit d'accise, avec surtaxe de 10 p. c.)

Les importations de sucres de canne ont été faites dans le courant de 1899 des mêmes pays producteurs qui ont alimenté nos candiseries en 1898.

La tendance des cours a été généralement ferme sans que cependant les prix aient subi de grandes fluctuations.

TEINTURES.

(Libres à l'entrée).

Nos importations directes en bois de teinture des pays de production ont beaucoup diminué. Nous n'avons reçu que trois chargements de Laguna (Mexique), ensemble 930 tonnes et un chargement racines de Haïti, 595 tonnes.

Par voie indirecte nous avons reçu plusieurs parties de diverses sortes de bois de teinture, campêche, bois jaune, bois rouge, ensemble 310 tonnes.

VINS.

(Droits d'entrée : 20 fr, par hectolitre sur les vins en cercles jusqu'à 15°; 3 fr. en plus par hect. et par degré pour les vins pesant au delà de 15° jusqu'à 24 degrés ; au delà de 24° : 300 fr. par hect — Vins importés en bouteilles 60 fr. l'hect.)

Résumé des importations à Anvers depuis 1855.

Années.	1855.	1860.	1870.	1880.	1890.	1897.	1898.	1899.
Hectolitres	21936	27690	38909	40811	48016	90079	86384	95647

Considérée d'une façon générale la récolte des vins a été en 1899 de bonne qualité, et plus abondante que ses devancières comme quantité. Par suite de l'abondance de la récolte les prix payés ont été plus bas que ceux payés en 1898. Par contre malgré l'abondance de la récolte 1899 les vins de la récolte précédente, 1898 continuent à maintenir leurs cours élevés.

L'étendue du vignoble en 1899 était pour la France :

1,697,734 hectares produisant 47,907,680 h. de vin
contre en 1898 : 1,706,513　　　»　　　　»　　　32,282,359　　»

En moins en 1899 { 8,779　　» 　En plus en 1899 { 15,625,321　　»

La moyenne des récoltes des cinq dernières années est supérieure de 1,624,779 hect. à la moyenne des années 1890-1894 et de 10,525,198 hect. à la moyenne des récoltes 1885-1889. La récolte de 1899 dépasse la moyenne des récoltes des cinq dernières années de 11,130,782 hect.

D'après une appréciation faite par l'administration des contributions indirectes françaises,

40,613,161 hect. titreraient moins de 11 degrés.
4,529,699　　»　　　　»　　　11 degrés.
2,764,820　　»　　dépasseraient 11 degrés.

D'après cette même appréciation la valeur de la récolte aurait été :

France pr vins supérieurs Fr.　114,405,157
　　»　　» ordinaires　»　1,134,980,590

Fr. 1,249,385,747
Corse . . . . »　　6,196,500
Algérie . . . . »　112,946,570
Tunisie . . . . »　　4,860,000

Valeur totale pour la France et ses colonies Fr. 1,373,388,817

Ce qui représente le revenu d'un capital d'au moins 35 milliards de francs.

Production :		En 1899,		En 1898,
La Gironde a produit	3,478,708 hect. ;		2,355,645 hect.
La Côte d'or	»	525,831 »		772,390 »
La Corse	»	255,000 »		250,000 »
L'Algérie	»	4,648,007 »		5,221,700 »

La France a importé en 1899 pour fr. 301,940,000 de vins contre » 1898 » » 309,884,000 »

Elle a reçu en 1899 9,006,131 hect.: d'Espagne 4,034,414, d'Italie 99,967, de Portugal 625, d'Algérie 4,669,929, de Tunisie 92,122, d'autres pays 109,075.

Ces chiffres, mis en comparaison avec ceux des importations de vins en France en 1898 montrent qu'en 1899 la France a augmenté considérablement l'importation des vins d'Algérie et de Tunisie.

Dans le Bordelais la récolte a été abondante, la qualité est reconnue comme très bonne ; les vins sont droits de goût, sains, ont de la couleur et de la finesse. Ils seront promptement à point pour la consommation. Les maladies de la vigne, (mildew, blackrot, etc.) se sont bornées à quelques taches isolées ; les prix obtenus n'ont été que relativement bas.

Quant à la Bourgogne, ici encore d'excellents vins. Les vins de la récolte précédente 1898, aujourd'hui reconnue exceptionnelle, doivent cependant leur être préférés, ceux-ci étant plus pleins, plus corsés et ayant plus de couleur ; les prix payés sont inférieurs aux prix des 1898.

Les Beaujolais et les Maconnais sont riches en alcool. Quelques vins semblent avoir été vendangés trop tôt, mais l'ensemble de la récolte est très bon comme qualité ; le rendement est d'une bonne moyenne.

Dans l'Anjou et la Touraine la qualité est bonne, la quantité abondante.

Dans le Béarn et le Jurançon les vins sont excellents et le rendement très supérieur aux récoltes précédentes.

En Champagne la qualité a été passable.

La France a exporté en 1899, 200,454 hect. de vins mousseux contre 180,412 en 1898.

En Corse la qualité est bonne.

En Algérie, comme en Tunisie, la qualité est très inégale ; on y trouve des vins malades à côté de bons produits ; le degré alcoolique est inférieur à celui des années précédentes.

En Espagne la quantité récoltée a été 20,004,027 hect. contre 20,689,355 en 1898 ; la qualité est, en général, passable ; malgré que le commerce a délaissé la plupart des vins de l'année, les prix payés ont été des plus rémunérateurs, par suite des achats faits pour la distillerie.

Quelques régions ont été exceptionnellement favorisées quant à la qualité; telles sont celles de Valence, Castellone, Aragon, Huesca, Albacete et partiellement Alicante et Murcie. D'autres régions ont été ravagées par la grêle et l'oïdium.

L'Espagne a exporté en France, en 1899, 4,034,414 hect. contre 5,337,062 en 1898.

La diminution provient en partie des mesures protectionnistes prises en France par la suppression des entrepôts spéciaux.

Dans son ensemble la récolte des vins en Italie a été bonne au point de vue de la qualité. Les régions spécialement favorisées sont la Lombardie, l'Emilie, la Toscane et la Sicile. Le Piémont, l'Emilie et la Vénétie ont souffert quelque peu du périnosphora. La production a été de 31,800,000 hect., soit inférieure à celle de 1898.

Les prix payés et le degré alcoolique ont été égaux à ceux de 1898.

L'Italie a exporté en 1899 (11 mois) 2,114,156 hect. contre 2,182,164 en 1898.

Les principaux débouchés pour les vins d'Italie par ordre d'importance sont : l'Autriche, la Suisse, l'Argentine, l'Allemagne, l'Angleterre, Malte, les Etats-Unis et la Belgique.

En Autriche, la récolte est de 1,400,009 hect. soit environ 400,000 de plus qu'en 1898. La qualité est bonne. Dans quelques régions les vins ont de 1/2 à 1 degré de plus qu'en 1898. Les prix se sont maintenus au niveau de la précédente récolte.

La récolte a été bonne au Portugal mais le commerce

d'exportation y est languissant ; il n'y a guère que le Douro qui ait l'écoulement assuré de ses produits, en Angleterre ; le reste de la récolte est quasi intact.

Le Rheingau a produit, en 1899, 17,333 hect. de vin contre 6,696 en 1898 et 35,770 en 1897.

La qualité n'est pas inférieure aux deux récoltes qui ont procédé, sauf pour les grands crûs qui semblent avoir été encore mieux partagés en 1897.

L'exportation des vins mousseux du Rhin continue à grandir.

En Suisse la science de la viticulture semble être en progrès, à en juger par la qualité des vins produits. Un quart de la récolte a été malheureusement détruit par l'oïdium.

En Grèce la production n'a pas été bien abondante : 80,000 hect. La récolte est presque entièrement vendue. Les vins ont obtenu cette année 2 fr. le degré.

En Californie, récolte peu abondante : 3o millions de gallons. Les vins semblent avoir souffert par suite d'une fermentation irrégulière causée par les chaleurs excessives de septembre et d'octobre.

La dernière récolte a donné en général dans l'Argentine des vins plutôt légers. La quantité a été réduite par suite des froids tardifs et de la grêle.

Dans le Chili la récolte a été ravagée de façon désastreuse par des gelées printanières.

Le commerce des vins de Belgique profitera sans aucun doute dans une large mesure du nouveau champ d'exploitation qu'offre au commerce et à l'industrie belge le vaste domaine du Congo ainsi que nos relations de plus en plus étendues avec les pays d'outremer. Grâce aux efforts qui sont faits, il saura acquérir dans ces pays la réputation honorable et la position qu'il s'est acquise en Belgique.

Moins de fiscalité de la part de nos gouvernants, spécialement en ce qui concerne les vins ordinaires, serait certes une mesure sage et démocratique et qui contribuerait à élargir notre marché.

Le commerce des vins a été doté pendant le cours de

cette dernière année d'une réglementation officielle ; à côté de très bonnes mesures, telles que celle d'interdire le mouillage absolu du vin, ce qui répondait à un des désiderata du commerce anversois, d'autres mesures semblent avoir été, à juste titre, l'objet de critiques de la part du commerce. Il est permis de présumer qu'après quelque temps d'expérience le Gouvernement, convaincu des inconvénients de quelques-unes des mesures prises, modifiera la réglementation dans le sens désiré par le commerce honnête.

Cours au 31 décembre 1899 en entrepôt de douane à Anvers.

(Droits à charge de l'acheteur).

VINS ROUGES.

Le tonneau de 4 barriques.	1898.	1899.
1res crûs. Médoc . . . . . . Fr.	2150 à 2550	2550 » 2650
2mes » » . . . . . . »	1550 » 1750	1650 » 1750
3mes » » . . . . . . »	1450 » 1550	1400 » 1450
4mes » » . . . . . . »	1250 » 1350	1300 » 1350
5mes » » . . . . . . »	950 » 1200	1200 » 1250
Bourgeois supérieurs Médoc . . »	950 » —	800 » 850
» ordinaires . . »	800 » —	650 » 750
Artisans, comnes sup. Médoc . . »	750 » —	600 » 650
Paysans, » ord. » . . . »	650 » 700	500 » 550
Bourgeois Bas-Médoc . . . . »	525 »	450 » 500
Artisans et paysans . . . »	500 » —	400 » 425
1rs crûs : Graves . . . . »	— » —	2050 » 2750
2es » » . . . . . »	»	1550 » 2050
Graves supérieures . . . . . »	1000 » 1050	750 » 1150
Petites graves . . . . . . »	650 » 850	550 » 650
1res crus : St-Emilion, Pomerol . »	2050 » —	1450 » 1550
2es » » » . . »	1550 » 1650	900 » 1050
Bourgeois . . . . . . »	950 » 1150	650 » 750
Fronsadais 1res côtes . . . . »	750 » 1050	650 » 850
» 2es côtes . . . . »	550 » 650	450 » 550
Blayais, Bourgeois . . . . »	550 » 600	500 » 550
Blayais, Artisans et paysans . »	475 » —	375 » 450
Bourgeais, Bourgeois . . . »	550 » 600	500 » 550
» Artisans et paysans . »	475 » —	375 » 450
Palus de Bassens, Montferrant, Camblanes . . . . . . »	475 » 500	425 » 450
Palus d'Ambès, St-Vincent, St-Loubès, Arvayres . . . . . »	450 » 475	400 » 425

La bouteille.	1890	1891.	1893.	1895.	1896.
1rs crûs. Médoc . . .	7.— à 8.—	6.— à ».—	6.— à 6.50	4.50 à 5.—	2.75 à 3.—
» Graves . . .	7.— » 8.—	6.— » ».—	6.— » ».—	4.50 » 5.—	2.50 » ».—
2e crûs. Médoc . . .	5.25 » 6.—	4.— » 4.50	5.— » 5.25	3.50 » ».—	2.— » ».—
3e crûs	4 75 » 5.—	3.— » 3.75	4 — » 4.25	2.50 » ».—	1.75 » ».—
4e »	4.25 » 4.50	2.50 » 3.—	3.— » 3.25	1 50 » ».—	1.55 » ».—
5e »	3 50 » 3.75	2.25 » 2.50	2.25 » ».—	1.— » 1.50	1.40 » ».—
Bourgeois supérieurs.	2.— » 2.75	1.50 » 2.—	1.75 » 2.—	1.— » ».—	1.— » 1.25

VINS BLANCS.

Le tonneau.	1897.	1898.
Premiers crûs . . . . Fr.	1850 à —	2050 » —
Deuxièmes crûs . . . . »	1050 » —	1550 » 1650
Graves, Preignac, Barsac, Cérons . . . . »	850 » —	950 » —
Petites Graves, Toulenne, Langon etc. . . . . . »	650 » —	990 » —
» La Brède, St Selve, ... »	300 » —	500 » —
» St Morillon . . . . »	425 » —	450 » —
Entre-2-Mers, Longoiran, Capian etc. . . . . »	400 » —	400 » —
Cavignac, St Savin, Gauriaguet etc. . . . . . »	375 » —	375 » —

BOURGOGNES.

La queue de 2 pièces.	1899.	1898.
Vins rouges.		
Chambertin, Romanée, Musigny, Richebourg. . . Fr.	1530 à 1730	1630 à 1830
Nuits, Corton, Chambolle, Vosne . . . . . . »	1130 » 1310	1230 » 1430
Nuits (2de cuvée), Beaune, Volnay, Pommard, 1rs crus } Santenot, Clos du Roy . . . . } »	830 » 950	910 » 1030
Nuits (Cuv. ronde) Beaune, Volnay, Pommard 2d crûs } Aloxe Savigny, Monthelie, Beaune (cuv. ronde) . . } »	590 » 790	670 » 870
Passe tout grains, Santenay, Mercurey. . . } Givry . . . . . } »	450 » 550	490 » 630
Bons ordinaires et ordinaires. . . . . . . »	370 » 390	470 » 490
Vins blancs.		
Montrachet . . . . »	1830	1950
Meursault premières . . . . »	1230	1350
» deuxièmes . . . . »	1030	1210

MACONNAIS.

La pièce de 212 litres.	1899.	1898.
Morgon, Fleurie, Moulin à vent. . . . . . . Fr.	215 à 245	225 à 255
Macon ord. et supérieur, Beaujolais . . . . . »	165 » 195	185 » 215

VINS BLANCS DE VOUVRAY, SAUMUR ET BAYONNE. 1899.

Anjou, première et deuxième classes.	La pièce de 230 litres.	Fr. 125 à 165
Vouvray, » » »	» 250 »	» 200 » 230
» premier choix	» 250 »	» 290 » —
Gers	» 300 »	» 125 » 165
Frontière de Béarn	» 300 »	» 165 » 195
Jurançon	» 300 »	» 185 » 265

VINS D'ESPAGNE, PORTUGAL, ILE MADÈRE, TÉNÉRIFFE, MARSALA.

Espagne rouges supérieurs . . . . Par pipe.	Fr. 350 à 600
» » ordinaires . . . . »	» 250 » 300
Alicante » ordinaires . . . . l'hectolitre.	» 30 » 45
» » beau vieux fin . . . . »	» 65

Tarragona Porto	Par pipe de 535 litres.		» 350 à 550
Sherry Amontillado supérieur	»	512 »	» 2500 » 3000
» 1ʳ classe	»	» »	» 22 50
» 2ᵐ et 3ᵐ classe	»	» »	» 625 » 1500
» ordinaire	»	» »	» 325 » 500
Malaga noir	»	480 »	» 335 » 2000
Pedro Ximenez	»	512 »	» 500 » 1500
Pajarète	»	512 »	» 625 » 1250
Moscatel	»	512 »	» 500 » 1250
Porto supérieur vieux	»	535 »	» 2500 » 3000
» »	»	» »	» 1500 » 2000
» jeune	»	» »	» 450 » 1250
Madère de l'Ile, grand vin vieux	»	418 »	» 2300
» beau vieux	»	» »	» 1500 à 2000
» ordinaire	»	» »	» 450 » 1250
Ténériffe particulier	»	450 »	» 600
» 2ᵐᵉ qualité	»	» »	» 500
Marsala	»	420 »	» 500 » 800
Malvoisie	»	512 »	» 550 » 1250

ÉMIGRATION.

Au départ d'Anvers, il y a eu en 1899 par 134 navires un total de 25886 émigrants, répartis comme suit :

Nationalités.	Nombre des émigrants.		Pays de destination.					
	Sexe masculin.	Sexe féminin.	Amérique		Canada.	Asie	Afrique.	Australie.
			Nord	Sud.				
Départs directs.								
Belges	840	450	1220	69	—	—	1	—
Hollandais	150	81	198	25	—	3	4	1
Américains	485	348	831	—	—	1	—	1
Français	96	52	135	10	—	1	—	2
Allemands	1505	1399	2819	47	—	2	3	33
Italiens	942	54	854	134	—	—	—	8
Suisses	161	68	172	57	—	—	—	—
Anglais	374	230	2	10	—	17	6	569
Luxembourgeois . . .	112	41	153	—	—	—	—	—
Autrichiens	7851	4854	12697	8	—	—	—	—
Russes	3087	2271	5344	9	—	2	—	3
Divers	289	146	351	23	—	7	—	54
	15892	9904	24776	392	—	33	14	671
Départs indirects.								
Belges	113	53	40	29	77	—	11	—
Etrangers	563	220	334	138	249	—	60	2
	676	273	383	167	326	—	71	2

Il y avait eu en 1898 par 149 navires un total d'émigrants de :

Par départs directs 15983

   »   » indirects 728

Total . . . . 16711 soit
pour 1899 une *augmentation* de . . . . . 9175 émigrants.

6766 immigrants ont débarqué à Anvers pendant l'année 1899 par 107 navires.

JUSTICE CONSULAIRE.

———

Le nombre total des causes à juger pendant l'année judiciaire finissant le 1ᵣ août 1899 s'est élevé à 5423 contre 5199 en 1898.

En 1898-1899, 3318 causes ont été terminées par jugement, 357 par décrètement de conclusions, transaction, jonction, radiation ou abandon des parties, 71 par radiation du rôle, et 1677 restaient à juger à la fin de l'année judiciaire.

Pendant l'année 1898-1899, 2161 lettres de change et billets à ordre ont été protestés ; leur montant s'élevait à fr. 846,751,86. L'année précédente le nombre en était de 2525 et le montant fr. 616,720,54.

Il a été déclaré pendant l'année écoulée 24 faillites et une faillite a été réouverte après cloture pour défaut d'actif, soit avec les 27 antérieures à l'année, un total de 52 faillites. Sur ce nombre, 14 ont été liquidées, 12 closes à défaut d'actif, 1 terminée par concordat, 1 a été révoquée et 24 restaient à terminer lors des vacances judiciaires.

NAVIGATION.

La construction navale a encore dépassé en 1899 la quantité de tonnage marchand produite l'année précédente.

Une statistique dressée avec grand soin nous renseigne pour la Grande-Bretagne une production de 1,416,791 tx bruts dont 1,167,580 pour compte de firmes anglaises et 249,261 pour des firmes étrangères. Les pays continentaux d'Europe ont construit env. 470,000 tx de navires marchands contre 260,000 en 1898. La production mondiale a été de près de 2,080,000 tx.

Il y avait, de plus, en Angleterre, 1,306,751 tx sur chantier à la fin de l'année.

Les sinistres connus à la date du 31 décembre étaient au nombre de 1341, dont 389 vapeurs avec 485,672 tx et 1002 voiliers avec 371,406 tx.

Le tonnage global des marines marchandes était à la fin de l'année :

En	Steamers.		Voiliers.	
	Nombre.	Tonnage.	Nombre.	Tonnage.
1899	11,456	12,165,251	27.867	8,347,626
1898	11,576	11,687,271	28,885	8,693,769
1897	11,264	11,427,738	29,315	8,894,732

Le tonnage moyen des navires construits en 1898 a été triple de celui de 1875 ; à cette époque le tonnage nouveau se répartissait par moitié entre les voiliers et les steamers, actuellement la proportion des voiliers est insignifiante ; il y a vingt-deux ans on n'employait pas l'acier, qui aujourd'hui a supplanté le fer.

FRETS.

Le résultat général des opérations de transports maritimes a été bien satisfaisant, quoique n'ayant pas tout à fait atteint ce qu'on en attendait ; de mauvaises récoltes aux Indes, en Roumanie et en Russie ayant affecté le trafic de ces parages, n'ont été que compensées par les abondances de la République Argentine et des Etats-Unis de l'Amérique du Nord.

On a lancé en 1899 le plus grand navire construit jusqu'ici, le vapeur *Océanie*. Le prix du matériel pour la construction des navires ayant haussé de 15 à 20 %, le coût des navires a augmenté en conséquence et s'est élevé entre £ 8 et 10 par tonne de portée, suivant leurs qualités spéciales de vitesse et d'aménagements. Cependant, considérant l'augmentation considérable du nombre et du tonnage des navires, on peut dire que les armateurs ont eu lieu d'être satisfaits.

Les frais d'exploitation tels que salaire des équipages, main d'œuvre, charbons ont augmenté considérablement, surtout le coût des charbons qui graduellement s'est doublé et même triplé pour certaines qualités.

La guerre entre l'Angleterre et les Républiques sud-africaines a eu une grande influence sur les frets, le gouvernement anglais ayant réquisitionné plusieurs vapeurs des grandes lignes de navigation, qui à leur tour ont dû affrêter du tonnage pour remplacer le tonnage enlevé temporairement à leurs services, tandis que, en même temps, en dehors des navires réquisitionnés le gouvernement avait à en affrêter encore d'autres pour le transport des charbons et du matériel de guerre.

Les frets de retour des Indes et de l'Extrême Orient n'ont pas eu de grandes fluctuations, mais les taux les plus élevés sont restés bien en dessous de ceux de l'année précédente cependant les plus bas n'ont pas été en dessous des plus bas de l'année 1898. Pendant les premiers mois les frets se sont maintenus au niveau de ceux de la cloture de 1898 ; vers le mois de mars une baisse se produisit ; jusqu'en juillet-août la position se maintint assez bien, mais depuis la baisse s'est accentuée.

Etats-Unis de l'Amérique du Nord. — En janvier les taux

se maintenaient aux prix de décembre de l'année précédente, mais le trafic n'étant guère important, une baisse graduelle se produisit et se maintint avec des fluctuations intermittentes; ce n'est qu'en juillet que la situation s'améliora pour atteindre son point le plus élevé en août-septembre ; après, il y eut une baisse, continuant jusqu'à la fin de l'année.

Amérique du Sud, République Argentine, etc. — Le trafic a été abondant et les frets se sont bien tenus pendant toute l'année, sauf quelques fluctuations; mais en général les taux ont été bien au dessus de ceux de l'année 1898 ; une baisse se produisit néanmoins vers la fin de l'année

Mer Noire, Mer d'Azoff et *Danube*. — Au commencement de l'année les frets de retour de ces parages étaient assez fermes, maintenant les prix de cloture de l'année précédente; mais peu après une baisse se produisit et continua avec des améliorations temporaires jusqu'à la guerre, qui amena un peu d'amélioration. Les taux au plus bas en juin-juillet furent poussés ensuite jusqu'au point le plus élevé de l'année, restant cependant bien endessous des meilleurs taux de 1898. Les dernières semaines de l'année ont vu s'accentuer la baisse et à la cloture les frets se trouvent considérablement en dessous de ceux en vigueur douze mois avant.

Méditerrannée. — Faibles pendant les premiers mois, les frets se raffermirent ensuite mais il n'y eut d'amélioration générale qu'en octobre, quand les prix les plus élévés furent obtenus, pour subir une réaction vers la fin de l'année.

Par suite de la forte demande de fer et d'acier, les transports de minerais ont été très abondants pendant toute l'année.

Baltique. — Quoique les frets furent assez bas au commencement de l'année, ce marché fut assez animé pendant toute la période de la navigation et dans plusieurs cas les prix ont dépassé ceux de 1898.

Les frets à la sortie des ports de l'Europe étaient plutôt faibles au commencement de l'année ; comme une spécialité on peut citer des transports importants de matériel, de chemin de fer des ports russes de la Mer Noire vers l'Extrême Orient (Mandchourie et Sibérie orientale). Dès le mois d'avril, par suite d'une grève des mineurs belges, les charbons anglais ont trouvé un grand débouché en

Belgique et des quantités considérables, beaucoup plus grandes que d'ordinaire, ont été tranportées tant du pays de Galles que de la côte Est de l'Angleterre vers les ports belges et surtout à Anvers, justifiant une hausse et une fermeté des frets.

Les frets pour charbons, assez soutenus en général, ont subi une hausse considérable après le mois d'octobre, c'est à dire dès que la guerre entre l'Angleterre et les républiques sud-africaines fut déclarée et pendant un certain temps le marché fut dans un état excité.

Le tableau ci-après montre les fluctuations des frets en général tant à l'aller qu'au retour des ports de l'Europe.

Pour ce qui concerne plus spécialement le port d'Anvers, les frets à l'entrée sont gouvernés par l'état général du marché, tandis que les transports à la sortie, pour la plupart effectués par des lignes régulières, sont moins affectés par les fluctuations générales et se règlent plutôt suivant les circonstances spéciales, mais ordinairement sont plus stables.

La tendance des frets à la sortie est à la hausse, les armateurs se voyant forcés à augmenter leurs frets pour compenser l'augmentation considérable des frais d'exploitation, par suite de la hausse des prix du combustible, main d'œuvre, salaires, etc.

Vers le *Brésil*, le trafic fut très peu important et les taux de fret stationnaires. Une nouvelle concurrence surgissant vers la fin de l'année produira une baisse ou du moins empêchera la hausse.

Vers la *République Argentine* et *l'Uruguay*, trafic assez important, taux de fret plutôt plus bas pour certaines catégories de marchandises, par suite d'une nouvelle ligne concurrente.

Pour l'*Extrême Orient*, le trafic a été plus important que l'année précédente. Taux de fret stationnaires pour les marchandises ordinaires de cueillette, tandis que des transports de matériel de chemin de fer ont été traités à des prix spéciaux suivant leur importance et port de destination.

Pour le *Chili* et le *Pérou*, les affaires ont continué à languir et les frets n'ont pu se relever.

Etats-Unis de l'Amérique du Nord. — Les vapeurs ont en général eu leurs pleins chargements à la sortie, mais les frets ont été peu rémunérateurs. L'exportation des sucres a été beaucoup affectée par le nouveau régime douanier appliqué par les Etats-Unis et en empêchant quasi l'importation.

Inde Anglaise. — Les affaires pour Bombay et Karachi ont souffert beaucoup par la peste et la famine sévissant dans ces parages, et malgré la diminution des départs (service de quinzaine porté à un départ par trois semaines) les vapeurs dans beaucoup de cas n'ont pas eu leur plein chargement ; le trafic pour le port de Calcutta a été meilleur. Les taux de frets pour les trois ports se sont maintenus stationnaires, suivant les conventions existantes entre les lignes anglaises et continentales.

Vers les *ports de la Méditerrannée*, du *Levant*, de la *mer Noire*, du *Danube* et de la *mer d'Azoff*, le trafic a été moins abondant en général et surtout les affaires avec la Roumanie ont été beaucoup affectées par la mauvaise récolte dans ce pays, influençant le marché financier. Les armateurs ont dû augmenter les frets tant pour les raisons déjà indiquées que pour compenser la pénurie des chargements de retour et les bas frets de retour en étant la conséquence.

Côte du Pacifique. Voiliers. — Les taux ont été maintenus, mais la pénurie de marchandises à transporter a été la cause que très peu de voiliers ont été expédiés.

Californie. Voiliers. — Les frets ont été en hausse, surtout après le commencement de la guerre sud-africaine, affectant les frets en général. Le trafic a été abondant.

Australie. — Trafic satisfaisant, bonne quantité et frets normaux maintenus.

Afrique du Sud. — Par la guerre le trafic a été affecté dans le sens d'une diminution, mais par contre les frets ont haussé.

Baltique. — Le trafic a diminué dans une assez forte proportion, tant par suite de ralentissement dans les commandes de produits sidérurgiques à cause des prix élevés, que par suite des difficultés d'expédition, conséquence des complications ouvrières et de l'encombrement du port, les réceptionnaires préférant faire exécuter leurs ordres viâ d'autres ports. — Cette diminution de trafic pour la Baltique tend à continuer et à s'aggraver ; les frets pour ces parages ont été en hausse.

Provenance.	Destination.	Cargaison.	Échelle.	Taux le plus haut.	Taux le plus bas.	Taux au 31 décembre 1899.
Australie	R. U. Continent.	Laines.	P. 40 p. c.	37/6	36/3	—
Id.	Id.	Froment.	P. tonne poids.	33/9	25/—	37/6
San Francisco.	R. U. ou Continent.	Id.	Id.	40/—	22/6	35/— à 36/3
Amérique Sud. Côte occidentale.	Id.	Nitrate.	Id.	33/9	32/—	32/6
Id. (voiliers).	Id.	Nitrate ou Froment.	Id	31/3	23/9	28/-
Chine.	Londres	Thé	P. 40 p. c.	45/—	45/—	45/—
Id.	New-York.	Id.	Id.	32/6	27/6	30/—
Philippines.	R. U. ou E. U.	Sucre, etc.	P. tonne de portée lourd.	30/—	28/9	30/—
Saigon	R. U. ou Continent.	Riz.	P. tonne poids.	32/6	25/—	25/9
Id.	Hong Kong.	Id.	P. picol.	26/cents	12 1/2 cents	20 cents
Bangkok.	R. U. ou Continent.	Id.	P. tonne poids.	33/9	30/—	—
Java	Id. ou E. U.	Sucre, etc.	P. tonne Java.	35/—	27/6	28/9
Burmah port rizier	R. U. ou Continent.	Riz.	P. tonne poids.	33/9	22/6	27/6
Rangoon ou Moulmein.	Bombay.	Teck.	P. 50 p. c.	16 1/2 roup.	16 roupies	16 roupies
Calcutta.	R. U. ou Continent.	Jute.	P. tonne Calcutta.	31 3	25/—	26/3
Id.	Id.	March. lourdes.	Id.	27/6	20/—	22 6
Madras-Côte	R. U.	Rottin Jaggery.	P. tonne poids	28/9	27/—	—
Id.	Marseille.	Graines de sésame.	Id.	32/6	27/6	—
Bombay.	R. U. Continent ou Méd.	March. générales.	P. tonne Bombay	19/3	14/—	15/6
Kurrachee	Id.	Id.	P. tonne Kurrachee	22/6	15/—	—
River Parana	R. U. ou Continent.	Grains.	P. tonne Froment Mais	31/—	19/—	26/—
Buenos-Aires ou La Plata	Deptford ou Liverpool.	Bétail.	P. tête	£ 6.5.0.	£ 3. 15. 0	£ 6. 0. 0.
Id. Id.	Id	Moutons.	Id.	10/—	6/6	9/6
Nouvelle Orleans ou Galveston	Liverpool ou Continent.	Coton.	P. tonne net. reg. f. c. s.	50/—	40/—	40/—
Charleston	Id.	Id.	Id.	43/9	41/—	—
Savannah	Id.	Id.	Id.	41/3	30/—	35/—
Nouvelle Orleans ou Galveston	R. U. ou Continent.	Grains.	P. t. Froment net.	19/1	12/—	15.6
New-York, Baltimore, Philadelphie, Newport News, Norfolk,	Id.	Id.	P. quart. 480 ℔ froment ou mais.	4/—	2/3	3/1 1/2 d.
Pensacola	Id.	Planches.	P. standart.	120/—	103/9	112/6
Coosaw ou Port Royal	R. U.	Phosphate.	P. tonne poids.	17/6	12/6	15/—
Fernandina	R. U. ou Continent.	Id.	Id.	19/6	14/6	16/6
Tampa	Id.	Id.	Id.	21/6	18/6	21/—
Montréal ou Québec	R. U.	Planches.	P. Standart.	50/—	42/6	45/— à 46/3 f. o. w.
Riga	Londres.	Grains.	P. quarter Avoine	1/4 1/2 d	10 1/2 d.	—
Id.	Id.	Planches.	P. standart.	30/—	18/—	—
Id.	Id.	Traverses carrées.	P. Charge	9/6	6/6	—
Cronstadt	Id.	Planches.	P. Standart.	42/6	18/—	—
St-Petersbourg.	Id.	Grains.	P. Quarter froment	2/—	1/—	—
Azoff	R. U. ou Continent.	Id.	P. unité nouvelle charte.	14/6	9/—	—
Novorossisk	Id.	Id.	Id.	17/—	8/3	—
Poti	Id.	Minerai.	P. tonne poids.	14/—	11/—	13/—
Nicolaieff	Id.	Grains.	P. unité nouvelle charte.	14/—	8 6	13/—
Odessa,	Id.	Id.	Id.	12/6	7/6	—
Danube	Id.	Id.	Id.	14 6	8/1 1/2 d	—
Sulina	Id.	Id.	Id	12/9	7/6	—
Kustendje, Varna et ports adjacents	Id.	Id.	Id.	10/—	8/—	—
Alexandrie	R. U. direct.	Graine de coton.	P. tonne poids	13/—	7/—	8/—
Sardaigne	Anvers.	Minerai.	Id.	17 fr.	12 1/2 fr	13 francs
Méditerranée,	Etats-Unis.	Fruits. etc.	P. tonne net register.	24/6	20/—	21/— à 22/—
Huelva	Id.	Minerai.	P. tonne poids.	15/6	9/—	11/6

FRETS A LA SORTIE EN 1899.

Destination.	Provenance.	Cargaison.
Cape Town	Wales.	Charbons.
Singapore	Id.	Id.
Colombo	Id	Id.
Bombay	Id	Id.
Id.	Côte Orientale R. U.	Id.
Constantinople	Id.	Id.
Id.	Wales.	Id.
Port Saïd	Id.	Id.
Alexandrie	Côte Orientale.	Id.
Id.	Wales.	Id.
Venise	Côte Orientale.	Id.
Id.	Wales.	Id.
Gênes	Id.	Id.
Id.	Côte Orientale.	Id.
Cap Vert	Wales.	Id.
Cronstadt	Côte Orientale.	Id.
Rio	Wales.	Id.
La Plata.	Id.	Id.
Id.	Côte Orientale.	Id.

Échelle.	Taux le plus haut	Taux le plus bas	Taux au 31 décembre 1899.
Par tonne.	30/—	16/—	22/6
Id.	17/—	12/6	16/—
Id.	19/—	12/—	15/—
Id.	17/—	11/—	
Id.	15/6	11/—	
Id.	11/—	7/6	9/6
Id.	11/—	8/—	10/—
Id.	13/6	7/9	11,3
Id.	12/6	7/6	9,6
Id.	13/6	8/3	11,3
Id.	13/—	8/9	10 6
Id.	13/6	9/—	10 3
Id.	11/—	7/6	8 9
Id.	11/3	7/3	8/9
Id.	11/6	6/9	8/6
Id.	8/—	4/9	
Id.	16/—	11/—	11/6
Id.	14/3	9/—	9/6
Id.	13/—	8/6	—

MARINE MARCHANDE.

La marine nationale au port d'Anvers, au 31 décembre 1898 comptait 61 navires dont 1 voilier et 60 steamers, jaugeant ensemble . . . . 92,871 tonneaux

Nationalisations en 1899 : 15 steamers. . 26,359 »

» » : 1 voilier . . 1,249 »

120,479 »

Nous avons perdu :

1 steamer par changement de pavillon . 3,011 »

2 steamers par évènement de mer . . 2,230 »

2 steamers par suite de vente. . . . 1,882 »

7,123 »

Au 31 décembre 1899, la marine marchande du port d'Anvers se compose de 72 navires dont 2 à voiles et 70 à vapeur jaugeant ensemble . . . . 113.356 tonneaux

NAVIGATION INTERNATIONALE.

Arrivages dans les principaux ports de l'Europe.

Ports.	1870.	1880.	1890.	1897.	1898.	1899.
Amsterdam Tx.	405,109	1,076,887	1,484,250	1,585,351	1,537,365	2,475,032
Anvers. »	1,362,606	3,063,825	4,506,277	6,208,215	6,452,043	6,872,848
Bordeaux . »	514,437	1,012,880	1,091,097	921,811	1,022,402	975,102
Brême. »	660,089	1,169,466	1,733,809	2,258,088	2,464,800	2,406,748
Dunkerque »	411,721	765,968	1,256,518	1,168,386	1,448,518	1,365,826
Gênes (1) . »	1,392,301	1,495,260	2,612,841	3,596,926	3,632,143	—
Hambourg »	1,389,789	2,716,806	5,202,825	6,708,070	7,354,112	7,768,000
Havre . . »	1,206,292	1,969,857	2,159,213	2,220,561	2,292,041	2,175,691
Londres . »	4,089,366	5,970,341	7,708,705	9,110,925	9,437,764	9,437,950
Liverpool . »	3,416,933	4,913,324	5,782,351	5,845,784	6,170,450	6,152,187
Marseille . »	1,523,187	2,080,710	2,647,962	3,715,751	4,291,664	4,699,168
Rotterdam »	1,026,348	1,681,650	2,918,425	5,429,417	5,751,393	6,143,833
Trieste. . »	960,103	1,111,931	1,471,464	1,934,384	—	—

(1) Cabotage compris en 1870.

PORT D'ANVERS.

Arrivages de steamers de mer au port d'Anvers depuis 1860.

Nombre de	1860.	1870.	1880.	1890.	1897.	1898.	1899.
Voyages	410	1,745	3,158	3,879	4,642	4,721	4,943
Tonneaux	139,610	722.865	2,500,562	4,257,027	5,970,837	6,144,810	6,556,770

Arrivages par mer.	1898.		1899.	
	Navires.	Tonneaux.	Navires.	Tonneaux.
Pour Bruxelles	143	26762	180	33894
» Louvain	3	256	—	—
» Termonde	2	200	1	120
	148	27218	181	34014
Arrivés à Anvers	5358	6452043	5613	6872848
Restés à Anvers	5210	6424825	5432	6838834

NAVIGATION INTÉRIEURE.

Etat des bateaux d'intérieur arrivés au port d'Anvers pendant l'année 1899.

Provenance.	Quais de l'Escaut.		Bassin de batelage du Sud.		Bassins maritimes :						Bassin de batelage du Looibroek.		Totaux.	
					par l'écluse des anciens bassins.		par l'écluse du Kattendijk		par l'écluse du canal de la Campine					
	Nomb.	Ton.	Nomb.	Ton.	Nomb.	Ton.	Nomb.	Ton.	Nomb.	Ton.	Nomb.	Ton.	Nomb.	Ton.
Intérieur	4391	601817	10434	753279	8660	1171754	435	50407	2717	584021	1108	150613	27745	3291891
France	10	2364	27	8080	114	70203	—	—	65	19209	—	—	216	100361
Allemagne	351	247993	307	154972	890	664679	—	6808	27	8254	9	2135	1592	1084841
Hollande	594	136935	1936	109737	961	139022	23	7255	67	17557	—	—	3581	410506
Totaux	5346	989609	12704	1026068	10625	2045663	466	64470	2876	609041	1117	152748	33134	4887599

Pendant l'année 1899, 5,767 bateaux d'intérieur, jaugeant ensemble 746,099 tonneaux, sont entrés dans les bassins par les deux écluses maritimes, en destination du canal de la Campine.

Etat des bateaux d'intérieur sortis du port d'Anvers pendant l'année 1899.

Destination.	Quais de l'Escaut.		Bassin de batelage du Sud.		Bassins maritimes :						Bassin de batelage du Looibroek.		Totaux.	
					par l'écluse des anciens bassins.		par l'écluse du Kattendijk		par l'écluse du canal de la Campine					
	Nomb.	Ton.	Nomb.	Ton.	Nomb.	Ton.	Nomb.	Ton.	Nomb.	Ton.	Nomb.	Ton.	Nomb.	Ton.
Intérieur	4545	553721	9534	693853	9290	1273765	508	58762	2667	587631	891	121930	27435	3291662
France	25	7512	18	5539	143	40560	—	—	1	285	—	—	187	53896
Allemagne	348	175420	238	128098	1451	933220	50	57954	6	1774	—	—	2093	1287466
Hollande	778	150112	1670	90650	1349	211372	24	7850	106	17762	—	—	3927	487746
Totaux	5696	855765	11460	912140	12233	2458917	582	124566	2780	607452	891	121930	33642	5110770

Pendant l'année 3719 bateaux d'intérieur, jaugeant ensemble 509,903 tonneaux, sont sortis par les deux écluses maritimes, venant du canal de la Campine, en destination de l'amont ou de l'aval d'Anvers.

CHEMINS DE FER.

Le tableau détaillé des chemins de fer à la fin de l'année 1897 comportait un total de 732,255 kilomètres ainsi répartis : Europe 263,145, Amérique 389,384, Asie 49,764, Afrique 15,948, Australasie 23,014.

L'extension moyenne du réseau féré, de 1893 à 1897, a été en Europe de 6100 kilomètres par an, aux Etats-Unis de 2,600 et dans le monde entier, de 15,000 kilomètres. En Asie, la Sibérie et l'Inde anglaise ont fourni annuellement env. 2,000 kilomètres.

Le tableau ci-après montre le développement du réseau des chemins de fer belges.

Belgique.	1835.	1840.	1850.	1860.	1870.	1880.	1890.	1898.
Etat . . . Kilom.	20	334	625	749	869	2662	3209	4013
Compagnies. »	—	32	273	981	2028	1341	1261	617
Totaux . . Kilom.	20	366	898	1730	2897	4003	4470	4630

De plus le dernier relevé des chemins de fer vicinaux belges donne une longueur de 1743 kilomètres exploités et 622 en construction.

SERVICE DE L'ÉTAT BELGE.

Mouvement des gares réunies d'Anvers-Bassins (Entrepôt, transit et local) pendant l'année 1899.

MARCHANDISES.

Tonnage total { Expédié 2,259,553 t. { Ensemble 4,455,785 tonnes
Reçu 2,195,232 » { Contre 4,278,648 tonnes en 1898.

MOUVEMENT DES WAGONS.

Gares maritimes et locales.

Arrivés chargés 391,297 (Ensemble 579,725 wagons — Total
» vides 188,428 (Contre 560,804 » en 1898. — général
Expédiés chargés 446,984 (Ensemble 579,547 wagons — 1,752,219
» vides 132,563 (Contre 560,572 » en 1898. — wagons
— en 1899
Échange de et vers Anvers-Nord, gares locales et formation. — contre
Chargés 443,927 (Ensemble 592,947 wagons — 1,683,069
Vides 149,020 (Contre 561,693 » en 1898. — en 1898.

Mouvement des gares d'Anvers-Sud pendant l'exercice 1899.

MARCHANDISES.

Tonnage total (Expédié 668,204 tonnes. (Ensemble 2,000,075 tonnes
(Reçu 1,331,871 » (Contre 1,823,691 » en 1898.

MOUVEMENT DES WAGONS.

Arrivés chargés. . . . . 162,570 (Ensemble . 177,134 wagons
» vides . . . . . 14,564 (Contre . . 171,810 » en 1898.
Expédiés chargés . . . . 105,996 (Ensemble . 177,942 wagons
» vides . . . . . 71,946 (Contre . . 171,729 » en 1898

SUPPLÉMENT.

TABACS.

(Droits d'entrée : fr. 55 ; d'accise : fr. 15, par 100 kilog.)

La situation alarmante faite à l'article tabac par la loi néfaste du 18 avril 1896, contre laquelle nous ne saurions nous exprimer assez sévèrement, s'est considérablement aggravée pendant l'exercice écoulé.

Les plaintes sont générales à cause de l'exonération d'impôt accordée à la culture familiale, dont les conséquences deviennent désastreuses.

La fraude en tabac exotique, qui paralysait les affaires sous l'ancien régime, s'est transformée sous le nouveau, causant plus de tort que jamais tant au commerce qu'à l'industrie.

Il y a lieu d'appeler l'attention du Gouvernement sur la grande nécessité de changer ce régime inique qui laisse la porte ouverte aux plus grands abus et finira par ruiner nombre de fabricants.

Mouvement du marché d'Anvers en tabacs en boucauts.

1899.		Kentucky.	Virginie.	Maryland et Ohio.	Totaux.
Provisions au 1ᵉʳ janvier . . .	Boucauts.	1968	436	192	2596
Importations en 1899	»	6320	678	820	7818
Totaux	Boucauts.	8288	1114	1012	10414
Ventes en 1899	»	6761	655	895	8311
Stock fin décembre.	Boucauts.	1527	459	117	2103

Le stock visible dans nos entrepôts comporte en tout es mains 7529 boucauts.

Tabacs en boucauts. — L'exercice que nous venons de cloturer n'a guère donné le résultat satisfaisant que nous étions en droit d'en attendre à cause des prix ascendants et de la fermeté continuelle de l'article.

Les transactions ont atteint un chiffre respectable mais nullement en rapport avec le progrès de la consommation réelle de notre pays.

Burley. — Il est étonnant comment cette sorte qu'on aurait prétendue jadis indispensable est restée négligée par la fabrique. Nombre de fabricants l'ont complètement remplacée et n'y reviendront probablement pas aussi longtemps que les hauts prix actuels se maintiendront.

Tabac à cigares. — Grâce à l'augmentation constante de la consommation des cigares, cette branche de notre commerce est dans une situation hautement préférable à celle des tabacs pour la coupe. Il est surtout désirable que notre négoce s'intéresse davantage à ces différents genres.

Quant à l'industrie cigarière elle est, certes très-lésée par la concurrence déloyale qui lui est faite par la fraude ; toutefois elle trouve une compensation dans la masse des consommateurs qui abandonne la pipe pour fumer des cigares et des cigarettes.

Mexique. — Notre commerce a continué dans la voie où il s'est engagé il y a quelques années.

Des ventes importantes ont eu lieu principalement pour l'exportation et nous cloturons l'année avec un stock de 2568 balles.

Les prix semblent vouloir fléchir, ce qui contribuera énormément à un plus grand emploi dans la fabrique.

Manille et Havane. — Les événements des dernières années dans chacune des deux îles ayant mis obstacle à la culture, les affaires en ont ressenti le contrecoup et ont été arrêtées forcément.

Notre stock réduit ne contenait guère de choix et l'importation à été quasi impossible durant tout l'exercice.

Les prix ont été continuellement très fermes.

Seedleaf. — Les importations furent plus difficiles que les précédentes années à cause de l'augmentation considérable de la consommation de cette feuille aux Etats-Unis mêmes. Les transactions furent également moins suivies et nous cloturons l'année avec un stock réduit ne s'élevant qu'à 2397 caisses.

Les prix se sont regulièrement maintenus.

STATISTIQUE.

MOUVEMENT MARITIME.

ARRIVAGES AU PORT D'ANVERS.

Par catégories de navires.

Années.	Voiliers.	Tonnage.	Steamers.	Tonnage.	Totaux. Navires.	Totaux. Tonnage.	Tonnage moyen.
1850	1,124	104,840	282	55,319	1,406	239,165	168
1860	2,137	406,834	410	139,610	2,547	546,444	213
1870	2,222	689,741	1.745	722,865	3,967	1,362,606	330
1874	1,826	539.594	2,617	1,517,928	4,443	2,057,522	470
1875	1,532	496,887	2,717	1,649,910	4,249	2,146,797	505
1876	1,394	511,516	3,016	1,969,255	4,410	2,480,771	555
1877	1,311	510,539	2,925	1,939,298	4,236	2,449,837	574
1878	1,223	555,742	3,045	2,165,895	4,268	2,721,637	606
1879	1,175	620,218	2,892	2,287,498	4,067	2,907,716	715
1880	1,317	563,263	3,158	2,500,562	4,475	3,063,825	684
1881	959	477,901	2,963	2,398,478	3,922	2,876,379	735
1882	964	464,882	3,292	2,936,662	4,256	3,401,544	801
1883	663	350,904	3,700	3,437,191	4,363	3,788,095	868
1884	454	438,274	3,874	3,032,599	4,328	3,470,873	802
1885	534	355,084	3,886	3,067,088	4,420	3,422,172	775
1886	612	334,398	3,559	3,096,892	4,171	3,431,290	858
1887	1,034	624,373	3,369	3,071,081	4,403	3,695,454	839
1888	983	379,024	3,503	3,541,686	4,486	3,920,710	876
1889	949	356,041	3,608	3,756,715	4,557	4.112,756	903
1890	849	249,250	3,879	4,257,027	4,728	4,506,277	953
1891	800	361,429	3,773	4,398,988	4,573	4,760,417	1045
1892	648	205,611	3,756	4,252.232	4,404	4,457,843	1012
1893	609	180,709	3,872	4,440,081	4,481	4,620,790	1031
1894	660	284,925	4,061	4,717.779	4,721	5,002,704	1080
1895	574	236,720	4,136	5,085,542	4,710	5,322,262	1130
1896	507	178,540	4,480	5,607,122	4,987	5,785,662	1141
1897	604	237,378	4,642	5,970,837	5,246	6,208,215	1184
1898	637	307,233	4,721	6,144,810	5,358	6,482,043	1204
1899	670	316,078	4,943	6,556,770	5,613	6,872,848	1224

Par pavillon.

Pavillon.	1880.		1890.		1898.		1899.	
	Navires	Tonnage.	Navires.	Tonnage.	Navires.	Tonnage.	Navires.	Tonnage
Allemand. .	439	275,856	684	777,606	876	1,365,618	891	1,432,068
Américains .	33	46,040	11	17,802	2	374	2	5,534
Anglais . .	2,292	1,718,779	2,624	2,565,755	2,874	3,486,235	3,013	3,689,427
Autrichien .	8	3,450	4	3,596	19	31,702	25	43,705
Belge . . .	288	338,491	298	483,689	369	472,763	360	489,293
Danois . .	267	116,408	163	142,735	168	147,043	179	157,821
Espagnol . .	98	53,598	54	50,074	42	41,951	60	72,178
Français . .	184	82,294	159	137,871	174	182,721	127	118,753
Grec . . .	4	4,591	27	41,359	14	26,383	22	40,678
Hollandais .	111	38,650	49	30,766	161	174,640	170	183,295
Italien . . .	72	41,056	5	26,273	21	21,409	28	37,386
Japonais . .	—	—	—	—	35	142,258	40	163,433
Norvégien .	340	141,824	256	111,600	225	172,194	251	181,388
Portugais . .	20	8,906	11	5,181	3	7,061	14	28,502
Russe. . .	73	29,105	33	18,027	51	42,324	68	66,148
Suédois . .	252	109,527	152	79,809	166	97,195	182	129,225

Par provenance.

Provenance.	1880.			1890.			1898.			1899.		
	Belges.	Etrangers.	Totaux.	Belges.	Etrangers.	Totaux.	Belges.	Etrangers.	Totaux.	Belges	Etrangers.	Totaux.
Afrique . .	7	27	34	5	27	32	12	4	16	15	3	18
Amér. du nord	92	419	511	111	126	237	53	319	372	54	294	348
Angleterre .	72	1,331	1,403	37	1,656	1,693	90	1,911	2,001	92	2,134	2,226
Australie.. .	0	0	0	0	44	44	0	46	46	0	69	69
Brésil . . .	10	72	82	2	25	27	0	43	43	0	35	35
Chine . . .	0	0	0	0	12	12	0	20	20	0	12	12
Espagne . .	49	203	252	41	198	239	53	329	372	59	321	380
France . .	27	151	178	25	173	198	51	185	236	44	114	158
Hollande . .	0	370	370	6	55	61	19	123	146	15	116	131
Indes orientles	0	43	43	0	97	97	0	96	96	0	100	100
Indes occidles	0	21	21	0	16	16	0	0	0	0	3	3
Japon . . .	0	0	0	0	1	1	0	12	12	0	22	22
Méditerranée.	4	104	108	20	132	152	33	146	179	39	177	216
Mer Pacifique	0	49	49	0	70	70	0	85	85	0	94	94
Mexique . .	0	5	5	0	0	0	0	7	7	0	9	9
Nord . . .	14	997	1,011	21	1,005	1,026	28	1,001	1,029	23	1,044	1,067
Rio de la Plata	5	133	138	20	215	235	2	203	205	0	284	284
Turq. Mer N.	6	152	158	5	362	367	18	273	291	15	207	222
Haut de la riv.	0	69	69	1	21	22	1	0	1	2	21	23
En relâche .	0	5	5	1	1	2	0	0	0	0	2	2
Navires lancés	2	0	2	0	2	2	0	0	0	0	0	0

Tonnage.	1896.	1897.	1898.	1899.
De 250 tonneaux et au-dessous . .	321	311	326	339
» 251 » à 500 tonneaux .	699	652	658	621
» 501 » » 1000 » . .	1,953	2,028	2,081	2,235
» 1001 » » 1500 » . .	607	671	605	566
» 1501 » » 2000 » . .	570	541	543	573
» 2001 » et au-dessus. . .	801	903	985	1,085

NAVIRES ENTRÉS DANS LES PORTS BELGES.

Années.	Anvers.	Ostende.	Gand.	Nieuport.	Totaux.	Tonnage.
1850	1406	489	174	96	2165	314.797
1860	2547	831	354	48	3780	667,287
1870	3967	1266	395	30	5658	1,575,293
1875	4249	1368	434	15	6066	2.440,681
1880	4475	1486	657	49	6667	3,571,182
1883	4363	1343	731	14	6451	4,313,754
1884	4328	1282	807	48	6465	4,972,987
1885	4420	1237	805	50	6512	4.072,048
1886	4171	1240	740	65	6216	4,094,026
1887	4403	1490	828	50	6771	4,574,421
1888	4486	1585	807	56	6934	4,916,375
1889	4557	1524	883	52	7016	5,165,615
1890	4728	1618	976	73	7395	5,774,672
1891	4573	1689	1063	78	7403	6,126,920
1892	4404	1597	1004	61	7066	5.771.210
1893	4481	1541	963	37	7022	5,999.739
1894	4721	1595	923	35	7274	6,513,798
1895	4710	1605	896	41	7252	6,859,736
1896	4987	1800	984	44	7815	7,483,356
1897	5246	2061	1027	54	8388	7,973,381
1898	5358	2007	1028	70	8463	8,326,484
1899	5613	2100	986	89	8783	8.702,290

NAVIRES SORTIS DU PORT D'ANVERS.

Pavillon.	1880.		1890.		1898		1899.	
	Chargés.	Sur lest.	Chargés.	Sur lest.	Chargés.	Sur lest.	Chargés.	Sur lest.
Allemand . .	301	153	612	68	824	55	828	64
Américains .	23	11	9	3	0	2	1	1
Anglais . .	1570	721	1933	707	2207	681	2179	790
Autrichien .	6	1	3	1	13	8	10	17
Belge . . .	255	38	271	28	344	30	292	58
Danois . .	141	138	123	49	141	33	152	24
Espagnol . .	93	4	53	2	35	7	29	32
Français . .	130	51	153	10	152	23	105	24
Grec . . .	2	2	3	24	2	15	1	19
Hollandais .	100	24	47	4	124	37	123	43
Italien . . .	22	42	11	15	15	10	8	17
Japonais . .	0	0	0	0	28	7	31	7
Norvégien .	108	244	106	145	140	92	149	87
Portugais . .	19	2	11	0	2	0	14	1
Russe . . .	9	69	25	8	43	8	46	16
Suédois . .	102	166	115	34	152	17	145	32

Destination.	1850.			1880.			1890.			1899.		
	Belges.	Etrangers.	Totaux.	Belges.	Etrangers.	Totaux.	Belges.	Etrangers.	Totaux.	Belges.	Etrangers.	Totaux.
Voiliers.												
Amérique du Nord												
New-York	9	36	45	0	120	120	5	16	21	0	10	10
Boston	0	1	1	0	2	2	0	0	0	0	0	0
Philadelphie	0	0	0	3	24	27	0	2	2	0	1	1
Baltimore	0	0	0	0	12	12	0	0	0	0	1	1
New-Orléans	1	3	4	0	1	1	0	0	0	0	0	0
Montréal et Québec	0	0	0	0	16	16	0	6	6	0	0	0
Vera-Cruz et Laguna	6	0	6	1	6	7	0	0	0	0	0	0
Autres ports	8	0	8	0	54	54	2	21	23	0	41	41
Indes Occidentales.												
La Havane et Matanzas	20	8	28	0	31	31	0	0	0	0	0	0
St-Domingue	2	0	2	0	0	0	0	0	0	0	0	0
Autres ports	0	0	0	0	4	4	0	1	1	0	1	1
Amérique du Sud.												
Rio-de-Janeiro	13	3	16	1	14	15	0	6	6	0	5	5
Bahia et Fernambouc	3	3	6	1	2	3	0	1	1	0	0	0
Santos	0	0	0	0	0	0	0	0	0	0	3	3
Paranagua	0	0	0	0	0	0	0	0	0	0	1	1
Rio Grande-do-Sul	0	0	0	0	15	15	0	0	0	0	0	0
B.-Aires et Montevideo	0	7	7	0	6	6	0	13	13	0	2	2
Valparaiso et Callao	7	6	13	1	3	4	0	10	10	0	3	3
Autres ports	0	0	0	0	7	7	0	10	10	0	7	7
Afrique.												
Mogador et Gorée	4	2	6	1	2	3	0	0	0	0	0	0
Congo	0	0	0	0	0	0	0	0	0	0	0	0
Autres ports	0	0	0	0	0	0	0	0	0	0	11	11
Indes Orientales.												
Calcutta	0	0	0	0	0	0	0	0	0	0	0	0
Bombay	0	1	1	0	0	0	0	0	0	0	0	0
Akyab	6	2	8	0	0	0	0	0	0	0	0	0
Autres ports	0	0	0	0	0	0	0	0	0	0	1	1
Singapore	6	0	6	0	0	0	0	0	0	0	0	0
Chine.												
Hong-Kong	0	0	0	0	4	4	0	0	0	0	0	0
Shanghaï	0	0	0	0	6	6	0	0	0	0	0	0
Autres ports	0	0	0	1	21	22	0	0	0	0	0	0
Japon.												
Yokohama & Hiogo	0	0	0	0	0	0	0	0	0	0	0	0
Autres ports	0	0	0	0	0	0	0	0	0	0	0	0
Australie.												
Sidney	0	0	0	0	0	0	0	1	1	0	4	4
Melbourne	0	0	0	0	0	0	0	1	1	0	3	3
Autres ports	0	1	1	0	2	2	0	0	0	0	0	0
Méditerranée, Mer Noire.												
Constantinople et Odessa	2	25	27	0	2	2	0	0	0	0	0	0
Galatz et Ibraïl				0	0	0	0	0	0	0	0	0
Malte et Alexandrie	6	2	8	0	5	5	0	0	0	0	0	0
Smyrne et Athènes	2	2	4	0	0	0	0	0	0	0	0	0
Gênes et Livourne	5	10	15	0	1	1	0	3	3	0	1	1
Naples et Sicile	7	6	13	0	8	8	0	0	0	0	0	0
Trieste	0	11	11	0	3	3	0	0	0	0	0	0
Venise	1	0	1	0	0	0	0	0	0	0	0	0

Destination.	1850.			1880.			1890.			1899.		
	Belges.	Étrangers.	Totaux.	Belges.	Étrangers.	Totaux.	Belges.	Étrangers.	Totaux.	Belges.	Étrangers.	Totaux.
Voiliers.												
Gibraltar	0	0	0	0	0	0	0	0	0	0	0	0
Autres ports	0	1	1	0	0	0	0	12	12	0	4	4
Espagne.	6	24	30	2	37	39	0	5	5	0	1	1
Portugal.	10	3	13	0	3	3	0	0	0	0	0	0
France.												
Havre et Rouen	0	46	46	0	1	1	0	0	0	0	0	0
Marseille	14	3	17	0	0	0	0	0	0	0	0	0
Bordeaux	0	0	0	0	7	7	0	0	0	0	0	0
Autres ports	4	20	24	0	29	29	0	23	23	0	14	14
Suède et Norvége	14	45	59	0	299	299	0	102	102	0	24	24
Danemark	0	7	7	0	44	44	0	28	28	0	7	7
Mer du Nord.												
Hambourg				0	8	8	0	14	14	0	3	3
Brême	0	78	78	0	2	2	0	1	1	0	2	2
Emden et Leer				0	0	0	0	0	0	0	0	0
Rostock	0	0	0	0	2	2	0	1	1	0	0	0
Autres ports	0	0	0	0	7	7	0	3	3	0	0	0
Baltique.												
Ports prussiens	1	84	85	0	66	66	0	19	19	0	3	3
Riga				0	22	22	0	3	3	0	1	1
Cronstadt et Pétersbourg	1	45	46	0	21	21	0	1	1	0	2	2
Autres ports	0	0	0	0	67	67	0	9	9	0	4	4
Mer Blanche.												
Archangel	0	2	2	0	7	7	0	1	1	0	0	0
Hollande (par mer)	0	14	14	0	17	17	0	5	5	0	1	1
Grande Bretagne.												
Londres	3	148	151	0	82	82	0	182	182	0	66	66
Liverpool	22	32	54	0	26	26	0	13	13	0	9	9
Newcastle	1	37	38	0	37	37	0	45	45	0	21	21
Hull et Goole				0	21	21	0	2	2	0	0	0
Leith				0	32	32	0	0	0	0	1	1
Cardiff				0	32	32	0	21	21	0	26	26
Grangemouth				0	9	9	0	3	3	0	0	0
Middlesbro	7	121	128	0	14	14	0	0	0	0	1	1
Shields				0	29	29	0	3	3	0	4	4
Stockton				0	1	1	0	0	0	0	0	0
Swansea				0	14	14	0	10	10	0	9	9
Sunderland				0	48	48	0	16	16	0	18	18
Autres ports				0	257	257	0	133	133	0	169	169
A l'aventure	5	125	130	0	85	85	0	1	1	0	0	0
Steamers.												
Amérique du Nord.												
New-York	0	0	0	75	10	85	72	18	90	29	74	103
Baltimore	0	0	0	0	0	0	1	10	11	1	15	16
Philadelphie	0	0	0	13	2	15	20	1	21	16	18	34
Boston	0	0	0	0	0	0	7	17	24	0	24	24
New-Orleans	0	0	0	0	0	0	0	27	27	0	18	18
Halifax	0	0	0	0	0	0	0	3	3	0	0	0
Québec et Montréal	0	0	0	0	0	0	0	13	13	0	35	35
Autres ports	0	0	0	0	0	0	1	9	10	6	37	43

Destination	1850.			1880.			1890.			1899.		
	Belges.	Etrangers.	Totaux.	Belges.	Etrangers.	Totaux.	Belges.	Etrangers.	Totaux.	Belges.	Etrangers.	Totaux.
Steamers												
Amérique du Sud.												
Colombie	0	0	0	0	0	0	0	0	0	0	0	0
Brésil, ports du Nord .	0	0	0	4	17	21	0	16	16	0	28	28
Rio-Janeiro et p. du Sud							9	33	42	0	26	26
Montevideo et B.-Aires.	0	0	0	10	48	58	0	90	90	0	98	98
Valparaiso et Callao. .	0	0	0	0	16	16	0	51	51	0	27	27
Autres ports	0	0	0	0	0	0	0	5	5	1	31	32
Afrique.												
Côte Occidentale . .	0	0	0	0	0	0	1	16	17	20	11	33
Cap de Bonne-Espérance	0	0	0	0	0	0	0	14	14	0	16	15
Côte Orientale . . .	0	0	0	0	0	0	0	0	0	2	13	15
Indes Orientales.												
Bombay	0	0	0	0	0	0	0	24	24	0	20	20
Calcutta	0	0	0	0	0	0	0	3	3	0	23	23
Singapore et Penang. .	0	0	0	1	4	5	0	5	5	0	2	2
Saïgon et Manille. . .	0	0	0	0	0	0	0	1	1	0	0	0
Chine.	0	0	0	0	0	0	0	31	31	0	31	31
Japon	0	0	0	0	0	0	0	7	7	0	49	49
Australie	0	0	0	0	0	0	0	29	29	0	43	43
Méditerranée, Mer Noire.												
Constantinople et Odessa	0	0	0	9	9	18	0	15	15	1	17	18
Galatz et Ibraïl . . .	0	0	0	0	3	3	0	20	20	1	20	21
Smyrne	0	0	0	0	0	0	0	0	0	0	3	3
Alexandrie.	0	0	0	0	0	0	1	11	12	13	13	26
Ports italiens	0	0	0	4	17	21	5	18	23	10	31	41
Autres ports	0	0	0	0	0	0	4	87	91	21	114	135
Espagne.	0	0	0	49	58	107	63	76	139	52	130	182
Portugal	0	0	0	2	29	31	0	59	59	0	55	55
France.												
Dunkerque	0	0	0	0	0	0	1	7	8	0	10	10
Havre	0	0	0	0	67	67	0	84	84	0	38	38
Bordeaux	0	0	0	13	18	31	6	7	13	5	15	20
Autres ports	0	0	0	0	4	4	21	51	72	50	43	93
Suède et Norvége.												
Stockholm	0	0	0	0	14	14	0	25	25	1	24	25
Christiania	0	0	0	0	29	29	0	53	53	1	69	70
Gothenbourg	0	0	0	0	55	55	0	65	65	1	69	70
Autres ports	0	0	0	0	4	4	0	39	39	0	57	57
Danemark	0	0	0	0	8	8	0	41	41	2	76	78
Mer du Nord.												
Hambourg	0	0	0	1	74	75	1	147	148	1	102	103
Brême.	0	0	0	0	20	20	0	83	83	0	86	86
Autres ports	0	0	0	0	0	0	0	0	0	0	0	0
Mer Baltique.												
Stettin	0	0	0	0	3	3	0	49	49	0	39	39
Danzig.	0	0	0	0	17	17	0	19	19	2	24	26
Kœnigsberg	0	0	0	0	16	16	6	11	17	0	7	7
Autres ports prussiens .	0	0	0	1	1	2	0	0	0	3	18	21
Riga	0	0	0	0	30	30	0	26	26	3	24	27
Cronstadt et Pétersbourg	0	0	0	8	10	18	0	12	12	2	22	24
Libau	0	0	0	0	12	12	0	29	29	1	5	6
Autres ports russes .	0	0	0	0	2	2	0	19	19	1	30	31

Destination.	1850.			1880.			1890.			1899.		
	Belges.	Etrangers.	Totaux.	Belges.	Etrangers.	Totaux.	Belges.	Etrangers.	Totaux.	Belges.	Etrangers.	Totaux.
Steamers.												
Hollande (par mer)	0	0	0	0	17	17	1	19	20	7	32	39
Grande Bretagne.												
Londres	35	92	127	60	325	385	3	345	348	4	588	592
Hull	0	125	125	0	116	116	0	115	115	7	112	119
Goole				0	51	51	0	99	99	5	161	166
Liverpool	0	0	0	1	102	103	1	106	107	4	89	93
Middlesbro	0	0	0	0	97	97	37	47	84	15	69	84
Grimsby	0	0	0	0	100	100	0	117	117	0	170	170
Newcastle	0	0	0	0	122	122	0	205	205	9	260	269
Harwich	0	0	0	0	189	189	0	325	325	0	309	309
Leith	0	0	0	0	61	61	0	101	101	0	124	124
Sunderland	0	0	0	0	11	11	0	19	19	1	39	40
Westhartlepool	0	0	0	0	2	2	0	6	6	0	4	4
Southampton	0	0	0	0	0	0	0	3	3	0	1	1
Cardiff	0	0	0	3	54	57	0	338	338	5	298	303
Dublin, Belfast, Glasgow	0	0	0	0	65	65	0	70	70	0	99	99
Shields	0	0	0	0	14	14	0	35	35	0	33	33
Bristol	0	0	0	0	21	21	1	8	9	0	33	33
Autres ports	0	0	0	2	414	416	4	205	209	48	361	409
Divers	0	0	0	3	41	44	0	59	59	4	23	27
A l'aventure.	0	0	0	0	3	3	0	2	2	0	0	0

ÉMIGRATION DIRECTE PAR LE PORT D'ANVERS.

Années.	Emigrants.	Années.	Emigrants.	Années.	Emigrants.	Années.	Emigrants.
1880	10990	1885	24057	1890	36653	1895	18977
1881	38276	1886	22049	1891	48788	1896	23407
1882	35125	1887	33793	1892	43532	1897	14960
1883	32644	1888	36098	1893	38067	1898	15983
1884	26800	1889	39298	1894	13901	1899	25886

COMMERCE DE LA BELGIQUE.

Années.	Commerce général.		Commerce spécial.		Transit.
	Importation.	Exportation.	Importation.	Exportation.	
1850 Fr.	423,117,463	411,291,704	221,923,242	210,032,528	201,259,176
1860 »	923,820,270	879,558,777	516,686,594	470,258,317	409,300,460
1870 »	1,760,178,229	1,521,810,910	920,762,452	690,139,308	831,671,602
1880 »	2,710,394,101	2,225,157,905	1,680,891,839	1,216,741,436	1,008,416,469
1887 »	2,906,654,270	2,715,200,488	1,431,032,845	1,240,624,573	1,474,665,915
1888 »	3,087,246,487	2,800,025,228	1,534,367,168	1,243,700,222	1,556,325,006
1889 »	3,106,843,078	3,013,026,216	1,556,378,004	1,458,525,966	1,554,500,250
1890 »	3,189,160,016	2,948,151,841	1,672,115,211	1,437,023,833	1,511,128,008
1891 »	3,119,623,567	2,847,005,898	1,799,814,822	1,519,033,297	1,327,972,601
1892 »	2,817,674,833	2,644,323,337	1,536,454,354	1,369,430,611	1,274,883,726
1893 »	2,810,709,742	2,590,261,736	1,575,138,957	1,355,945,020	1,234,316,716
1894 »	2,703,080,783	2,424,560,429	1,574,569,243	1,303,686,468	1,120,873,961
1895 »	2,904,948,026	2,604,842,583	1,680,407,506	1,385,439,053	1,219,423,530
1896(1)»	3,037,371,700	2,720,302,115	1,776,731,549	1,467,943,771	1,252,358,344
1897 »	3,145,829,820	2,895,271,890	1,873,011,676	1,626,372,424	1,268,899,460
1898 »	3,279,047,704	3,019,882,489	2,044,726,645	1,787,009,487	1,232,875,002
1899 »	3,654,500,136	3,351,562,674	2,260,245,151	1,949,292,477	1,402,270,197

(1) Jusqu'en 1896, diamants non compris.

VALEURS TOTALES.

(Millions et milliers de francs.)

Années.	Importations. Commerce général.			Exportations. Commerce spécial.		
	Totaux,	Par terre et rivières.	Par mer.	Totaux	Par terre et rivières.	Par mer.
1860 . .	335,294	50,643	284,651	235,121	42,787	192,334
1870 . .	670,721	119,120	551,601	235.424	35,308	200,116
1880 . .	1,252,693	93,055	1,159,638	416,949	104,954	311,995
1890 . .	1,471,931	176,598	1,295,333	553,610	137,377	416,233
1897 . .	1,556,306	207,289	1,349,017	800,482	167,025	633,457
1898 . .	1,640,322	215,143	1,425,179	822,711	214,506	608,205

Transit général à la sortie.

Années.	Totaux.	Mode de transport à la sortie.		Mode de transit.	
		Par terre et rivières.	Par mer.	Transit direct.	Sorties d'entrepot.
1860	53,086	41,374	11,712	42,504	10,582
1870	156,167	78,468	77,699	122,246	33,921
1880	190,817	115,353	75,464	157,843	32,974
1890	384,945	189,509	195,336	343,677	41,268
1897	357,786	170,710	187,076	308,549	49,237
1898	332,269	169,970	162,299	298,613	33,650

QUANTITÉS DES PRINCIPALES MARCHANDISES.

(1000 kilogrammes.)

Années.	Importations. Commerce général.			Exportations. Commerce spécial.		
	Totaux.(1)	Par terre et rivières.	Par mer.	Totaux	Par terre et rivières.	Par mer.
1861 . . .	744,646	83,654	660,992	187,588	38,711	148,877
1870 . . .	1,503,813	125,998	1,182,815	481,105	136,701	344,405
1880 . . .	2,695,621	190,896	2,504,725	934,132	381,514	552,618
1890 . . .	3,801,753	364,200	3,437,553	1,501,328	535,831	1,055,497
1897 . . .	5,379,761	635,591	4,694,170	2,866,730	838,385	2,028,345
1898 . . .	5,709,419	846,938	4,862,481	3,382,571	1,026,589	2,355,982

Transit général à la sortie.

Années.	Totaux.	Mode de transport à la sortie.		Mode de transit.	
		Par terre et rivières.	Par mer.	Transit direct.	Sorties d'entrepot.
1861	89,848	83,165	6,683	51,352	38,496
1870	181,644	156,685	24,959	78,196	103,448
1880	150,757	110,001	40,756	116,217	34,540
1890	358,277	144,485	213,792	322,236	36,041
1897	562,074	270,500	291,574	502,804	59,270
1898	585,343	262,357	322,986	526,017	59,326

(1) Il résulte d'investigations soigneuses faites par la Chambre de Commerce d'Anvers que les quantités indiquées ici doivent être majorées de 11 à 12 %, pour représenter le poids de *toutes* les marchandises importées.

Principales importations au port d'Anvers en 1899.

Provenance.	Quantité ou valeur	Provenance.	Quantité ou valeur.

AMIDON ET FÉCULES NON ALIMENTAIRES.

Amidon.

Allemagne . . . Kilog.	145,177
Angleterre . . . »	29,639
Canada . . . . »	24,250
Etats-Unis d'Amérique »	5,124,462
France . . . . »	10,402
Autres pays . . . »	10,577
Total, en consommation »	5,344,467

Non dénommées.

Allemagne . . . Kilog.	127,518
Angleterre . . . »	5,529
Etats-Unis d'Amér. »	270,919
Pays-Bas . . . »	7,760
Autres pays . . . »	15,132
Total, en consommation »	413,569

ANIMAUX VIVANTS.

Espèce bovine.

Républ. Argentine Têtes.	472
Autres pays . . . »	16
Total, en consommation »	488
Environ . . . . Kilog.	250,000

Espèce ovine.

Républ. Argentine Têtes.	6,854
Autres pays. . . »	15
Total, en consommation »	6,869
Environ. . . Kilog.	280,000

Espèce porcine.

De tous pays en cons. Têtes	88

Chevaux.

Angleterre . . . Têtes	14,825
Etats-Unis d'Amérique »	3,932
République Argentine »	58
Russie . . . . »	239
Autres pays . . . »	2
Total, en consommation »	10,057
Environ. . . . Kilog.	8,000,000

Non dénommés.

Angleterre . . . Francs	133,948
Australie. . . . »	14,640
Congo . . . . »	100
France . . . . »	36,095
Inde anglaise . . »	5,000
République Argentine ».	10,150
Autres pays. . . »	9,438
Total, en consommation »	209,361

ARMES.

Allemagne . . . Francs	15,266
Angleterre . . »	212,403
Brésil. . . . . »	6,720
Congo . . . . »	3,090
Cuba et Portorico . »	5,000
Danemark . . . »	10,130
Etats-Unis d'Amérique »	47,889
France . . . . »	22,218
Suède et Norvége . »	12,610
Autres pays . . . »	9,965
Total, en consommation »	345,191

BEURRE ET MARGARINE.

Angleterre . . . Kilog.	11,624
Canada . . . . »	7,191
Danemark . . . »	3,418
Etats-Unis d'Amérique »	504,982
Pays-Bas. . . . »	8,887
Autres pays . . . »	4,640
Total . . . . . »	540,742
Dont en consommation »	25,390

BOIS DE CONSTRUCTION.

Chêne et noyer.

Allemagne . . M. cub.	1,644
Autriche-Hongrie . »	15,640
Congo . . . . »	3
France . . . . »	24,430
Gibraltar. . . . »	11,427
Italie . . . . »	352
Pays-Bas. . . . »	2,833
Russie . . . . »	1,512
Turquie . . . . »	352
Autres pays. . . »	964
Total . . . . . »	59,157
Dont en consommation »	59,113

Autres.

Allemagne . . M. cub.	7,228
Angleterre . . . »	1,284
Autriche-Hongrie . »	449
Canada . . . . »	741
Danemark . . . »	426
Etats-Unis d'Amérique »	71,962
France . . . . »	547
Pays-Bas. . . . »	7,725
Roumanie . . . »	312
Russie . . . . »	157,097
Suède et Norvége . »	186,090
Autres pays . . . »	399
Total . . . . »	435,160
Dont en consommation »	434,692

Provenance.	Quantité ou valeur.	Provenance.	Quantité ou valeur.
BOIS D'ÉBÉNISTERIE.		**CACAO.**	
		Brut.	
De tout pays . . Kilog.	3,961	Allemagne . . . Kilog.	341,014
Dont en consommation »	3.140	Angleterre . . . »	274,864
BOIS DIVERS.		Brésil. . . . . »	147,518
Perches		Chili . . . . . »	12,910
		Congo . . . . »	68
France . . . M. cub.	9,107	Espagne . . . . »	90,834
Pays-Bas . . . »	359	Equateur . . . »	9,134
Russie . . . . »	354	France . . . . »	846,392
Autres pays . . . »	160	Haïti. . . . . »	6,628
Total, en consommation »	9,980	Inde anglaise . . »	22,289
Autres.		Japon. . . . . »	6,014
		Mexique . . . . »	8,730
Angleterre . . . Francs	5,217	Pays-Bas. . . . »	121,311
Etats-Unis d'Amérique »	10,999	Portugal . . . . »	659,918
France . . . . »	80,619	Autres pays . . . »	7,261
Pays-Bas. . . . »	71,843	Total, en consommation »	2,551,894
Russie . . . . »	195,820	*Préparé.*	
Autres pays. . . »	8,283	Pays-Bas . . . Kilog.	89,569
Total, en consommation »	381,781	Autres pays . . . »	1,823
BOIS OUVRÉS.		Total, en consommation »	91,392
Allemagne . . . Francs	53.876	**CAFÉ.**	
Angleterre . . . »	25,601	*Non torréfié.*	
Danemark . . . »	20,327	Aden. . . . . Kilog.	3,533
Etats-Unis d'Amérique »	54,223	Algérie . . . . »	7,414
France . . . . »	18,039	Allemagne . . . »	1,880.725
Pays-Bas. . . . »	64,472	Angleterre . . . »	399,078
Suède et Norvége . »	11,123	Autriche-Hongrie . »	5,621
Autres pays . . »	8,409	Brésil. . . . . »	27,936,898
Total . . . . . »	256,100	Congo . . . . »	14,919
Dont en consommation »	255,993	Cuba et Portorico . »	30,573
BOISSONS FERMENTÉES.		Espagne . . . . »	42,899
Bières.		Etats-Unis d'Amérique »	333,719
		France . . . . »	9,044,400
Allemagne . . Hectol.	15,924	Guatémala . . . »	28,293
Angleterre . . . »	22,512	Haïti. . . . . »	193,761
Autriche-Hongrie . »	764	Inde néerlandaise . »	823,502
Luxembourg . . »	17,274	Italie. . . . . »	17,606
Pays-Bas . . . »	693	Pays-Bas . . . »	120,938
Autres pays . . . »	61	Portugal . . . . »	631,177
Total. . . . . »	57,230	Suède et Norvége . »	17,472
Dont en consommation »	57,146	Autres pays . . . »	4,532
Autres.		Total. . . . . »	41,539,960
De tous pays, en con-		Dont en consommation »	20,366,588
sommation . Hectol.	100	*Torréfié.*	
BOUGIES.		Pays-Bas. . . . Kilog.	15.492
Allemagne . . Kilog	5,009	Autres pays . . . »	2,908
Angleterre . . »	38,715	Total . . . . . »	18,400
Autres pays . . . »	3,840	Dont en consommation »	18,285
Total. . . . . »	47,564	**CAOUTCHOUC.**	
Dont en consommation »	47,509	*Brut.*	
		Allemagne . . . Kilog.	348,440

Provenance.	Quantité ou valeur.
Angleterre . . . Kilog.	155,338
Brésil . . . »	63,168
Chine . . . »	2,975
Colombie . . . »	5,489
Congo. . . . »	3,401,059
Espagne . . . »	3,859
Etats-Unis d'Amérique»	10,437
France . . . »	204,522
Inde anglaise . . »	36,485
Italie . . . »	2,858
Madagascar . . »	1,112
Pays-Bas . . . »	27,102
Portugal . . »	135,740
République Argentine »	2,372
Russie . . . »	15,213
Sénégambie . . »	8,274
Suisse . . . »	1,824
Autres pays . . »	49,920
Total, en consommation »	4,476,238

Ouvré.

Provenance.	Quantité ou valeur.
Allemagne . . Francs	49,221
Angleterre . . »	19,535
Etats-Unis d'Amérique».	22,339
France . . . »	3,864
Italie . . . »	2,290
Pays-Bas . . »	1,768
Autres pays . . »	940
Total, en consommation »	99,957

CARACTÈRES TYPOGRAPHIQUES.

Provenance.	Quantité ou valeur.
Allemagne . . Kilog.	105,185
France . . . »	3,004
Autres pays . . »	1,292
Total, en consommation »	109,481

CHARBONS DE BOIS ET TOURBE.

Provenance.	Quantité ou valeur.
Angleterre . . Kilog.	231,897
Pays-Bas. . . »	450,630
Autres pays . . »	5,603
Total, en consommation »	688,130

CHARBONS DE TERRE.

Coke.

Provenance.	Quantité ou valeur.
Allemagne . . Kilog.	18,006,143
Angleterre . . »	39,606,191
Autres pays . . »	39,000
Total, en consommation »	47,651,334

Houille.

Provenance.	Quantité ou valeur.
Allemagne . . Kilog.	439,492,375
Angleterre . . »	432,358,656
Pays-Bas . . . Kilog.	4,811,004
Autres pays . . »	1,513
Total, en consommation »	876,663,548

CONSERVES ALIMENTAIRES AU SUCRE.

Pâtisseries et biscuits.

Provenance.	Quantité ou valeur.
Angleterre . . . Kilog.	62,128
France . . . »	10,788
Autres pays . . »	777
Total, en consommation »	73,693

Fruits confits.

Provenance.	Quantité ou valeur.
Algérie . . . Kilog.	3,504
Allemagne . . »	10,853
Angleterre . . »	114,301
Autriche-Hongrie . . »	13,930
Espagne . . . »	88,179
Etats-Unis d'Amérique »	39,255
France . . . »	63,677
Inde anglaise . . »	16,787
Italie . . . »	45,134
Pays-Bas . . . »	11,843
Autres pays . . »	12,743
Total . . . »	420,206
Dont en consommation »	327,608

Non dénommées.

Provenance.	Quantité ou valeur.
Allemagne . . Kilog.	5,056
Angleterre . . »	5,151
France . . . »	5,694
Pays-Bas . . . »	6,019
Suisse . . . »	8,292
Autres pays . . »	369
Total . . . »	30,581
Dont en consommation »	22,478

CONSERVES ALIMENTAIRES AUTRES.

Fromages.

Provenance.	Quantité ou valeur.
Allemagne . . Kilog.	8,343
Angleterre . . »	7,468
Italie . . . »	9,382
Pays-Bas. . . »	2,229,608
Suisse . . . »	44,660
Autres pays . . »	1,150
Total . . . »	2,294,613
Dont en consommation »	2,293,415

Biscuits.

Provenance.	Quantité ou valeur.
Angleterre . . Kilog.	35,659
Autres pays . . »	6,573
Total, en consommation »	42,232

Provenance.	Quantité ou valeur.

Non dénommées.

Allemagne	Kilog.	7,934
Angleterre	»	75,027
Espagne	»	19,740
France	»	22,361
Inde anglaise	»	11,320
Italie	»	227,463
Pays-Bas	»	21,113
Autres pays	»	6,228
Total	»	391,186
Dont en consommation	»	281,916

CORDAGES.

Allemagne	Kilog.	30,786
Angleterre	»	111,377
Chine	»	32,000
Danemark	»	5,824
Etats-Unis d'Amérique	»	79,809
Autres pays	»	12,724
Total, en consommation	»	272,520

DENRÉES ALIMENTAIRES.

Pois, lentilles, fèves.

Allemagne	Kilog.	55,250,888
Angleterre	»	461,609
Autriche-Hongrie	»	655,817
Brésil	»	113,490
Canada	»	3,232,797
Danemark	»	37,151
Egypte	»	101,753
Etats-Unis d'Amérique	»	505,819
France	»	31,069
Italie	»	26,190
Pays-Bas	»	2,964,289
Roumanie	»	3,140,613
Russie	»	4,059,761
Turquie	»	200,946
Autres pays	»	19,500
Total, en consommation	»	70,801,692

Légumes. — Chicorée.

De tous pays, en consommation	Kilog.	71

Légumes. — Pommes de terre.

Angleterre	Kilog.	158,342
Pays-Bas	»	649,404
Autres pays	»	169,317
Total, en consommation	»	977,063

Légumes non dénommés.

Allemagne	Kilog.	315,499
Angleterre	»	353,467
Egypte	»	846,816

Provenance.	Quantité ou valeur.

Etats-Unis d'Amérique	Kilog,	63,050
Pays-Bas	»	1,146,139
Roumanie	»	127,070
Autres pays	»	64,277
Total, en consommation	»	2,916,318

Œufs de volailles.

Allemagne	Pièces.	1,680,673
Angleterre	»	1,089,250
Italie	»	9,361,620
Pays-Bas	»	269,775
Russie	»	67,255,620
Turquie	»	314,130
Autres pays	»	160,752
Total, en consommation	»	80,131,820
Environ	Kilog.	5,000,000

Œufs autres.

De tous pays, en consommation	Pièces.	8,110

Riz en paille.

Allemagne	Kilog.	651,840
Angleterre	»	881,500
Cochinchine	»	4,462,000
Inde anglaise	»	35,455,440
Japon	»	4,294,745
Pays-Bas	»	187,109
Autres pays	»	6,071
Total, en consommation	»	45,938,705

Riz pelé.

Allemagne	Kilog.	1,784,733
Angleterre	»	3,097,526
Australie	»	281,688
Autriche-Hongrie	»	658,630
Chine	»	422,620
Danemark	»	176,346
France	»	7,528,183
Inde anglaise	»	274,904
Italie	»	320,138
Japon	»	84,386
Pays-Bas	»	9,205,095
République Argentine	»	135,800
Autres pays	»	36
Total, en consommation	»	23,970,085

Sel brut et raffiné.

Allemagne	Kilog.	11,531,800
Angleterre	»	16,205,909
Pays-Bas	»	1,350,630
Autres pays		10
Total, en consommation	»	29,068,349

Provenance.	Quantité ou valeur.

Non dénommées.

Provenance		Quantité ou valeur
Allemagne	Kilog.	116,801
Angleterre	»	841,479
Chine.	»	169,750
Inde anglaise	»	310,131
Pays-Bas	»	2,952,283
Russie	»	31,292
Autres pays	»	3,550
Total, en consommation	»	4,425,286

DRILLES ET CHIFFONS.

Allemagne	Kilog.	2,926,993
Angleterre	»	2,595,881
Etats-Unis d'Amérique	»	245,017
France	»	342,623
Turquie	»	56,349
Autres pays	»	419,009
Total, en consommation	»	6,593,882

DROGUERIES.

Chicorée brûlée.

Allemagne	Kilog.	48,425
Autres pays	»	13,293
Total, en consommation	»	61,718

Colle forte.

Allemagne	Kilog.	155,690
Angleterre	»	45,318
Australie.	»	7,958
Etats-Unis d'Amérique	»	7,588
France	»	143,603
Inde anglaise	»	9,700
Italie	»	7,320
Pays-Bas	»	57,960
Autres pays	»	1,546
Total, en consommation	»	436,683

Colle de poisson.

Allemagne	Kilog.	5,890
Angleterre	»	16,939
France	»	10,109
Russie	»	18,120
Autres pays	»	5,617
Total, en consommation	»	56,675

Eaux minérales.

Allemagne	Francs	1,197,926
Angleterre	»	10,928
Autriche-Hongrie	»	11,852
Etats-Unis d'Amérique	»	7,005
France	»	8,905
Pays-Bas	»	46,513
Autres pays	»	7,591
Total, en consommation	»	1,283,220

Eau congelée.

Suède et Norvége, en consommation	Kilog.	2,050,000

Eponges.

Allemagne	Francs	80,690
Angleterre	»	23,033
Etats-Unis d'Amérique	»	111,420
France	»	6,982
Grèce	»	230,500
Italie	»	200,000
Autres pays	»	1,720
Total, en consommation	»	654,345

Non dénommées.

Algérie	Kilog.	261,715
Allemagne	»	359,064
Angleterre	»	939,761
Australie.	»	128,858
Autriche-Hongrie	»	14,727
Chili	»	8,880
Chine.	»	50,505
Congo	»	60
Danemark	»	59,817
Egypte	»	16,509
Espagne.	»	2,607,977
Etats-Unis d'Amérique	»	12,957,157
France	»	1,014,508
Grèce	»	37,250
Inde anglaise	»	674,638
Italie.	»	1,240,506
Japon	»	7,084
Pays-Bas	»	546,198
Portugal.	»	8,371
République Argentine	»	55,028
Russie	»	50,891
Turquie.	»	34,849
Autres pays	»	3,524
Total, en consommation	»	21,078,177

ENGRAIS.

Guano.

Allemagne	Kilog.	35,496
Angleterre	»	588,222
Australie	»	935,840
Canada	»	515,000
Pays-Bas	»	372,018
Pérou	»	11,075,000
Suède et Norvége	»	85,360
Autres pays	»	10,476
Total, en consommation	»	2,617,412

Non dénommés.

Allemagne	Kilog.	482,597
Australie	»	200,637

Provenance.		Quantité ou valeur.
Brésil	Kilog.	60,000
Canada	»	97,000
Etats Unis d'Amérique	»	2,291,870
Pays-Bas.	»	502,208
République Argentine	»	50,440
Autres pays	»	20,166
Total, en consommation	»	3,704,918

ÉPICERIES.

Allemagne	Kilog.	14,357
Angleterre	»	71,018
Chine.	»	17,225
Etats-Unis d'Amérique	»	3,983
France	»	38,386
Haïti	»	3,799
Inde anglaise	»	79,453
Inde néerlandaise	»	157,145
Italie	»	45,059
Pays-Bas.	»	5,901
Autres pays	»	4,516
Total	»	440,842
Dont en consommation	»	318,487

FILETS ET AUTRES USTENSILES POUR LA PÊCHE.

De tous pays, en consommation	Francs	265

FILS.

De coton.

Angleterre	Kilog.	173,672
Pays-Bas.	»	12,249
Autres pays	»	1,252
Total	»	187,163
Dont en consommation	»	113.154

De laine.

Angleterre	Kilog.	18,048
Autres pays	»	211
Total, en consommation	»	18,259

De lin et de poils.

Allemagne	Kilog.	314,756
Angleterre	»	882,575
France	»	16,917
Inde anglaise	»	147,970
Suisse	»	1,761
Autres pays.	»	1,241
Total, en consommation	»	1,365,220

De soie.

Allemagne	Kilog.	2,043
Angleterre	»	3,162
Total, en consommation	»	5,578

Provenance.		Quantité ou valeur.

Préparés pour la vente en détail.

Allemagne	Francs	49,289
Angleterre	»	123,997
France	»	8,223
Pays-Bas.	»	2,275
Autres pays	»	118
Total, en consommation	»	183,902

FRUITS.

Amandes

Espagne	Kilog.	89,501
France	»	130,434
Italie.	»	30,797
Portugal	»	194,331
Autres pays	»	9,348
Total	»	454,411
Dont en consommation	»	429,222

Citrons, limons et oranges.

Espagne	Kilog.	7,540,976
Italie.	»	985,054
Pays-Bas.	»	23,882
Autres pays	»	23,923
Total	»	8,573,935
Dont en consommation	»	8,120,782

Figues.

Angleterre	Kilog.	32,589
Espagne.	»	93,928
France	»	13,516
Italie	»	900,893
Portugal	»	1,979,495
Autres pays	»	25,837
Total	»	3,032,742
Dont en consommation	»	2,641,687

Pommes fraîches.

Espagne	Kilog.	675,352
Pays-Bas.	»	16,929
Autres pays	»	10,374
Total, en consommation	»	702,665

Pruneaux.

Allemagne	Kilog.	10,528
Autriche-Hongrie	»	1,123,730
Etats-Unis d'Amérique	»	348,999
France.	»	150,564
Grèce.	»	16,163
Italie	»	16,484
Pays-Bas.	»	9,458
Serbie	»	9,764
Autres pays	»	14,724
Total	»	1,700,414
Dont en consommation	»	1,418,544

Provenance.	Qeuantité ou valeur.
Raisins secs et frais.	
Allemagne . . . Kilog.	7,449
Espagne. . . . »	50,319
Etats-Unis d'Amérique»	5,359
Grèce . . . . »	2,715,950
Italie. . . . »	35,480
Pays-Bas. . . »	9,260
Turquie. . . . »	322,455
Autres pays . . »	12,127
Total . . . . »	3,158,335
Dont en consommation »	2,517,147
Autres secs.	
Algérie . . . . Francs	5,920
Allemagne . . »	26,463
Angleterre . . »	182,896
Brésil . . . »	54,647
Espagne. . . »	257,611
Etats-Unis d'Amérique»	1,162,694
France . . . »	149,184
Grèce. . . . »	44,278
Italie . . . »	337,135
Pays-Bas. . . »	12,001
Perse. . . . »	177,310
Portugal . . »	7,420
Turquie . . . »	694,517
Autres pays . . »	7,199
Total . . . . »	3,109,275
Dont en consommation »	1,059,063
Autres verts.	
Angleterre . . . Kilog.	43,703
Congo. . . . »	362
Espagne . . . »	106,558
Etats-Unis d'Amérique »	7,356
France . . . »	11,564
Inde anglaise . . »	13,766
Pays-Bas. . . »	5,398
Autres pays . . »	8,634
Total, en consommation»	198,341

GRAINS ET LEURS DÉRIVÉS.

Avoine, maïs et sarrasin.

Provenance.	Quantité ou valeur.
Algérie . . . . Kilog.	1,390,000
Allemagne . . »	1,023,636
Brésil . . . »	10,729,655
Canada . . . »	12,998,300
Etats-Unis d'Amérique »	252,648,412
France . . . »	1,220,449
Italie . . . »	38,800
Pays-Bas. . . »	4,502,978
République Argentine »	137,095,758
Roumanie . . »	70,776,982
Russie . . . »	65,525,243
Turquie. . . »	1,093,905

Provenance.	Quantité ou valeur.
Uruguay. . . . Kilog.	435,500
Autres pays . . »	67,722
Total. . . . »	559,448,340
Dont en consommation »	544,017,712
Froment, épeautre et méteil.	
Algérie . . . . Kilog.	321,000
Allemagne . . »	11,029,949
Angleterre. . . »	14,854,453
Australie . . . »	7,444,710
Brésil. . . . »	113,539,627
Bulgarie . . . »	2,490,000
Canada . . . »	14,822,833
Chili . . . . »	129,363
Colombie . . »	3,007,000
Etats-Unis d'Amérique »	488,376,943
France . . . »	65,520
Inde anglaise . . »	143,044,679
Italie . . . »	417,100
Mexique. . . »	6,301,000
Pays-Bas. . . »	235,903
République Argentine »	363,366,443
Roumanie . . »	128,525,063
Russie . . . »	30,532,371
Turquie. . . »	6,141,000
Uruguay . . »	8,658,220
Autres pays. . . »	11,874,608
Total en consommation »	1,355,171,785
Orge et escourgeon.	
Algérie . . . Kilog.	824,250
Allemagne . . »	3,422,390
Angleterre . . »	1,347,966
Autriche-Hongrie . »	1,694,000
Canada . . . »	4,740,763
Danemark . . »	3,103,070
Egypte . . . »	973,279
Espagne. . . »	6,559,081
Etats-Unis d'Amérique»	60,962,651
France . . . »	299,161
Pays-Bas. . . »	5,735,402
République Argentine »	441,156
Roumanie . . »	27,590,575
Russie . . . »	112,946,720
Turquie . . . »	23,110,330
Autres pays . . »	9,788
Total, en consommation»	253,760,582
Seigle.	
Allemagne . . . Kilog.	50,000
Bulgarie . . . »	103,000
Etats-Unis d'Amérique »	12,539,979
France . . . »	231,247
Mexique. . . »	48,500
Pays-Bas. . , . »	801.605

Provenance.		Quantité ou valeur.
Roumanie	Kilog.	4,034,000
Russie	»	8,562,909
Turquie	»	1,479,000
Autres pays	»	970
Total, en consommation	»	27,851,210

Malt.

Provenance.		Quantité ou valeur.
Allemagne	Kilog.	2,516,801
Angleterre	»	244,908
Etats-Unis d'Amérique	»	778,588
France	α	455,837
Pays-Bas	»	68,773
Autres pays	»	25
Total, en consommation	»	4,064,932

Biscuits, pain et pâtes alimentaires.

Provenance.		Quantité ou valeur.
Angleterre	Kilog.	160,104
Italie	»	71,933
Autres pays	»	27,659
Total, en consommation	»	259,824

Farines et son.

Provenance.		Quantité ou valeur.
Allemagne	Kilog.	803,681
Angleterre	»	111,116
Autriche-Hongrie	»	314,298
Brésil	»	549,197
Etats-Unis d'Amérique	»	13,894,366
France	α	184,873
Italie	»	58,692
Pays-Bas	»	260,479
République Argentine	»	3,148,148
Roumanie	»	967,643
Russie	»	450,700
Autres pays	»	20,604
Total	»	20,753,837
Dont en consommation	»	15,452,023

HABILLEMENTS.

Provenance.		Quantité ou valeur.
Allemagne	Francs	300,535
Angleterre	»	449,880
Etats-Unis d'Amérique	»	88,243
France	»	145,448
Inde néerlandaise	»	559,380
Italie	»	13,880
Pays-Bas	»	82,074
Autres pays	»	8,495
Total	»	1,647,940
Dont en consommation	»	1,127,306

HUILES VÉGÉTALES.

De palme.

Provenance.		Quantité ou valeur.
Allemagne	Kilog.	2,320,504
Angleterre	»	5,613,828
Congo	»	2,975

Provenance.		Quantité ou valeur.
France	Kilog.	438,692
Pays-Bas	»	59,500
Autres pays	»	257
Total, en consommation	»	8,435,756

Autres, alimentaires.

Provenance.		Quantité ou valeur.
Algérie	Kilog.	13,623
Allemagne	»	26,497
Angleterre	»	52,247
Espagne	»	13,413
France	»	184,147
Italie	»	60,020
Pays-Bas	»	12,993
Portugal	»	5,525
Turquie	»	22,628
Autres pays	»	356
Total, en consommation	»	391,458

Autres, non alimentaires.

Provenance.		Quantité ou valeur.
Allemagne	Kilog.	1,351,201
Angleterre	»	2,671,729
Australie	»	190,400
Canada	»	551,693
Chine	»	28,900
Danemark	»	33,861
Etats-Unis d'Amérique	»	16,321,626
France	»	553,197
Inde anglaise	»	50,561
Italie	»	14,734
Mexique	»	46,750
Pays Bas	»	2,155,154
Russie	»	30,700
Autres pays	»	31,731
Total, en consommation	»	23,430,305

INSTRUMENTS ET APPAREILS SCIENTIFIQUES.

Provenance.		Quantité ou valeur.
Allemagne	Francs	74,347
Angleterre	»	18,327
Congo	»	200
France	»	49,482
Autres pays	»	4,139
Total, en consommation	»	146,495

INSTRUMENTS DE MUSIQUE.

Provenance.		Quantité ou valeur.
Allemagne	Francs	170,754
Angleterre	»	5,661
Etats-Unis d'Amérique	»	5,765
France	»	65,592
Pays-Bas	»	11,809
Autres pays	»	2,214
Total	»	261,786
Dont en consommation	»	260,690

Provenance.	Quantité ou valeur.

LEVURE ET LEVAIN.

De tout pays en consommation . . Kilog.	5,807

LIQUIDES ALCOOLIQUES.

Angleterre , . Hectol.	290
France . . . »	1,405
Pays-Bas. . . . »	942
Autres pays. . . »	92
Total. . . . . »	2,729
Dont en consommation »	1,201

MACHINES, MÉCANIQUES ET OUTILS.

En bois.

De tous pays en consommation . . Francs	9,140

En cuivre, en fonte et en fer.

Allemagne . . . Kilog.	78,390
Angleterre . . »	173,680
Etats-Unis d'Amérique »	41,146
France . . . »	34,116
Autres pays. . . »	4,426
Total . . . . »	332,258
Dont en consommation »	327,520

Autres en fonte.

Allemagne . . . Kilog.	184,757
Angleterre . . »	3,903,251
Danemark . . »	10,960
Etats-Unis d'Amérique »	1,961,072
France . . . »	64,087
Pays-Bas. . . . »	46,812
Suède et Norvége . . »	43,670
Autres pays . . . »	2,670
Total. . . . . »	6,217,279
Dont en consommation »	6,041,117

Autres en fer ou en acier.

Allemagne . . . Kilog.	35,814
Angleterre . . »	926,806
Congo . . . »	5,573
Etats-Unis d'Amérique »	353,177
France . . . »	15,043
Pays-Bas. . . . »	8,907
Autres pays . . . »	7,048
Total . . . . »	1,352,368
Dont en consommation »	1,333,472

Autres en bois.

Allemagne . . . Francs	16,111
Angleterre . . . »	119,321
Etats-Unis d'Amérique »	10,101

Pays-Bas. . . . Francs	12,257
Autres pays . . . »	4,181
Total. . . . . »	161,971
Dont en consommation »	158,654

Autres en cuivre ou toute autre matière.

Allemagne . . . Kilog.	149,446
Angleterre . . . »	140,666
Etats-Unis d'Amérique »	65,118
France . . . »	9,131
Pays-Bas. . . . »	5,247
Autres pays . . . »	6,064
Total . . . . »	375,382
Dont en consommation »	360,953

MATIÈRES ANIMALES BRUTES.

Cire.

Allemagne . . . Kilog.	41,404
Angleterre . . »	40,249
Chine. . . . . »	39,440
Espagne . . . »	10,000
Italie. . . . . »	13,112
Japon. . . . . »	52,125
Portugal . . . »	31,642
Turquie . . . »	33,465
Autres pays . . . »	15,266
Total, en consommation »	275,704

Graisses.

Allemagne . . . Kilog.	1,102,395
Angleterre . . »	4,589,019
Australie . . . »	230,615
Brésil . . . . »	25,976
Canada . . . . «	276,080
Chine . . . . »	316,200
Danemark . . »	11,736
Espagne . . . »	73,426
Etats-Unis d'Amérique »	13,307,685
France . . . »	1,027,757
Grèce. . . . . »	22,100
Japon. . . . . »	723,856
Pays-Bas. . . . »	6,202,821
République Argentine »	184,469
Russie . . . . »	29,839
Suède et Norvége . »	450,794
Autres pays . . . »	9,103
Total, en consommation »	28,283,871

Ivoire.

Congo . . . . Kilog.	364,792
France . . . »	18,217
Autres pays . . . »	11,121
Total, en consommation »	394,130

Provenance.	Quantité ou valeur.

Os et cornillons.

Provenance.	Quantité ou valeur.
Allemagne . . . Kilog.	215,438
Angleterre . . . »	364,764
Brésil. . . . »	201,377
Colombie . . . »	12,629
Egypte . . . »	180,962
Espagne . . . »	41,986
Etats-Unis d'Amérique »	908,211
France . . . »	90,119
Inde anglaise . . »	4,969,893
Italie . . . . »	18,508
Portugal. . . . »	71,673
République Argentine »	1,374,003
Suède et Norvège , »	25,700
Turquie . . . »	368,637
Uruguay . . . »	337,087
Autres pays . . . »	58,242
Total, en consommation »	9,239,249

Non dénommées.

Provenance.	Quantité ou valeur.
Algérie . . . Francs	5,770
Allemagne . . . »	939,344
Angleterre . . . »	599,340
Australie. . . . »	79,675
Brésil . . . . »	42,950
Chine. . . . »	339,400
Danemark . . . »	6,460
Etats-Unis d'Amérique »	733,918
France . . . »	340,057
Inde anglaise . . »	1,188,550
Italie . . . . »	130,414
Japon . . . »	10,500
Maroc . . . »	10,500
Mexique . . . »	15,100
Pays-Bas. . . »	75,352
République Argentine »	2,154,816
Russie . . . »	286,694
Uruguay . . »	101,300
Autres pays . . »	17,225
Total, en consommation »	7,086,365

MATIÈRES MINÉRALES BRUTES.

Chaux et ciment.

Provenance.	Quantité ou valeur.
Allemagne . . . Kilog.	8,181,949
Angleterre . . , »	1,499,325
France . . . »	505,015
Pays-Bas . . . »	535,409
Autres pays . . . »	50,350
Total, en consommation »	10,771,948

Minerais de fer.

Provenance.	Quantité ou valeur.
Algérie . . . Kilog.	4,207,011
Angleterre . . »	4,584,363
Australie. . . . »	3,645,500
Espagne . . . »	275,888,517
Grèce . . . . »	50,418,425
Italie . . . Kilog.	3,200,000
Pays-Bas . . »	1,154,344
Portugal. . . »	44,217,844
Russie . . . »	5,965,000
Suède et Norvège . »	70,901,455
Turquie . . . »	1,767,585
Autres pays . . »	1,169,521
Total, en consommation »	467,119,565

Soufre.

Provenance.	Quantité ou valeur.
Allemagne . . . Kilog.	1,414,083
France . . . »	100,400
Italie . . . »	3,110,799
Pays-Bas . . . »	1,324,447
Suède et Norvège . »	2,350,000
Autres pays . . »	49,186
Total, en consommation »	8,348,915

Non dénommées.

Provenance.	Quantité ou valeur.
Algérie . . . Francs	2,405,235
Allemagne . . »	1,502,149
Angleterre . . »	3,890,643
Australie . . »	13,129,464
Autriche-Hongrie . »	70,500
Brésil . . . »	78,000
Canada . . . »	213,760
Chili . . . »	13,000
Chine. . . . »	539,460
Danemark . . »	702,958
Egypte . . . »	400,500
Espagne . . . »	14,583,228
Etats-Unis d'Amérique »	2,085,833
France . . . »	10,081,752
Grèce . . . »	7,866,250
Inde anglaise . . »	889,460
Italie . . . . »	6,117,697
Japon. . . . »	38,312
Mexique . . . »	103,210
Pays-Bas . . . »	787,666
Portugal . . . »	1,171,690
République Argentine »	418,920
Russie . . . »	496,755
Suède et Norvège . »	5,315,412
Tunisie . . . »	888,200
Turquie . . . »	1,488,610
Uruguay . . . «	200,000
Autres pays . . . »	7,240
Total, en consommation »	75,494,904
En kilog. par évaluation env.	620,000,000

MATIÈRES TEXTILES BRUTES.

Chanvre.

Provenance.	Quantité ou valeur.
Allemagne . . . Kilog.	1,439,771
Angleterre . . . »	1,004,112
Chine, . . . »	128,040

Left column

Provenance.	Quantité ou valeur.
Danemark . . . Kilog.	18,065
Etats-Unis d'Amérique »	1,221,428
France . . . »	76,499
Inde anglaise . . »	6,244.769
Italie. . . . »	2,032,837
Maurice . . . »	17,169
Mexique . . . »	594,319
Pays-Bas. . . .	99.427
Philippines . . »	323,363
Russie . . . »	925,030
Tunisie . . . »	58,200
Turquie . , . »	170.416
Autres pays. . . »	7,945
Total, en consommation »	14,361,390

Coton.

Provenance.	Quantité ou valeur.
Allemagne . . Kilog.	414,901
Angleterre . . . »	4,515,770
Australie. . . . »	24,211
Brésil . . . »	179,838
Chine . . . »	11,165
Danemark . . . »	5,573
Egypte . . . »	1,411,307
Espagne . . . »	44,797
Etats-Unis d'Amérique »	24,387,342
France . . . »	2,727,501
Inde anglaise . . »	20,222,806
Inde néerlandaise . »	27,166
Italie. . . . »	68,138
Mexique . . . »	1,018,500
Pays-Bas. . . . »	216,887
Pérou . . . »	72,324
Portugal. . . . »	165,385
Russie . . . »	24,402
Suède et Norvége . »	30,197
Turquie . . . »	147,052
Autres pays . . . »	4,237
Total, en consommation »	55,719,493

Etoupes.

Provenance.	Quantité ou valeur.
Allemagne . . Kilog.	451,167
Angleterre . . »	34,567
Danemark . . »	42,195
Inde anglaise . . »	32,689
Italie. . . . »	538,032
Pays-Bas. . . »	16,386
Russie . . »	1,084,148
Tunisie . . . »	33,950
Autres pays. . . »	944
Total, en consommation »	2,234,078

Jute.

Provenance.	Quantité ou valeur.
Allemagne . . Kilog.	90,450
Angleterre . . . »	610,795
Autres pays . . . »	1,795
Total, en consommation »	703,040

Right column

Laine.

Provenance.	Quantité ou valeur.
Algérie . . . Kilog.	15,363
Allemagne . . »	1,670,293
Angleterre . . »	8,927,657
Australie. . . »	26,483,352
Brésil. . . . »	1,742,418
Cap de Bonne Espérance»	32,239,629
Danemark . . . »	35,131
Espagne . . . »	271,853
Etats-Unis d'Amérique »	659,594
France . . »	964,004
Inde anglaise . »	131,116
Italie . . . »	71,358
Natal . . . »	47,530
Pays-Bas . . »	178,225
République Argentine »	22,400,309
Russie . . . »	596,748
Turquie . . . »	64,338
Uruguay. . . »	4,348,316
Autres pays . . »	21,967
Total, en consommation »	100,686,920

Lin.

Provenance.	Quantité ou valeur.
Allemagne . . Kilog.	178,586
Angleterre . . . »	14,930
Danemark . . . »	130,950
Pays-Bas. . . . »	23,668
Russie . . , . »	3,295,465
Autres pays . . . »	3,213
Total, en consommation »	3,646,812

Soie.

Provenance.	Quantité ou valeur.
Angleterre . . Kilog.	122,934
Chine . . . »	2,722
Danemark . . »	2,910
Etats-Unis d'Amérique »	7,469
France . . . »	5,156
Russie . . . »	34,125
Autres pays . . »	275
Total, en consommation »	175,591

Non dénommées.

Provenance.	Quantité ou valeur.
Algérie . . . Kilog.	77,775
Allemagne . . »	33,627
Angleterre . . »	220,805
Australie . . »	5,500
Brésil. . . »	8,800
Chine. . . . »	5,200
Egypte . . . »	20,000
Etats-Unis d'Amérique »	49,900
France . . . »	10,400
Inde anglaise . »	261,990
Mexique. . . »	19,320
Italie. . . »	11,000
République Argentine »	37,000
Autres pays. . .	2,490
Total, en consommation »	763,717

Provenance.	Quantité ou valeur.

MERCERIE ET QUINCAILLERIE.

Provenance.		Quantité ou valeur.
Allemagne	Francs	693,212
Angleterre	»	234,716
Chine,	»	12,435
Congo.	»	5
Espagne	»	36,205
Etats-Unis d'Amérique	»	109,531
France	»	202,516
Inde anglaise	»	26,210
Italie.	»	32,106
Japon	»	7,128
Pays-Bas.	»	114,833
Portugal	»	22,431
Suède et Norvége	»	121,687
Autres pays	»	10,094
Total.	»	1,623,115
Dont en consommation	»	1,551,080

MÉTAUX.

Acier non ouvré.

Provenance.		Quantité ou valeur.
Allemagne	Kilog.	6,931,723
Angleterre	»	2,356,782
Etats-Unis d'Amérique	»	404,322
France	»	8,738
Suède et Norvége	»	872,657
Autres pays	»	2,675
Total, en consommation	»	10,576,897

Acier ouvré.

Provenance.		Quantité ou valeur.
Allemagne	Kilog.	22,989
Angleterre	»	71,548
France	»	45,218
Autres pays	»	1,540
Total, en consommation	»	142,286

Argent (minerai).

Provenance.		Quantité ou valeur.
Angleterre	Kilog.	88,475
Australie.	»	2,522,776
France	»	34,397
Autres pays	»	4,294
Total, en consommation	»	2,649,892

Cuivre et nickel bruts.

Provenance.		Quantité ou valeur.
Allemagne	Kilog.	249,305
Angleterre	»	1,109,138
Australie.	»	685,051
Brésil.	»	150,010
Chine	»	20,000
Congo	»	10,460
Espagne	»	9,675
Etats-Unis d'Amérique	»	2,105,499
France	»	66,375
Japon.	»	362,860
Pays-Bas	»	16,470
Turquie	Kilog.	11,324
Autres pays	»	2,300
Total, en consommation	»	4,798,557

Cuivre et nickel battus, étirés et laminés.

Provenance.		Quantité ou valeur.
Allemagne	Kilog.	66,868
Angleterre	»	496,548
Etats-Unis d'Amérique	»	48,478
France	»	12,832
Pays-Bas.	»	18,453
Autres pays	»	563
Total.	»	643,742
Dont en consommation	»	643,283

Cuivre et nickel ouvrés.

Provenance.		Quantité ou valeur.
Allemagne	Francs	67,916
Angleterre	»	41,972
France	»	13,016
Pays-Bas,	»	6,719
Autres pays	»	1,630
Total.	»	131,253
Dont en consommation	»	129,665

Etain non ouvré.

Provenance.		Quantité ou valeur.
Allemagne	Kilog.	107,918
Angleterre	»	81,561
Danemark	»	9,938
Espagne	»	20,300
Etats-Unis d'Amérique	»	62,691
France	»	30,101
Pays-Bas.	»	177,357
Russie	»	17,591
Suède et Norvége	»	29,580
Total, en consommation	»	543,038

Etain ouvré.

Provenance.		Quantité ou valeur.
De tous pays, en consommation	Francs	2,222

Fer : fonte brute et vieux fers.

Provenance.		Quantité ou valeur.
Allemagne	Kilog.	591,461
Angleterre	»	72,397,780
Congo	»	595
Espagne	»	549,380
Etats-Unis d'Amérique	»	12,069,090
Suède et Norvége	»	5,598,597
Autres pays	»	1,339,463
Total.	»	90,891,132
Dont en consommation	»	92,545,831

Fer : fonte ouvrée.

Provenance.		Quantité ou valeur.
Allemagne	Kilog	29,778
Angleterre	»	150,229
France	»	62,569
Autres pays	»	9,241
Total.	»	252,267
Dont en consommation	»	249,785

Provenance.	Quantité ou valeur.
Fer battu, étiré et laminé.	
Allemagne . . . Kilog.	1,869,204
Angleterre . . . »	7,412,119
États-Unis d'Amérique »	516,530
France . . . »	61,200
Pays-Bas. . . . »	239,488
Suède et Norvége . »	1,565,564
Autres pays . . . »	5,025
Total . . . . «	11,669,130
Dont en consommation »	11,165,120
Fer ouvré.	
Allemagne . . . Kilog.	335,119
Angleterre . . . »	451,012
États-Unis d'Amérique »	134,656
France . . . »	103,638
Pays-Bas. . . . »	78,311
Suède et Norvége . »	367,716
Autres pays . . . »	9,999
Total . . . . »	1,480,450
Dont en consommation »	1,407,194
Fer blanc non ouvré.	
Allemagne . . . Kilog.	14,541
Angleterre . . . »	3,579,025
Canada . . . . »	27,000
États-Unis d'Amérique »	250,020
France . . . . »	17,097
Pays-Bas . . . »	15,511
Total, en consommation »	3,678,194
Fer blanc ouvré.	
Allemagne . . . Francs	43,006
Angleterre . . . »	9,704
Pays Bas. . . »	25,875
Autres pays . . »	3,163
Total . . . . »	81,749
Dont en consommation »	78,003
Or et argent non ouvrés.	
Allemagne . . . Kilog.	4,626
Angleterre . . . »	386
Danemark . . . »	22
États-Unis d'Amérique »	20,070
France . . . . »	160
Total, en consommation »	25,264
Or et argent ouvrés.	
Allemagne . . . Francs	479,577
Angleterre . . . »	5,499
États-Unis d'Amérique »	25,000
France . . . . «	149,260
Pays-Bas. . . . »	6,856
République Argentine »	75,000

Provenance.	Quantité ou valeur.
Autres pays . . . Francs	2,234
Total. . . . . »	743,426
Dont en consommation »	743,330
Plomb non ouvré.	
Allemagne . . . Kilog.	6,425,904
Angleterre . . . »	2,034,927
Australie . . . »	11,575,575
Espagne . . . »	22,909,730
États-Unis d'Amérique »	2,950,753
Grèce. . . . »	7,590,254
Italie . . . »	220,000
Mexique . . . »	3,334,000
Autres pays . . . »	17,662
Total, en consommation »	57,058,805
Plomb ouvré.	
Allemagne . . . Francs	536,664
Angleterre . . . »	21,569
Autres pays . . . »	3,180
Total, en consommation »	561,213
Zinc non ouvré.	
Allemagne . . . Kilog.	197,107
Angleterre . . . »	22,655
Cap de Bonne Espérance »	10,000
Danemark . . . »	88,350
Espagne. . . . »	25,380
États-Unis d'Amérique »	129,012
France . . . »	125,476
Pays-Bas. . . . »	40,773
Russie . . . »	11,000
Suède et Norvége . »	14,790
Turquie . . . »	50,220
Autres pays . . . »	13,597
Total, en consommation »	698,270
Zinc ouvré.	
De tous pays, . Francs	3,787
Dont en consommation »	3,157
MEUBLES.	
Allemagne . . . Francs	183,846
Angleterre . . . »	162,798
Autriche-Hongrie . »	102,306
Chine. . . . »	5,694
États-Unis d'Amérique »	105,868
France . . . »	95,958
Pays-Bas. . . . »	62,753
Autres pays . . . »	12,861
Total . . . . »	765,239
Dont en consommation »	753,657

Provenance.	Quantité ou valeur.

MIEL.

All magne . . . .Kilog..	189,854
Angleterre . . . »	63.462
Brésil . . . . »	5,541
Chili . . . . »	11,433
Egypte . . . »	8,424
Espagne . . . »	8,351
Etats-Unis d'Amérique»	699,765
France . . . . »	457,702
Italie . . . . »	52,861
Pays-Bas. . . . »	3,377
Pérou. . . . »	2,747
Turquie . . . . »	36,306
Autres pays. . . »	1,254
Total . . . . . »	1,541,077
Dont en consommation »	1,110,344

MONTRES.

Allemagne . . .Francs	67,130
France . . . . »	13,619
Suisse . . . . »	5,957
Autres pays . . »	3,602
Total . . . . »	90,308
Dont en consommation »	90,082

NAVIRES ET BATEAUX.

Bâtiments.

Angleterre . . .Francs	5,600
Etats-Unis d'Amérique»	100
France . . . . »	36,000
Pays-Bas. . . . »	213,750
Suède et Norvége . »	4,100
Total, en consommation»	259,570

Toiles à voiles.

Angleterre . . .Francs	33,702
France . . . . »	13,827
Autres pays . . »	6,225
Total en consommation »	54,354

Ancres et chaînes pour la marine.

Angleterre . . .Kilog.	126,253
France . . . . »	5,675
Pays-Bas. . . . »	68,533
Total, en consommation»	200,461

Bois pour mâts et autres agrès

Allemagne . . .Francs	31,928
Angleterre . . . »	150,320
Congo . . . . »	60
France . . . . »	13,210
Pays-Bas . . . »	10,890

Provenance.	Quantité ou valeur.

Suède et Norvége . .Francs	11,150
Autres pays . . . »	3,636
Total, en consommation»	221,188

OBJETS D'ART ET DE COLLECTION.

Allemagne . . . Francs	774,663
Angleterre . . . »	126,488
Autriche-Hongrie . »	18,040
Congo . . . . »	2,000
Etats-Unis d'Amérique »	44,861
France . . . . »	443,405
Italie . . . . »	37,390
Pays-Bas. . . . »	231,745
République Argentine »	7,026
Russie . . . . »	33,600
Suède et Norvége . »	12,836
Suisse . . . . »	11,611
Autres pays . . . »	17,982
Total, en consommation»	1,761,686

PAPIERS.

Allemagne . . .Kilog.	997,843
Angleterre . . . »	723,124
Etats-Unis d'Amérique »	478,150
France . . . . »	29,734
Pays-Bas. . . . »	342,175
Russie . . . . »	66,984
Suède et Norvége . »	1,328,897
Autres pays. . . »	17,746
Total . . . . »	3,984,673
Dont en consommation »	3,904,651

PARFUMERIES.

Angleterre . . .Francs	27,480
Allemagne . . . »	14,365
Etats-Unis d'Amérique »	35,292
France . . . . »	63,510
Autres pays . . . »	9,420
Total . . . . »	150,075
Dont en consommation »	129,873

PEAUX.

Brutes.

Algérie . . .Kilog.	392,751
Allemagne . . . »	2,613,564
Angleterre . . . »	2,655,969
Australie. . . . »	3,024,309
Brésil. . . . . »	1,005,365
Cap de Bonne Espérance»	27,968
Chine. . . . . »	245,949
Colomb ie . . . »	243,962
Congo. . . . . »	4,067

Provenance.	Quantité ou valeur.
Danemark . . . Kilog.	193,853
Égypte . . . . »	37,625
Espagne . . . . »	68,519
Etats-Unis d'Amérique »	341,310
France . . . . »	2,170,563
Grèce . . . . »	26,768
Inde anglaise . . »	242,981
Italie . . . . »	713,751
Japon . . . . »	22,909
Malte . . . . »	22,186
Pays-Bas . . . »	428,852
République Argentine »	13,804,723
Roumanie . . . »	10,000
Russie . . . . »	546,807
Suède et Norvége . »	120,714
Suisse . . . . »	20,408
Turquie . . . »	46,673
Uruguay . . . »	6,046,169
Autres pays . . . »	9,934
Total, en consommation »	35,106,735

Tannées et préparées.

Allemagne . . . Kilog.	16,524
Angleterre . . . »	280,302
Etats-Unis d'Amérique »	25,853
France . . . . »	8,996
Pays-Bas . . . »	37,207
Autres pays . . . »	554
Total . . . . »	369,406
Dont en consommation »	321,830

Ouvrées.

Allemagne . . . Francs	45,738
Angleterre . . . »	138,278
Etats-Unis d'Amérique »	15,264
France . . . . »	42,471
Pays-Bas . . . »	16,472
Autres pays . . . »	12,358
Total . . . . »	270,681
Dont en consommation »	266,858

PIERRES.

Ardoises pour toitures.

De tous pays, en con- sommation . . Pièces	28,215

Brutes et non dénommées.

Algérie . . . Kilog.	39,100
Allemagne . . . »	171,508
Angleterre . . . »	1,424,207
Espagne . . . . »	1,034,005
Etats-Unis d'Amérique »	206,610
France . . . . »	3,015,562
Grèce . . . . »	66,501
Italie . . . . »	9,250,825
Mexique . . . »	25,970

Provenance.	Quantité ou valeur.
Pays-Bas . . . Kilog.	4,464,797
Portugal . . . »	27,200
République Argentine »	462,663
Suède et Norvége . »	1,896,694
Autres pays . . . »	30,827
Total, en consommation »	22,119,904

Polies et sculptées.

Allemagne . . . Francs	21,812
Angleterre . . . »	5,342
Etats-Unis d'Amérique »	28,020
France . . . . »	8,326
Italie . . . . »	8,355
Autres pays . . . »	2,031
Total, en consommation »	73,886

POISSONS.

Coquillages.

Pays-Bas . . . Kilog.	49,739
Autres pays . . . »	1,871
Total, en consommation »	51,610

Harengs.

Allemagne . . . Kilog.	47,131
Angleterre . . . »	3,442,698
Pays-Bas . . . »	405,314
Suède et Norvége . »	278,542
Total, en consommation »	4,173,685

Autres.

Allemagne . . . Kilog.	55,420
Angleterre . . . »	4,645,112
Danemark . . . »	92,423
Espagne . . . . »	122,870
Etats-Unis d'Amérique »	50,143
France . . . . »	176,626
Pays-Bas . . . »	987,007
Portugal . . . »	172,295
Suède et Norvége . . »	477,795
Autres pays . . . »	3,874
Total . . . . »	6,783,565
Dont en consommation »	6,591,151

POTERIES.

Communes.

Allemagne . . . Kilog.	5,285,820
Angleterre . . . »	16,756,313
Etats-Unis d'Amérique »	1,042,157
France . . . . »	231,369
Pays-Bas . . . »	6,715,914
Autres pays . . . »	6,948
Total, en consommation »	30,038,521

Provenance.	Quantité ou valeur

Faïences.

Allemagne	Francs	26,998
Angleterre	»	69,573
France	»	52,758
Pays-Bas	»	26,620
Autres pays	»	3,114
Total	»	179,058
Dont en consommation	»	177,043

Porcelaines.

Allemagne	Francs	53,810
Angleterre	»	15,247
Chine	»	13,830
France	»	27,018
Pays-Bas	»	10,809
Autres pays	»	6,791
Total	»	127,505
Dont en consommation	»	126,225

POUDRE A TIRER.

De tous Pays en consommation.	Kilog.	3,529

PRODUITS CHIMIQES.

Carbonates.

Allemagne	Kilog.	93,484
Angleterre	»	1,382,835
France	»	28,571
Pays-Bas.	»	30,203
Autres pays	»	18,615
Total, en consommation	»	1,562,708

Nitrates.

Allemagne	Kilog.	104,008,914
Chili	»	110,502,189
Autres pays	»	19,212
Total, en consommation	»	214,530,318

Sulfates et sulfites.

Allemagne	Kilog.	10,034,285
Angleterre	»	10,964,879
Pays-Bas	»	208,454
Total, en consommation	»	21,207,618

Non dénommés.

Algérie	Francs	85,000
Allemagne	»	7,347,205
Angleterre	»	3,410,066
Autriche-Hongrie	»	20,000
Canada	»	36,800
Chili	»	8,050
Chine	»	16,700

Provenance.	Quantité ou valeur.

Danemark	Francs.	8,000
Espagne.	»	764,320
Etats-Unis d'Amérique	»	5,045,623
France	»	13,704,385
Grèce	»	8,000
Italie	»	124,145
Japon.	»	5,000
Pays-Bas.	»	412,683
Portugal.	»	100,000
Russie	»	27,080
Suède et Norvége.	»	72,828
Autres pays	»	25,305
Total, en consommation	»	31,227,190

PRODUITS DIVERS POUR L'INDUSTRIE.

Allemagne	Francs	224,242
Angleterre	»	290,632
Etats-Unis d'Amérique	»	13,790
France	»	17,946
Pays-Bas	»	16,673
Suède et Norvége	»	35,462
Autres pays	»	17,475
Total.	»	616,218
Dont en consommation	»	595,605

PRODUITS TYPOGRAPHIQUES.

Livres en feuilles ou cartonnés et reliés.

Allemagne	Kilog.	23,610
Angleterre	»	10,326
France	»	26,008
Pays-Bas.	»	12,016
Autres pays	»	4,918
Total, en consommation	»	81,868

Non dénommés.

Allemagne	Kilog.	177,770
Angleterre	»	91,104
France	»	53,269
Pays-Bas	»	59,075
Autres pays	»	6,150
Total, en consommation	»	387,368

RÉCOLTES ET FOURRAGES.

Allemagne	Kilog.	1,172,472
Angleterre	»	1,232,228
Canada	»	87,249
Etats-Unis d'Amérique	»	12,977,858
France	»	59,770
Italie	»	3,132,142
Pays-Bas.	»	8,564,613
République Argentine	»	97,000
Autres pays	»	27,179
Total, en consommation	»	27,350,511

Provenance	Quantité ou valeur.

RÉSINES ET BITUMES.

Pétrole brut et raffiné.

Allemagne . . . Kilog,		17,595
Angleterre . . . »		35,000
Etats-Unis d'Amérique »		122,978,360
Pays-Bas . . »		2,634,826
Russie . . . »		31,076,664
Autres pays . . . »		170
Total, en consommation »		156,742,615

Non dénommés.

Allemagne . . . Kilog.		2,675,912
Angleterre . . »		127,620,782
Autriche-Hongrie . »		43,623
Chili . . . »		25,760
Congo . . . »		1,275
Espagne . . . »		1,428,570
Etats-Unis d'Amérique »		35,477,052
France . . . »		6,321,814
Inde anglaise . . »		37,881
Pays-Bas . . . »		720,178
Philippines . . »		61,692
Russie . . . »		41,480,199
Suède et Norvège . »		341,933
Turquie . . . »		144,040
Autres pays . . »		13,374
Total, en consommation »		216,294,085

SAVONS.

De parfumerie:

Angleterre . . . Francs		705,682
Autres pays . . . »		14,751
Total . . . »		710,733
Dont en consommation »		716,687

Autres.

Angleterre . . . Kilog.		126,063
Etats-Unis d'Amérique »		22,221
France . . . »		262,790
Autres pays . . »		10,943
Total . . . »		422,023
Dont en consommation »		389,609

SIROPS ET MÉLASSES.

Angleterre . . . Kilog.		15,388
Autres pays . . »		1,699
Total . . . »		17,087
Dont en consommation »		14,140

SUCRES BRUTS ET RAFFINÉS.

Allemagne . . . Kilog.		219,188
Angleterre . . . »		1,001,577
Australie, . . . »		532,584

Cuba et Portorico . Kilog. .		26,310
Egypte . . . »		68,806
France . . . »		10,264,236
Inde néerlandaise . »		1,263,832
Pays-Bas . . »		2,166,790
Autres pays . . »		13,528
Total . . . »		15,556,860
Dont en consommation »		1,050,336

TABACS.

Non fabriqués.

Allemagne . . . Kilog.		832,784
Autriche-Hongrie . »		110,298
Brésil . . . »		526,480
Chine . . . »		108,996
Congo . . . »		3,138
Cuba et Portorico . »		18,898
Etats-Unis d'Amérique »		9,443,917
France . . . »		181,145
Grèce . . . »		38,521
Inde néerlandaise . »		460,588
Mexique . . . »		118,849
Pays-Bas . . »		395,104
Philippines . . »		152,065
République Argentine »		58,321
Turquie . . . »		27,144
Autres pays . . »		27,620
Total . . . »		12,503,868
Dont en consommation »		5,031,082

Fabriqués : cigares et cigarettes.

Allemagne . . Kilog.		9,173
Angleterre . . »		1,906
Espagne . . . »		4,419
Etats-Unis d'Amérique »		6,469
France . . . »		4,554
Pays-Bas . . »		41,136
Philippines . . »		1,010
Autres pays . . »		2,420
Total . . . »		71,047
Dont en consommation »		26,967

Fabriqués : autres.

Algérie . . . Kilog.		35,468
Angleterre . . »		8,782
Etats-Unis d'Amérique »		50,909
Pays-Bas . . »		2,165
Autres pays . . »		893
Total . . . «		98,218
Dont en consommation »		41,103

TEINTURES ET COULEURS.

Algérie . . . Kilog.		52,586
Allemagne . . »		8,352,906
Angleterre . . »		7,532,401
Australie . . »		493,940

Provenance.		Quantité ou valeur.
Autriche-Hongrie	Kilog.	4,263,509
Chine	»	1,224,005
Danemark	»	6,561
Egypte	»	628,941
Espagne	»	31,381
Etats-Unis d'Amérique	»	748,037
France	»	3,044,375
Grèce	»	59,655
Haïti	»	602,000
Inde anglaise	»	4,798,000
Italie	»	5,774,733
Japon	»	283,924
Mexique	»	974,660
Natal	»	19,400
Pays-Bas,	»	2,362,909
République Argentine	»	19,533,100
Russie	»	159,867
Suède et Norvége	»	79,802
Turquie	»	3,455,454
Autres pays	»	27,260
Total, en consommation	»	65,758,406

THÉS.

Angleterre	Kilog.	46,923
Chine	»	62,276
France	»	5,413
Inde anglaise	»	65,060
Japon	»	20,965
Pays-Bas	»	6,599
Autres pays	»	7,289
Total, en consommation	»	214,525

TISSUS.

De coton (au poids).

Allemagne	Kildg.	9,493
Angleterre	»	101,908
France	»	2,679
Pays-Bas	»	26,081
Autres pays	»	591
Total, en consommation	»	149,752

De coton (à la valeur).

Allemagne	Francs	92,104
Angleterre	»	200,734
France	»	76,183
Pays-Bas	»	7,894
Suisse	»	6,449
Autres pays	»	507
Total	»	383,889
Dont en consommation	»	382,801

De laine.

Allemagne	Francs	147,792
Angleterre	»	412,538
France	»	125 915
Pays-Bas	»	30,141

Provenance.		Quantité ou valeur
Turquie	Francs	5,520
Autres pays	»	4,627
Total	»	726,453
Dont en consommation	»	707,131

De lin.

Allemagne	Francs	17,214
Angleterre	»	262,827
France	»	18,742
Japon	»	6,889
Pays-Bas	»	6,753
République Argentine	»	15,124
Autres pays	»	5,567
Total	»	333,116
Dont en consommation	»	235,322

De soie (au poids).

De tous pays, en consommation	Kilog.	597

De soie (à la valeur).

Allemagne	Francs	26,152
Angleterre	»	9,017
France	»	63,961
Suisse	»	10,191
Autres pays	»	3,177
Total, en consommation	»	112,498

Non dénommés.

Allemagne	Francs	74,119
Angleterre	»	720,946
Chine	»	18,432
Etats-Unis d'Amérique	»	20,651
Pays-Bas	»	13,171
Autres pays	»	12,918
Total, en consommation	»	860,300

VÉGÉTAUX ET SUBSTANCES VÉGÉTALES.

Betteraves.

Pays-Bas	Kilog.	12,817,150
Russie	»	1,261
Total, en consommation	»	12,818,411

Ecorces à tan.

Algérie	Kilog.	1,422,821
Angleterre	»	105,666
Australie	»	26,190
Egypte	»	291,000
France	»	114,080
Pays-Bas	»	280,683
Turquie	»	10,704
Autres pays	»	3,589
Total, en consommation	»	2,254,733

Provenance.	Quantité ou valeur.
Graines oléagineuses.	
Algérie . . . . Kilog.	139,680
Allemagne . . . »	2,804,592
Angleterre . . »	6,277,164
Australie. . . . »	23,221
Brésil. . . . »	14,441,025
Chine. . . . »	146,699
Congo . . . . »	43,077
Canada . . . »	793,727
Colombie . . . »	194,000
Danemark . . »	340,869
Egypte . . . »	195,392
Etats-Unis d'Amérique »	8,365,863
France . . . »	435,334
Grèce. . . »	71,700
Inde anglaise . . »	133,935,608
Italie. . . . »	104,700
Pays-Bas. . . »	1,062,499
République Argentine »	42,429,965
Roumanie . . . »	2,827,000
Russie . . . »	41,364,020
Turquie . . . »	3,222,860
Autres pays . . . »	1,828,626
Total, en consommation»	261,049,679
Graines non dénommées.	
Allemagne . . . Kilog.	490,558
Angleterre . . »	301,321
Egypte . . . »	32,980
Etats-Unis d'Amérique »	690,136
France . . . »	115,030
Inde anglaise . . »	2,679,683
Italie . . . »	38,185
Pays-Bas. . . »	102,179
Roumanie . . »	392,000
Russie . . . »	254,429
Turquie . . . »	1,020,785
Autres pays . . »	34,314
Total, en consommation»	6,160,600
Houblon.	
Allemagne . . . Kilog.	113,680
Angleterre . . »	44,496
Etats-Unis d'Amérique »	91,016
Autres pays . . . »	7,536
Total, en consommation»	167,728
Pâtes de bois.	
Allemagne . . . Kilog.	629,557
Angleterre . . »	630,500
Danemark . . »	148,285
Etats-Unis d'Amérique »	755,183
France . . . »	34,380
Pays-Bas. . . »	352,041

Provenance.	Quantité ou valeur.
Russie . . . Kilog.	96,358
Suède et Norvége . »	47,216,275
Total, en consommation»	49,872,579
Plantes vivantes.	
Allemagne . . . Francs	6,189
Angleterre . . . »	20,755
Brésil . . . »	15,950
Congo . . . . »	5,000
Etats-Unis d'Amérique »	5,230
France . . . »	56,296
Autres pays . . . »	11,270
Total, en consommation»	119,690
Tourteaux.	
Allemagne . . . Kilog.	632,320
Angleterre . . »	4,755,360
Australie. . . . »	233,250
Canada . . . »	619,297
Chine. . . . »	385,290
Danemark . . »	49,470
Espagne . . . »	582,610
Etats-Unis d'Amérique »	70,176,985
France . . . »	2,467,455
Inde anglaise . . »	1,631,014
Italie . . . »	1,049,540
Japon. . . . »	408,136
Pays Bas . . . »	1,074,204
Portugal . . . »	1,499,459
République Argentine »	343,609
Roumanie . . »	407,700
Russie . . . »	19,784,139
Total, en consommation»	105,999,838
Non dénommés.	
Algérie . . . . Francs	1,502,499
Allemagne . . »	916,950
Angleterre . . »	732,899
Australie. . . »	86,432
Brésil. . . . »	32,929
Chine. . . . »	144,985
Congo . . . »	13,109
Espagne . . . »	272,960
Etats-Unis d'Amérique »	882,855
France . . . »	94,776
Grèce. . . . »	69,550
Indes anglaises . . »	1,282,623
Indes néerlandaises. »	17,000
Italie . . . »	17,500
Japon. . . . »	79,714
Mexique . . . »	62,130
Pays-Bas. . . »	191,878
Portugal. . . »	176,070
Russie . . . »	53,900
Autres pays. . . »	22,765
Total, en consommation»	6,653,504

Provenance.		Quantité ou valeur

VERRERIES.

Communes.

Allemagne . . .Francs		46,925
Pays-Bas. . . . »		37,655
Autres pays . . . »		14,645
Total en consommation»		99,225

Fines et ordinaires.

Allemagne . . Francs		119,213
Angleterre . . . »		77,939
France . . . »		34,701
Pays-Bas. . . »		52,145
Autres pays . . . »		5,782
Total. . . . . »		289,700
Dont en consommation »		289,297

Glaces et verres à vitres

Allemagne . . .Francs		10,115
Angleterre . . »		22,281
France . . . »		35,142
Autres pays . . »		1,791
Total, en consommation»		69,329

VIANDES.

Allemagne . . . Kilog.		44,661
Angleterre . . . »		1,366,400
Australie. . . . »		6,878
Brésil . . . »		12,678
Congo . . . »		150
Etats-Unis d'Amérique »		25,950,668
Danemark . . . »		3,467
France . . . »		29,968
Italie. . . . »		6,529
Pays-Bas. . . . »		43,537
République Argentine »		1,270,498
Uruguay. . . . »		18,518
Suède et Norwége. . »		22,573

Provenance.		Quantité ou valeur.

Suisse. . . . »		5,094
Autres Pays. . . »		1,312
Total. . . . »		28,787,921
Dont en consommation »		28,657,900

VINAIGRES.

Allemagne . . Hectol.		1,898
Pays-Bas, . . »		773
Autres pays . . . »		620
Total . . . . »		3,297
Dont en consommation »		2.796

VINS.

Algérie . . . Hectol.		2,552
Allemagne . . . »		4,317
Angleterre . . »		521
Espagne . . . »		24,086
Etats-Unis d'Amérique »		563
France . . . »		53,074
Grèce . . . »		1.454
Italie. . . . »		3,456
Pays-Bas, . . »		1,695
Portugal . . . »		1,877
Turquie . . . »		1,759
Autres pays . . . »		292
Total. . . . »		95,647
Dont en consommation »		48,264

VOITURES.

Allemagne . . .Francs		73,677
Angleterre . . . »		69,103
Etats-Unis d'Amérique »		205,728
France , . . . »		51,970
Pays-Bas. . . . »		11,827
Autres pays . . . »		4,409
Total. . . . . »		416,615
Dont en consommation »		369,364

Principales exportations au port d'Anvers en 1899.

Destination.	Quantité ou valeur.		Destination.	Quantité ou valeur.
AMIDON.			Brésil . . . . Francs	363,260
Allemagne . . . Kilog.	455,100		Canada . . . . »	73,200
Angleterre . . . »	3,356,950		Cap de Bonne Espérance»	9,000
Australie. . . . »	75,624		Chili . . . . »	16,720
Brésil . . . . »	382,230		Chine. . . . »	826,080
Cap de Bonne Espérance»	90,330		Colombie . . . »	10,140
Chili . . . . »	130,070		Congo . . . . »	151,316
Congo . . . . »	1,774		Danemark . . . »	23,530
Cuba et Portorico . . »	117,680		Egypte . . . »	79,025
Danemark . . . »	101,673		Espagne . . . »	19,550
Egypte . . . »	113,860		Etats-Unis d'Amérique »	2,334,500
Espagne . . . »	1,620,630		France . . . »	103,000
Etats-Unis d'Amérique »	29,854		Grèce . . . »	10,970
France . . . »	25,818		Inde anglaise . . »	33,460
Gibraltar . . . »	26,354		Japon . . . »	309,080
Grèce . . . »	13,202		Maroc . . . »	152,380
Inde anglaise . . »	20,076		Mexique . . . »	67,900
Italie . . . »	38,050		Pays-Bas . . . »	11,751
Malte . . . »	33,324		Portugal . . . »	632,700
Mexique . . . »	12,500		République Argentine »	161,250
Natal . . . »	14,600		Russie . . . »	68,200
Pays-Bas . . . »	256,352		Siam . . . »	18,900
Portugal . . . »	172,840		Suède et Norvége . »	284,850
République Argentine »	303,280		Tunisie . . . »	12,700
Roumanie . . . »	33,959		Turquie . . . »	127,140
Russie . . . »	113,193		Uruguay . . . »	34,450
Suède et Norvége . »	104,650		Autres pays . . . »	1,260,160
Suisse . . . »	16,500			
Tunisie . . . »	21,889		Total . . . »	8,294,764
Turquie . . . »	143.540			
Uruguay . . . »	20,190		**BEURRE ET MARGARINE.**	
Autres pays . . . »	235,080		*Beurre frais et salé.*	
Total . . . »	7,978,172		Congo . . . Kilog.	247
			Autres pays . . »	97
ANIMAUX VIVANTS.			Total . . . »	344
Espèce bovine.				
Pour tous pays . Têtes	5		*Margarine*	
Chevaux.			Angleterre . . Kilog	12,099
Angleterre . . Têtes	111		Congo . . . »	273
Etats-Unis d'Amérique »	27		Autres pays . . »	6,267
Autres pays . . »	20		Total . . . »	18,639
Total . . . »	158			
			BOISSONS FERMENTÉES.	
Non dénommés.			*Bières.*	
Angleterre . . Kilog,	69,545		Congo . . . Hectol.	72
Brésil . . . »	10,750		Autres pays . . »	91
Autres pays . . »	9,675		Total . . . »	163
Total . . . »	89,920			
ARMES.			**BOIS DE CONSTRUCTION.**	
Allemagne . . Francs	90,950		*Chêne et noyer en grume ou non scié.*	
Angleterre . . »	979,360		Pour tous pays. M.cub.	89
Australie . . »	28,252			

Destination.	Quantité ou valeur.

Sciés.

Congo	M. cub.	21
Pays-Bas.	»	232
Autres pays.	»	151
Total	»	404

Autres en grume ou non sciés.

Congo	M. cub.	70
Autres pays	»	373
Total	»	443

Autres sciés.

Congo	M. cub.	36
Autres pays.	»	157
Total	»	193

Autres rabotés.

Congo	M. cub.	42
Autres pays	»	3
Total	»	45

BOIS D'ÉBÉNISTERIE.

Autres que de chêne en grume.

Allemagne	Kilog.	106
Autres pays	»	107
Total	»	213

Autres sciés.

Pour tous pays	M. cub.	70

BOIS OUVRÉS ET DIVERS.

Allemagne	Francs	36,200
Angleterre	»	1,280,250
Brésil	»	9,540
Congo	»	116,618
Egypte	»	45,700
Etats-Unis d'Amérique	»	103,430
France	»	17,760
Grèce	»	15,400
Maroc	»	21,000
Pays-Bas	»	121,520
Portugal	»	8,150
Russie	»	5,240
Suède et Norvége	»	5,160
Autres pays	»	78,995
Total.	»	1,865,363

BOUGIES ET CHANDELLES.

Allemagne	Kilog.	187,250
Angleterre	»	99,825

Destination.	Quantité ou valeur.

Australie.	Kilog.	513,725
Brésil.	»	6,715
Cap de Bonne Espérance	»	260,400
Chili.	»	666,150
Chine.	»	106,215
Colombie	»	68,400
Congo.	»	25,305
Cuba et Portorico	»	108,700
Egypte	»	128,000
Equateur.	»	141,500
Etats-Unis d'Amérique	»	18,800
France	»	21,900
Guatémala	»	13,500
Inde anglaise	»	338,940
Japon	»	54,100
Maroc	»	166,950
Mexique	»	21,400
Pays-Bas.	»	97,980
Pérou.	»	70,575
Philippines	»	7,000
Portugal.	»	5,500
République Argentine	»	79,100
Suède et Norvége	»	43,025
Transvaal	»	12,000
Tripolitaine.	»	7,800
Tunisie	»	25,400
Turquie	»	172,100
Autres pays	»	344,850
Total	»	3,813,105

CACAO.

En fèves et pelures de Cacao.

Allemagne	Kilog.	339,800
Angleterre	»	52,932
Canada	»	9,700
Etats-Unis d'Amérique	»	5,335
France	»	9,938
Italie	»	6,420
Pays-Bas.	»	448,890
Russie	»	5,464
Suisse	»	162,310
Autres pays	»	8,760
Total.	»	1,059,549

Beurre de Cacao.

Espagne	Kilog.	9,183
Autres pays	»	12,518
Total.	»	21,701

CACAO PRÉPARÉ.

(Chocolat).

Congo	Kilog.	34
Autres pays	»	2,193
Total	»	2,227

Destination.	Quantité ou valeur.	Destination.	Quantité ou valeur.

CAFÉ.

Non torréfié.

Congo . . . . Kilog.		48
Etats-Unis d'Amérique »		4,250
Autres pays . . . »		1,677
Total . . . . »		5,975

Torréfié.

Congo . . . . Kilog.		2,402
Autres pays . . . »		901
Total. . . . . »		3,303

CAOUTCHOUC.

Brut.

Allemagne . . . Kilog.		380,130
Angleterre . . »		567,120
Autriche-Hongrie . »		2,330
Canada . . . . »		10,986
Danemark . . . »		23,959
Espagne . . . . »		24,194
Etats-Unis d'Amérique »		1,059,278
France . . . . »		115,340
Italie . . . . »		3,400
Pays-Bas. . . . »		407,926
Portugal . . . »		6,752
Russie . . . . »		211,360
Suède et Norvége . »		1,396
Autres pays . . . »		707,114
Total . . . . . »		3,521,285

Ouvré.

Angleterre . . . Francs		24,997
Brésil . . . . . »		4,200
Cap de Bonne Espérance »		7,000
Danemark . . . »		8,470
Egypte . . . . »		11,521
Espagne . . . . ».		1,700
Etats-Unis d'Amérique »		4,901
Japon. . . . . »		7,770
Portugal . . . »		2,170
République Argentine »		2,000
Russie . . . . »		2,200
Suède et Norvége . »		5,460
Turquie . . . »		3,370
Autres pays . . »		5,706
Total. . . . . »		90,465

CARACTÈRES TYPOGRAPHIQUES.

Pour tous pays . . Kilog.		1,892

CENDRES.

Pour tous pays . . Kilog.		994

CHARBONS DE BOIS ET TOURBE.

Allemagne . . . Kilog.		148,759
Angleterre . . . »		1,221,915
Congo .. . . . »		14,550
Espagne . . . . »		60,140
Etats-Unis d'Amérique »		87,300
France . . . . »		77,600
Italie . . . . »		25,000
Total . . . . . »		1,635,264

CHARBONS DE TERRE.

Briquettes de Houille.

Allemagne . . . Kilog.		100,000
Angleterre . . . »		11,369,425
Australie. . . »		400,000
Brésil. . . . . »		2,880,000
Cap de Bonne Espérance »		860,000
Chili . . . . . »		4,150,000
Chine . . . . »		2,870,000
Congo . . . . »		11,150,000
Cuba et Portorico . »		500,000
Danemark . . . »		900,000
Egypte . . . . »		2,000,196
Espagne . . . . »		7,530,000
Equateur. . . . «		100,000
Etats-Unis d'Amérique »		46,250,000
France . . . . »		6,331,500
Inde anglaise . . »		8,150,000
Italie. . . . . »		3,830,000
Malte. . . . . »		400,000
Mexique . . . . »		550,000
Portugal . . . »		9,815,000
République Argentine »		16,772,500
Russie . . , . »		5,875,000
Suède et Norvége . »		550,000
Tunisie . . . . «		380,000
Turquie . . . »		935,000
Autres pays . . »		580,000
Total. . . . . »		145,228,621

Coke.

Algérie . . . . Kilog.		180,000
Australie. . . . »		950,128
Brésil . . . . »		650,000
Chili . . . . . »		200,000
Chine . . . . »		33,000
Egypte . . . . »		200,000
Etats-Unis d'Amérique »		5,575,000
France. . . . . »		830,000
Italie . . . . . »		15,065,000

Destination.	Quantité ou valeur.
Japon . . . . Kilog.	1,200,026
Natal . . . . »	147,000
Pays-Bas. . . . »	300,000
Suède et Norvége.. »	580,000
Autres pays. . . »	3,154
Total . . . . »	26,213,308

Houille.

Destination.	Quantité ou valeur.
Algérie . . . Kilog.	350,000
Allemagne . . . »	5,185,700
Angleterre . . . »	107,919,685
Australie . . . »	7,950,000
Brésil. . . . »	5,170,000
Canada . . . . »	700,000
Chili . . . . »	30,735,000
Chine . . . . »	1,420,000
Congo . . . . »	5,601,000
Cuba et Portorico . »	2,210,000
Danemark . . . »	630,000
Egypte . . . . »	5,740,000
Espagne. . . . »	5,620,000
Equateur. . . . »	600,000
Etats-Unis d'Amérique »	50,987,100
France . . . . »	7,865,383
Grèce . . . . »	520,000
Inde anglaise . . »	2,860,000
Indes néerlandaise . »	1,330,000
Italie . . . . »	4,417,000
Japon. . . . . »	850,000
Maroc . . . . »	100,000
Mexique . . . . »	2,850,250
Pays-Bas. . . . »	933,017
Portugal . . . »	2,100,000
République Argentine »	12,500,000
Roumanie . . . »	550,000
Russie . . . . »	13,860,100
Suède et Norvége . »	10,880,000
Transvaal . . . »	1,000,000
Turquie . . . . »	5,901,810
Autres pays . . . »	4,515,035
Total . . . . »	303,335,089

CONSERVES ALIMENTAIRES

AU SUCRE.

Destination.	Quantité ou valeur.
Angleterre . . Kilog.	5,900
Congo . . . . »	4,470
Pays-Bas . . . »	1,099
Autres pays . . . »	3,398
Total . . . . »	14,867

CORDAGES.

Destination.	Quantité ou valeur.
Algérie . . . Kilog.	13,774
Allemagne . . . »	182,200

Destination.	Quantité ou valeur.
Angleterre . . Kilog.	1,740,800
Brésil. . . . »	70,100
Canada . . . . »	31,700
Chili . . . . »	40,140
Chine. . . . . »	10,150
Congo . . . . »	3,698
Danemark . . . »	754,641
Egypte . . . . »	58,628
Espagne . . . »	79,785
Etats-Unis d'Amérique »	87,057
France . . . . »	49,393
Grèce. . . . »	63,345
Inde anglaise . . »	29,575
Italie . . . . »	16,690
Maroc . . . . »	11,107
Pays-Bas . . . »	181,600
République Argentine »	417,300
Roumanie . . . »	14,334
Russie . . . . »	569,810
Suède et Norvége . »	607,800
Tunisie . . . . »	8,330
Turquie . . . . »	162,146
Uruguay . . . »	8,662
Autres pays . . . »	633,907
Total . . . . »	6,855,565

DENRÉES ALIMENTAIRES.

Pois, lentilles, fèves.

Destination.	Quantité ou valeur.
Allemagne . . Kilog	2,056,700
Angleterre . . . »	213,800
Congo . . . . »	24,516
Espagne . . . . »	918,216
Etats-Unis d'Amérique »	510,350
France . . . . »	137,850
Pays-Bas . . . . »	491,425
Portugal . . . »	358,900
Autres pays . . . »	48,046
Total . . . . »	4,759,801

Légumes. — Chicorée.

Destination.	Quantité ou valeur.
Angleterre . . Kilog.	48,150
Cap de Bonne Espérance »	7,680
Espagne . . . . »	15,811
Etats-Unis d'Amérique »	149,020
France . . . . »	19,400
République Argentine »	19,500
Autres pays . . . »	28,550
Total . . . . »	288,019

Légumes. — Pommes de terre.

Destination.	Quantité ou valeur.
Angleterre . . . Kilog.	12,543,840
Brésil. . . . »	463,025
Congo . . . . »	201,790

Destination.		Quantité ou valeur.
Espagne	Kilog.	343,942
Gibraltar.	»	166,845
Maroc	»	199,615
Pays-Bas.	»	488,500
Suède et Norvége	»	3,886,930
Autres pays	»	280,215
Total	»	18,685,703

Légumes non dénommés.

Destination.		Quantité ou valeur.
Allemagne	Kilog.	97,430
Angleterre	»	2,391,100
Congo	»	80,227
Etats-Unis d'Amérique	»	128,613
France	»	60,300
Inde néerlandaise	»	28,700
Pays-Bas	»	69,060
Suède et Norvége	»	97,030
Autres pays	»	99,789
Total.	»	3,054,249

Œufs de volailles.

Destination.		Quantité ou valeur.
Allemagne	Pièces	118,400
Angleterre	»	19,666,443
France	»	148,100
Pays-Bas	»	563,300
Autres pays	»	18,720
Total.	»	20,514,963

Riz.

Destination.		Quantité ou valeur.
Allemagne	Kilog.	2,108,350
Angleterre	»	390,430
Brésil.	»	300,300
Chili	»	254,305
Congo	»	1,681,385
Cuba et Portorico.	»	9,611,954
Etats-Unis d'Amérique	»	136,443
France	»	154,200
Grèce	»	145,505
Maroc	»	64,020
Pays-Bas.	»	2,960,350
Portugal	»	202,866
République Argentine	»	743,260
Roumanie	»	281,300
Russie	»	679,000
Suisse	»	84,800
Turquie	»	238,900
Autres pays	»	408,236
Total.	»	20,445,604

Sel brut et raffiné

Destination.		Quantité ou valeur.
Brésil	Kilog.	120,060
Congo	»	398,906
Autres pays	»	418,996
Total.	»	937,962

Non dénommés.

Destination.		Quantité ou valeur.
Congo	Kilog.	1,615
Espagne.	»	783,402
Italie.	»	713,425
Autres pays	»	307,343
Total	»	1,809,785

DRILLES ET CHIFFONS.

Destination.		Quantité ou valeur.
Angleterre	Kilog.	2,450,100
Canada	»	312,900
Etats-Unis d'Amérique	»	8,659,780
Russie	»	2,026,333
Autres pays	»	527,088
Total	»	13,976,098

DROGUERIES.

Chicorée brûlée.

Destination.		Quantité ou valeur.
Angleterre	Kilog.	102,029
Cap de Bonne Espérance	»	106,900
Chili	»	29,330
Espagne	»	40,850
Etats-Unis d'Amérique	»	299,370
Italie.	»	102,335
Natal.	»	55,680
Portugal.	»	27,005
République Argentine	»	142,040
Transvaal	»	21,974
Autres pays	»	99,963
Total.	»	1,018,476

Colle forte.

Destination.		Quantité ou valeur.
Allemagne	Kilog.	22,300
Angleterre	»	660,300
Canada	»	33,220
Congo	»	1,009
Espagne	»	18,611
Etats-Unis d'Amérique	»	72,076
France	»	22,800
République Argentine	»	50,060
Suisse	»	37,734
Autres pays	»	20,685
Total.	Kilog.	937,795

Colle de poisson.

Destination.		Quantité ou valeur.
Pour tous pays	Kilog.	9,041

Eaux minérales.

Destination.		Quantité ou valeur.
Allemagne	Francs	79,900
Angleterre	»	595,090
Australie	»	41,300
Brésil	»	250,050

Destination.		Quantité ou valeur.
Canada	Francs	94,500
Cap de Bonne Espérance	»	17,600
Chili	»	54,450
Chine	»	50,000
Congo	»	43,100
Cuba et Portorico	»	16,430
Danemark	»	7,920
Egypte	»	35,200
Espagne	»	6,527
Equateur	»	10,650
Etats-Unis d'Amérique	»	1,892,305
France	»	17,050
Inde anglaise	»	15,850
Inde néerlandaise	»	10,100
Italie	»	28,150
Japon	»	88,300
Mexique	»	70,180
Pays-Bas	»	8,575
Pérou	»	34,900
Philippines	»	8,200
Portugal	»	11,300
Rép. Argentine	»	100,860
Russie	»	31,665
Suède et Norvège	»	22,640
Turquie	»	5,800
Uruguay	»	10,800
Autres pays	»	163,360
Total	»	3,862,752

Eponges.

Destination.		Quantité ou valeur.
Angleterre	Francs	10,100
Autres pays	»	1,150
Total	»	11,250

Non dénommées.

Destination.		Quantité ou valeur.
Algérie	Kilog.	5,629
Allemagne	»	6,900,500
Angleterre	»	1,847,360
Brésil	»	13,900
Canada	»	16,040
Chili	»	12,638
Chine	»	12,500
Congo	»	11,660
Danemark	»	52,604
Egypte	»	7,134
Espagne	»	97,474
Etats-Unis d'Amérique	»	47,580
France	»	38,880
Inde anglaise	»	24,758
Italie	»	57,854
Japon	»	18,030
Pays-Bas	»	180,900
Portugal	»	486,203
Rép. Argentine	»	55,160
Roumanie	»	21,686
Russie	»	45,075

Destination.		Quantité ou valeur.
Siam	Kilog.	9,208
Suède et Norvège	»	154,190
Suisse	»	32,960
Turquie	»	20,141
Autres pays	»	354,429
Total	»	10,524,583

ÉPICERIES.

Destination.		Quantité ou valeur.
Congo	Francs	602
Pays-Bas	»	5,305
Autres pays	»	2,145
Total	»	8,052

FILS.

De coton.

Destination.		Quantité ou valeur.
Allemagne	Kilog	18,250
Angleterre	»	24,417
Chine	»	17,005
Danemark	»	10,800
Egypte	»	6,380
Espagne	»	4,645
France	»	55,200
Grèce	»	17,725
Inde néerlandaise	»	10,004
Italie	»	8,080
Japon	»	13,605
Pays-Bas	»	3,284
République Argentine	»	17,850
Roumanie	»	41,626
Russie	»	16,725
Suède et Norvège	»	26,075
Suisse	»	3,163
Turquie	»	192,840
Autres pays	»	15,005
Total	»	511,679

De laine.

Destination.		Quantité ou valeur.
Angleterre	Kilog	5,669,350
Brésil	»	53,100
Bulgarie	»	10,460
Danemark	»	79,100
Etats-Unis d'Amérique	»	12,200
Grèce	»	7,900
Japon	»	13,580
Pays-Bas	»	7,309
Portugal	»	37,970
République Argentine	»	14,719
Roumanie	»	3,337
Russie	»	17,018
Suède et Norvège	»	298,440
Turquie	»	1,700
Autres pays	»	1,105
Total	»	6,225,288

Destination.	Quantité ou valeur.		Destination.	Quantité ou valeur.	

De lin.

Allemagne	Kilog.	69,700
Angleterre	»	569,900
Chili	»	1,159
Chine	»	4,990
Danemark	»	80,058
Egypte	»	7,529
Espagne	»	950,200
Etats-Unis d'Amérique	»	6,325
France	»	50,466
Grèce	»	1,418
Indes néerlandaises	»	3,610
Italie	»	29,245
Maroc	»	1,105
Pays-Bas	»	111,480
Portugal	»	31,615
Roumanie	»	33,990
Russie	»	4,550
Suède et Norvége	»	181,830
Suisse	»	19,660
Turquie	»	3,171
Autres pays	»	31,856
Total	»	2,193,857

Préparés pour la vente au détail.

Allemagne	Kilog.	4,842
Angleterre	»	26,315
Australie	»	3,000
Brésil	»	1,918
Chili	»	1,917
Chine	»	2,417
Congo	»	113
Etats-Unis d'Amérique	»	1,360
Inde néerlandaise	»	1,581
République Argentine	»	3,000
Suisse	»	10,110
Autres pays	»	10,739
Total	»	67,322

FRUITS.

Angleterre	Kilog.	1,090,800
Congo	»	400
Pays-Bas	»	17,370
Suède et Norvége	»	30,300
Autres pays	»	11,185
Total	»	1,149,055

GRAINS ET LEURS DÉRIVÉS.

Froment, épeautre et méteil.

Allemagne	Kilog.	251,414,583
Angleterre	»	951,115
Australie	»	106,700
Congo	»	2,968
Danemark	»	145,500
Espagne	Kilog.	4,009,960
France	»	600,000
Pays-Bas	»	63,423,658
Suède et Norvége	»	3,089,860
Suisse	»	50,000
Autres pays	»	22,848
Total	»	323,817,192

Seigle.

Allemagne	Kilog.	9,406,300
Pays-Bas	»	8,396,380
Suède et Norvége	»	1,795,980
Total	»	19,598,660

Orge et escourgeon.

Allemagne	Kilog.	18,647,570
Congo	»	5,907
France	»	54,398
Pays-Bas	»	11,764,270
Suède et Norvége	»	379,090
Turquie	»	124,160
Total	»	30,975,395

Avoine.

Congo	Kilog.	156
Autres pays	»	10,127
Total	»	10,283

Maïs.

Allemagne	Kilog.	85,167,000
Angleterre	»	185,360
Congo	»	291
Espagne	»	2,015,321
Pays-Bas	»	27,843,060
Suède et Norvége	»	2,277,039
Autres pays	»	5,101
Total	»	117,493,172

Sarrasin.

Allemagne	Kilog.	1,727,358
Pays-Bas	»	200,000
Total	»	1,927,358

Farines et son.

Allemagne	Kilog.	5,970,000
Angleterre	»	3,445,700
Congo	»	222,387
Danemark	»	594,729
Espagne	»	752,740
France	»	363,020
Italie	»	84,850
Pays-Bas	»	5,349,023
Roumanie	»	39,819

Destination.	Quantité ou valeur.
Suède et Norvége . Kilog.	6,264,753
Autres pays . . . »	919,770
Total . . . . . »	24,617,797

Malt.

Allemagne . . . Kilog.	81,480
Congo . . . . »	510
Autres pays . . . »	20,370
Total. . . . . »	102,360

Pain et biscuits de mer.

Congo . . . . Kilog.	579,799
Autres pays . . . »	6,670
Total. . . . . »	586,469

HABILLEMENTS.

Allemagne . . .Francs	14,920
Angleterre . . . »	147,900
Congo . . . . »	71,075
Etats-Unis d'Amérique »	14,540
France . . . »	23,070
Grèce. . . . »	5,150
Inde anglaise . . »	9,200
Pays-Bas . . . »	34,550
République Argentine »	34,300
Suède et Norvége . »	17,450
Autres pays . . . »	74,879
Total . . . . »	445,204

HUILES VÉGÉTALES.

Allemagne . . . Kilog.	2,855,330
Angleterre . . . »	4,625,000
Canada . . . »	19,978
Chili . . . . »	17,541
Congo . . . »	28,402
Danemark . . . »	48,170
Espagne . . . »	201,809
Etats-Unis d'Amérique »	312,250
Inde anglaise . . »	34,633
Italie . . . . »	14,708
Pays-Bas. . . »	548,060
République Argentine »	35,682
Roumanie . . "	43,338
Russie . . . »	127,750
Suède et Norvége . »	800,000
Turquie . . . »	15,192
Autres pays . . . »	303,198
Total. . . . . »	10,040,041

INSTRUMENTS ET APPAREILS SCIENTIFIQUES.

Angleterre . . .Francs	7,285
Chine . . . »	5,000
Congo . . . »	16,240

Destination.	Quantité ou valeur.
Tunisie . . . .Francs	5,000
Autres pays . . . »	2,870
Total . . . . . »	36,395

INSTRUMENTS DE MUSIQUE.

Angleterre . . .Francs	27,210
Congo . . . »	800
République Argentine »	9,300
Autres pays . . . »	27,825
Total . . . . »	65,135

LIQUIDES ALCOOLIQUES.

En cercles.

Pour tous pays , Hectol.	155

En bouteille.

Congo . . . Hectol.	19
Autres pays . . . »	28
Total. . . . . »	47

MACHINES ET MÉCANIQUES

Outils en fer, acier, fonte et cuivre:

Angleterre . . . Kilog.	17,498
Chine . . . . »	62,381
Congo . . . . »	57,730
Egypte . . . »	7,053
Grèce. . . . »	6,822
Roumanie . . »	9,014
Russie . . . »	29,808
Turquie . . . »	17,542
Autres pays . . . »	25,246
Total . . . . . »	233,024

Outils en bois.

Congo . . . .Francs	210
Autres pays . . . »	510
Total . . . . »	720

Voitures pour chemin de fer en fer, fonte, acier ou cuivre

Algérie . . . . Kilog.	253,973
Allemagne . . »	115,992
Angleterre . . . »	150,640
Australie. . . »	52,160
Brésil . . . »	38,006
Cap de Bonne Espérance »	62,200
Chine. . . . »	1,392,168
Congo . . . »	117,485
Danemark . . . »	12,517
Egypte . . . »	3,648,248
Espagne. . . »	2,182,981
France . . . . »	765,628

Destination.		Quantité ou valeur.
Grèce	Kilog.	38,777
Italie.	»	40,693
Japon.	»	110,280
Mexique.	»	33,000
Natal.	»	170,458
Pérou.	»	15,220
Portugal.	»	12,976
République Argentine	»	105,876
Russie	»	1,377,900
Salvador.	»	19,210
Siam	«	115,995
Suède et Norvége.	»	62,200
Turquie.	»	20,959
Autres pays.	»	114,666
Total	»	11,030,208

Non dénommées en fonte.

Destination.		Quantité ou valeur.
Allemagne	Kilog.	17,099
Angleterre	»	355,340
Brésil	»	31,653
Canada	»	19,040
Cap de Bonne Espérance	»	11,263
Chine	»	9,298
Congo	»	389,022
Cuba et Portorico	»	123,700
Danemark	»	17,731
Egypte	»	169,472
Espagne	»	989,208
Etats-Unis d'Amérique	»	101,835
France	»	60,934
Grèce.	»	172,125
Japon.	»	6,500
Mexique	»	14,392
Pays-Bas	»	145,752
Pérou	»	22,868
Portugal	»	40,543
République Argentine	»	15,019
Roumanie	»	35,350
Russie	»	2,425,853
Suède et Norvége.	»	127,060
Transvaal	»	80,671
Turquie.	»	7,312
Uruguay	»	10,653
Autres pays	»	34,290
Total	»	5,501,881

Non dénommées en fer ou en acier.

Destination.		Quantité ou valeur.
Algérie	Kilog.	29,481
Allemagne	»	45,680
Angleterre	»	582,340
Australie.	»	7,482
Brésil	»	564,413
Chili	»	7,585
Chine.	»	513,950
Congo	»	218,898

Destination.		Quantité ou valeur.
Cuba et Portorico	Kilog.	47,870
Danemark	»	34,936
Egypte	»	1,204,119
Espagne	»	1,746,077
Etats-Unis d'Amérique	»	448,494
France	»	484,451
Grèce	»	116,949
Indes anglaisess.	»	72,739
Indes néerlandaises	»	101,540
Italie	»	146,922
Japon.	»	11,000
Maroc	»	12,008
Mexique.	»	98,121
Pays-Bas,	»	24,226
Pérou	»	50,800
Portugal	»	305,837
République Argentine	»	127,836
Roumanie	»	87,649
Russie	»	3,146,770
Suède et Norvége	»	196,934
Tunisie	»	6,202
Turquie.	»	146,158
Uruguay.	»	41,090
Autres pays	»	54,430
Total	»	10,683,007

Non dénommées en bois.

Destination.		Quantité ou valeur.
Pour tous pays	Francs	13,530

Non dénommées en cuivre en toute autre matière.

Destination.		Quantité ou valeur.
Algérie	Kilog.	5,235
Allemagne	»	7,963
Angleterre	»	488,404
Australie.	»	24,313
Brésil.	»	9,951
Chili	»	6,489
Chine,	»	13,651
Congo	"	3,159
Egypte	»	200,807
Espagne	»	35,585
Etats-Unis d'Amérique	»	21,245
Grèce	»	6,336
Inde anglaise	»	6,235
Italie.	»	25,649
Japon.	»	49,306
Pays Bas	»	22,614
Portugal.	»	21,963
République Argentine	»	29,049
Roumanie	»	5,863
Russie	»	61,927
Suède et Norvége.	»	27,947
Suisse	»	13,833
Turquie.	»	7,706
Autres pays	»	59,201
Total	»	1,154,615

Destination.	Quantité ou valeur.	Destination.	Quantité ou valeur.
MATIÈRES ANIMALES BRUTES.		*Os et cornillons.*	
Cire.		Allemagne . . . Kilog.	124,250
Allemagne . . . Kilog.	108,390	Angleterre . . . »	310,379
Autres pays. . . »	43,963	Espagne . . . »	14,317
		Etats-Unis d'Amérique »	169,963
Total . . . . »	152,953	France . . . »	10,905
Graisses.		Pays-Bas. . . . »	122,000
		Autres pays. . . »	1,070
Allemagne . . . Kilog.	1,632,492		
Angleterre . . . »	3,757,170	Total. . . . . »	752,884
Australie, . . . »	338,499	*Non dénommées.*	
Brésil. . . . »	94,408	Allemagne . . .Francs	416,527
Canada . . . »	176,975	Angleterre . . »	778,050
Cap de Bonne Espérance»	53,964	Autriche-Hongrie . »	13,280
Chili . . . . »	786,472	Brésil . . . »	32,100
Chine. . . . »	12,389	Congo . . . »	18,750
Colombie . . . »	75,337	Danemark . . . »	25,050
Congo . . . »	13,189	Etats-Unis d'Amérique »	410,960
Cuba et Portorico . »	45,503	France . . . »	197,500
Danemark . . . »	305,686	Pays-Bas. . . »	54,135
Egypte . . . »	47,227	Portugal . . »	57,500
Espagne . . . »	916,367	République Argentine »	73,050
Equateur. . . »	67,460	Russie . . . »	17,150
Etats-Unis d'Amérique »	2,963,238	Suède et Norvége . »	14,600
France . . . »	125,700	Suisse . . . »	154,505
Gibraltar. . . »	25,642	Transvaal . . »	13,000
Grèce. . . . »	19,894	Autres pays . . »	371,925
Honduras . . »	38,800		
Inde anglaise . . »	189,921	Total . . . . «	2,648,082
Italie . . . »	448,476	*Chaux.*	
Japon . . . »	27,672		
Luxembourg . »	87,683	Allemagne . . Kilog	281,611
Mexique. . . »	395,404	Angleterre . . »	12,140,000
Pays-Bas. . . »	472,998	Cap de Bonne Espérance »	84,875
Pérou. . . »	138,908	Chili . . . »	485,000
Portugal. . . »	47,363	Chine. . . . »	315,300
République Argentine »	58,707	Congo. . . . »	930,250
Russie . . . »	883,789	Egypte . . . »	106,750
Salvador. . . »	202,280	Espagne. . . »	224,329
Suède et Norvége . »	736,500	Natal . . . »	97,000
Suisse. . . »	699,923	Pays-Bas. . . »	2,524,730
Transvaal . . »	18,725	Portugal. . . »	92,150
Tunisie . . . »	21,026	Roumanie . . »	19,400
Turquie . . . »	37,125	Russie . . . »	217,730
Uruguay. . . »	49,672	Suède et Norvége . »	2,060,000
Vénézuéla . . »	32,400	Transvaal . . »	52,297
Autres pays . . »	2,941,518	Uruguay. . . "	24,250
		Autres pays . . »	129,268
Total. . . . »	18,976,623		
Ivoire.		Total . . . . »	19,787,970
Allemagne . . . Kilog.	22,420	*Ciment,*	
Angleterre . . . »	90,026		
Etats-Unis d'Amérique »	54,777	Allemagne . . .Kilog.	1,531,680
France . . . »	26,598	Angleterre . . »	65,157,317
Pays-Bas. . . »	10,441	Australie. . . »	7,535,899
Autres pays . . »	42,405	Brésil . . . »	26,426,869
Total . . . . »	246,727	Bulgarie . . . »	235,918
		Canada . . . »	13,799,471

Destination.	Quantité ou valeur.
Cap de Bonne Espér. Kilog.	5,391,614
Chili . . . . »	1,448,112
Chine. . . . »	5,268,974
Colombie . . »	276,760
Congo. . . . »	1,745,675
Costarica. . »	76,500
Cuba et Portorico . »	7,935,917
Danemark . . »	93,022
Egypte . . . »	16,243,525
Espagne. . . »	8,748,918
Equateur. . . »	119,300
Etats-Unis d'Amérique »	106,192,174
France . . . »	434,913
Gibraltar. . . »	165,240
Grèce. . . . »	315,854
Haïti. . . . »	68,962
Inde anglaise . . »	8,695,342
Inde néerlandaise . »	1,703,706
Japon. . . . »	459,908
Malte. . . . »	499,710
Maroc . . . »	413,423
Mexique. . . »	2,751,868
Natal. . . . »	8,121,987
Pays-Bas . . »	19,525,436
Pérou . . . »	264,926
Philippines . . »	93,330
Portugal. . . »	6,228,432
République Argentine »	30,913,169
Roumanie . . »	1,370,148
Russie . . . »	2,018,562
Suède et Norvége . »	12,317,408
Transvaal . . »	1,498,100
Turquie. . . »	542,694
Uruguay . . »	459,468
Autres pays. . »	6,611,807
Total . . . »	**374,690,438**

Minerais de fer.

Destination.	Quantité ou valeur.
Allemagne . . Kilog.	35,971,330
Angleterre . . »	4,690,890
Autres pays. . »	11,525,650
Total . . . »	**52,187,870**

Soufre.

Destination.	Quantité ou valeur.
Allemagne . . Francs	691,640
Etats-Unis d'Amérique »	242,849
France . . . »	1,252,200
Pays-Bas . . »	394,515
Autres pays . . »	646,202
Total . . . »	**3,232,229**

Non dénommées.

Destination.	Quantité ou valeur.
Allemagne . . Francs	4,560,700
Angleterre . . »	1,870,950
Brésil. . . .	72,600
Canada . . . Francs	79,640
Cap de Bonne Espérance »	103,020
Chili . . . »	62,700
Colombie . . »	100,000
Congo . . . »	4,935
Cuba et Portorico . »	72,600
Danemark . . »	37,530
Espagne . . . »	212,528
Etats-Unis d'Amérique »	639,335
France . . . »	705,050
Grèce. . . . »	31,370
Inde anglaise . . »	153,340
Italie . . . »	194,465
Pays-Bas . . »	176,898
Portugal. . . »	30,730
République Argentine »	64,050
Russie . . . »	883,594
Suède et Norvége . »	231,090
Turquie. . . »	86,600
Vénézuéla . . »	50,000
Autres pays . . »	736,340
Total . . . »	**11,149,565**

MATIÈRES TEXTILES BRUTES.

Chanvre.

Destination.	Quantité ou valeur.
Allemagne . . Kilog.	602,820
Angleterre . . »	87,772
Espagne . . . »	235,838
Etats-Unis d'Amérique »	265,780
France . . . »	232,270
Pays-Bas. . . »	19,661
Portugal. . . »	18,430
Russie . . . »	31,595
Suède et Norvége . »	93,700
Suisse . . . »	11,044
Autres pays . . »	52,594
Total. . . . »	**1,651,504**

Coton.

Destination.	Quantité ou valeur.
Allemagne . . Kilog.	16,250,760
Angleterre . . »	68,564
Brésil. . . . »	181,524
Chine. . . . »	116,400
Congo . . . »	2,153
Danemark . . »	62,467
Espagne . . . »	418,002
Etats-Unis d'Amérique »	133,996
France . . . »	122,152
Italie. . . . »	155,102
Pays-Bas. . . »	388,000
Portugal. . . »	308,352
République Argentine »	14,665
Russie . . . »	756,780
Suède et Norvége . »	1,493,280
Suisse . . . »	7,862
Transvaal . . . »	40,740

Destination	Quantité ou valeur.
Turquie . . . . Kilog.	12,174
Autres pays . . . »	614,516
Total. . . . . . »	21,148,489

Etoupes.

Destination	Quantité ou valeur.
Allemagne . . . Kilog.	469,830
Congo . . . . »	78
Etats-Unis d'Amérique »	158,595
Suède et Norwége . . »	27,300
Autres pays . . »	29,229
Total . . . . »	685,032

Jute.

Destination	Quantité ou valeur.
Pour tous pays . . Kilog.	22,064

Laine.

Destination	Quantité ou valeur.
Allemagne . . . Kilog.	4,800,700
Angleterre . . . »	2,530,270
Autriche-Hongrie . »	43,520
Brésil. . . . »	58,721
Canada . . . »	192,800
Chili. . . . »	22,090
Chine . . . »	34,500
Danemark . . . »	102,350
Espagne . . . »	135,780
Etats-Unis d'Amérique »	725,675
France . . . »	500,710
Grèce . . . »	45,225
Italie. . . . »	74,370
Japon . . . »	205,220
Pays-Bas. . . »	214,580
Portugal. . . »	120,930
République Argentine »	30,690
Roumanie . . »	75,395
Russie . . . »	565,715
Suède et Norwége . »	617,314
Suisse . . . »	118,088
Turquie . . . »	92,835
Autres Pays. . . »	4,928,579
Total. . . . »	16,036,957

Lin.

Destination	Quantité ou valeur.
Allemagne . . . Kilog.	229,746
Angleterre . . . »	21,747
Danemark . . . »	32,762
Espagne . . . »	54,949
Etats-Unis d'Amérique »	445,112
France . . . »	12,998
Portugal. . . »	156,619
Russie . . . »	517,657
Suède et Norwége . »	43,249
Autres pays . . »	28,960
Total. . . . »	1,543,829

Soie.

Destination	Quantité ou valeur.
Allemagne . . . Kilog.	41,740
Angleterre . . . »	17,194
France . . . »	24,280
Italie . . . »	1,843
Suisse . . . »	65,044
Autres pays . . . »	2,282
Total. . . . . »	152,383

Non dénommées.

Destination	Quantité ou valeur.
Allemagne . . . Francs	422,930
Angleterre . . . »	136,260
Congo . . . »	80
Danemark . . . »	21,430
Etats-Unis d'Amérique »	63,200
France . . . »	8,600
Italie. . . . »	14,700
Pays-Bas. . . »	29,140
République Argentine »	11,590
Russie . . . »	25,300
Suède et Norwége . »	55,010
Suisse . . . »	17,859
Autres pays . . . »	37,520
Total. . . . . »	843,619

MERCERIE ET QUINCAILLERIE.

Destination	Quantité ou valeur.
Algérie . . . .Francs	12,572
Allemagne . . . »	73,780
Angleterre . . . »	1,939,439
Australie. . . »	134,810
Brésil. . . . »	87,215
Canada . . . »	17,695
Cap de Bonne Espérance »	18,300
Chili . . . »	237,200
Chine. . . . »	46,657
Colombie . . . »	22,410
Congo . . . »	192,826
Danemark . . . »	18,213
Egypte . . . »	34,570
Espagne . . . »	397,266
Etats-Unis d'Amérique »	75,102
France . . . »	42,202
Gibraltar. . . »	5,350
Grèce. . . . »	33,430
Inde anglaise . . »	221,480
Inde néerlandaise . »	45,100
Italie. . . . »	13,400
Malte. . . . »	91,870
Maroc . . . »	24,215
Mexique . . . »	29,480
Pays-Bas . . . »	201,190
Pérou. . . . »	49,337
Philippines . . »	7,750
Portugal. . . . »	25,588
République Argentine. »	139,235

Destination.		Quantité ou valeur.
Roumanie	Francs	55,906
Russie	»	15,225
Suède et Norwége	»	38,467
Tripolitaine	»	18,750
Tunisie	»	11,071
Turquie	»	133,410
Uruguay	»	55,700
Vénézuéla	»	5,320
Autres pays	»	729,773
Total	»	5,122,804

MÉTAUX.

Acier en barres, feuilles ou fils.

Destination.		Quantité ou valeur.
Allemagne	Kilog.	1,092,750
Angleterre	»	32,650,000
Australie	»	950,000
Autriche-Hongrie	»	2,290,920
Brésil	»	936,479
Bulgarie	»	50,330
Canada	»	230,230
Cap de Bonne Espérance	»	636,227
Chili	»	1,317,080
Chine	»	7,809,613
Congo	»	1,988,760
Costarica	»	18,050
Cuba et Portorico	»	817,317
Danemark	»	2,619,322
Égypte	»	1,929,670
Espagne	»	722,328
Équateur	«	213,816
Etats-Unis d'Amérique	»	2,260,960
France	»	63,273
Grèce	»	2,117,000
Guatémala	»	13,635
Inde anglaise	»	2,717,820
Inde néerlandaise	»	6,070
Italie	»	2,890,340
Japon	»	3,770,080
Malte	»	880,890
Maroc	»	60,716
Mexique	»	1,729,660
Natal	»	360,720
Pays-Bas	»	215,000
Pérou	»	67,300
Portugal	»	4,717,810
République Argentine	»	5,716,880
Roumanie	»	9,006,718
Russie	»	6,729,480
Suède et Norwége	»	13,720,813
Transvaal	»	215,000
Tunisie	»	2,516,620
Turquie	»	3,729,933
Uruguay	»	25,560
Autres pays	»	6,819,439
Total	»	126,634,515

Acier ouvré.

Destination.		Quantité ou valeur.
Allemagne	Kilog.	7,740
Angleterre	»	3,590,438
Brésil	»	24,155
Chili	»	11,174
Chine	»	147,926
Congo	»	785,264
Danemark	»	93,808
Égypte	»	303,559
Espagne	»	834,837
Etats-Unis d'Amérique	»	188,469
France	»	33,155
Grèce	»	1,562,050
Inde anglaise	»	52,104
Italie	»	105,852
Japon	»	85,000
Mexique	»	824,895
Natal	»	79,666
Pays-Bas	»	82,567
Pérou	»	9,594
Portugal	»	189,906
République Argentine	»	145,000
Roumanie	»	385,595
Russie	»	476,495
Suède et Norwége	»	134,490
Transvaal	»	161,678
Turquie	»	510,788
Autres pays	»	118,940
Total	»	11,041,143

Cuivre et nickel bruts.

Destination.		Quantité ou valeur.
Allemagne	Kilog.	1,041,015
Angleterre	»	79,814
Autriche-Hongrie	»	20,300
Chine	»	17,765
Espagne	»	42,869
Etats-Unis d'Amérique	»	177,135
France	»	13,867
Pays-Bas	»	69,632
Russie	»	60,000
Autres pays	»	34,522
Total	»	1,556,909

Cuivre et nickel battus, étirés ou laminés.

Destination.		Quantité ou valeur.
Angleterre	Kilog.	183,497
Australie	»	7,608
Brésil	»	17,400
Chine	»	74,903
Congo	»	379,166
Égypte	»	14,040
Espagne	»	189,237
Etats-Unis d'Amérique	»	61,200
Grèce	»	5,123
Inde anglaise	»	52,250
Italie	»	28,433
Mexique	»	9,605

VI

Destination.		Quantité ou valeur.
Portugal . . .	.Kilog.	37,946
République Argentine	»	53,345
Roumanie , . .	»	17,414
Turquie . . .	»	35,138
Autres pays . . .	»	55,016
Total.	»	1,222,460

Cuivre et nickel ouvrés.

Destination.		Quantité ou valeur.
Angleterre . .	.Francs	100,071
Congo	»	6,800
Egypte	»	7,480
Espagne	»	82,645
Grèce	»	5,425
Portugal	»	83,510
Roumanie . . .	»	9,720
Suède et Norwége .	»	7,215
Turquie	»	30,330
Autres pays . . .	»	25,599
Total.	»	358,785

Etain non ouvré.

Destination.		Quantité ou valeur.
Allemagne . .	.Kilog.	339,657
Angleterre . . .	»	47,634
Danemark . . .	»	7,936
Espagne	»	32,830
Italie	»	25,000
Pays-Bas . . .	»	123,030
République Argentine	»	16,262
Autres pays . . .	»	7,353
Total, ...	»	590,792

Etain ouvré.

Destination.		Quantité ou valeur.
Pour tous pays. .	.Francs	1,695

Fer : fonte brute.

Destination.		Quantité ou valeur.
Pour tous pays. .	.Kilog.	888,049

Fer : fonte ouvrée.

Destination.		Quantité ou valeur.
Allemagne . .	.Kilog.	567,502
Angleterre . .	»	329,804
Brésil. . . .	»	31,154
Bulgarie. . . .	»	199,409
Chili	»	439,042
Chine. . . .	»	273,893
Cuba et Portorico .	»	30,000
Danemark . . .	»	2,164,020
Egypte	»	241,180
Espagne	»	855,102
France	»	23,543
Grèce.	»	411,193
Italie	»	31,704
Japon. . . .	»	4,096,937
Maroc . . .	»	50,000
Mexique . . .	»	92,413
Portugal	»	270,830
République Argentine	»	173,282

Destination.		Quantité ou valeur.
Roumanie . . .	.Kilog.	559,694
Russie	»	344,356
Suède et Norwége .	»	41,275
Transvaal . . .	»	23,357
Turquie	»	807,081
Autres pays . . .	»	295,706
Total.	»	12,352,477

Fer : vieux fers.

Destination.		Quantité ou valeur.
Allemagne . .	.Kilog.	881,292
Autres pays . . .	»	710,213
Total.	»	1,591,505

Fer étiré : fils.

Destination.		Quantité ou valeur.
Angleterre . .	.Kilog.	116,197
Brésil. . . .	»	347,873
Canada	»	226,272
Chili	»	47,310
Chine. . . .	»	188,860
Congo	»	540
Egypte . . .	»	34,295
Etats-Unis d'Amérique	»	228,300
Grèce.	»	130,119
Inde anglaise . .	»	40,352
Japon. . . .	»	215,700
République Argentine	»	50,399
Russie	»	37,438
Suède et Norwége .	»	266,790
Autres pays . . .	»	58,444
Total.	»	1,998,889

Fer : Poutrelles, rails, tôles.

Destination.		Quantité ou valeur.
Algérie . . .	.Kilog.	65,000
Allemagne . . .	»	1,117,820
Angleterre . . .	»	42,875,930
Australie. . . .	»	799,615
Brésil. . . .	»	725,234
Bulgarie . . .	»	325,960
Canada	»	722,830
Cap de Bonne Espérance	»	89,965
Chili , . . .	»	899,600
Chine.	»	3,717,850
Congo	»	898,720
Danemark . . .	»	880,060
Egypte . . .	»	4,809,420
Espagne . . .	»	744,220
Etats-Unis d'Amérique	»	216,180
France	»	325,670
Grèce. . . .	»	223,304
Inde anglaise . .	»	8,275,850
Italie	»	135,715
Japon. . . .	»	5,960,280
Malte. . . .	»	165,725
Maroc	»	214,323
Mexique	»	731,270

Destination.		Quantité ou valeur.
Natal	Kilog.	40,200
Pérou	»	75,100
Portugal	»	1,923,987
République Argentine	»	2,886,327
Roumanie	»	798,426
Russie	»	15,617,830
Suède et Norwége	»	9,960,560
Transvaal	»	487,318
Tunisie	»	669,530
Turquie	»	2,863,506
Uruguay	»	80,735
Autres pays	»	8,750,770
Total	»	119,071,830

Fer battu, étiré et laminé.

Non dénommés.

Destination.		Quantité ou valeur.
Algérie	Kilog.	36,200
Allemagne	»	1,753,953
Angleterre	»	12,208,920
Australie	»	840,642
Brésil	»	4,957,045
Bulgarie	»	502,222
Canada	»	40,553
Cap de Bonne Espérance	»	838,714
Chili	»	1,930,575
Chine	»	21,020,920
Congo	»	402,825
Danemark	»	1,513,620
Egypte	»	3,821,996
Espagne	»	1,349,621
Etats-Unis d'Amérique	»	374,204
France	»	143,695
Grèce	»	1,513,790
Inde anglaise	»	19,990,440
Inde néerlandaise	»	286,000
Italie	»	806,303
Japon	»	20,309,370
Malte	»	232,337
Maroc	»	148,554
Mexique	»	283,892
Natal	»	213,948
Pays-Bas	»	87,795
Pérou	»	65,865
Portugal	»	7,298,994
République Argentine	»	17,293,780
Roumanie	»	9,498,125
Russie	»	25,063,603
Salvador	»	32,000
Suède et Norwége	»	4,350,705
Transvaal	»	615,635
Tunisie	»	48,912
Turquie	»	7,567,370
Autres pays	»	4,814,474
Total	»	172,257,597

Fer ouvré : clous.

Destination.		Quantité ou valeur.
Angleterre	Kilog.	639,166
Australie	»	69,214
Brésil	»	35,191
Bulgarie	»	34,836
Chili	»	44,250
Chine	»	53,474
Congo	»	45,736
Egypte	»	133,001
Espagne	»	145,521
Etats-Unis d'Amérique	»	35,387
Grèce	»	67,735
Inde anglaise	»	227,241
Japon	»	22,768
Natal	»	33,882
République Argentine	»	99,852
Roumanie	»	96,588
Russie	»	115,851
Turquie	»	462,140
Autres pays	»	297,159
Total	»	2,651,172

Fer ouvré non dénommé.

Destination.		Quantité ou valeur.
Allemagne	Kilog.	279,105
Angleterre	»	4,715,165
Brésil	»	886,919
Bulgarie	»	159,567
Cap de Bonne Espérance	»	428,000
Chili	»	262,303
Chine	»	6,833,667
Congo	»	1,164,674
Cuba et Portorico	»	70,602
Danemark	»	125,275
Egypte	»	3,461,054
Espagne	»	5,498,571
Etats-Unis d'Amérique	«	184,301
France	»	416,920
Grèce	»	131,073
Inde anglaise	»	240,733
Italie	»	422,431
Japon	»	177,142
Malte	»	43,194
Maroc	»	124,430
Mexique	»	849,857
Natal	»	585,270
Pays-Bas	»	93,002
Portugal	«	1,151,225
République Argentine	»	657,743
Roumanie	»	2,876,175
Russie	»	5,356,920
Suède et Norwége	»	1,456,230
Transvaal	»	137,748
Tunisie	»	60,090
Turquie	»	951,700
Autres pays	»	1,065,140
Total	»	40,868,826

Destination.		Quantité ou valeur.

Fer cuivré, nickelé et non ouvré.

Destination.		Quantité ou valeur.
Angleterre	Kilog.	22,065
Indes anglaises.	»	15,070
Mexique.	»	28,000
République Argentine	»	13,515
Russie	»	32,000
Suède et Norvége..	»	11,239
Autres pays.	»	40,270
Total.	»	162,159

Fer blanc non ouvré.

Destination.		Quantité ou valeur.
Allemagne	Kilog.	232,190
Japon	»	13,000
Pays-Bas.	»	15,176
Suède et Norvége	»	24,650
Autres pays	»	13,488
Total.	»	299,504

Fer blanc ouvré.

Destination.		Quantité ou valeur.
Pour tous pays	Francs	34,840

Plomb non ouvré.

Destination.		Quantité ou valeur.
Allemagne	Kilog.	8,987,158
Angleterre	»	970,881
Congo	»	2,500
Egypte	»	121,440
Etats-Unis d'Amérique	»	112,984
Pays-Bas.	»	580,973
Russie	»	2,937,675
Suède et Norvége	»	177,585
Autres pays	»	351,862
Total.	»	13,943,059

Plomb ouvré.

Destination.		Quantité ou valeur.
Allemagne	Francs	10,000
Angleterre	»	46,585
Congo	»	150
Egypte	»	8,020
Pays-Bas,	»	6,000
Pérou	»	7,000
Russie	»	14,050
Turquie	»	7,300
Autres pays	»	18,380
Total.	»	117,335

Zinc non ouvré.

Destination.		Quantité ou valeur.
Algérie	Kilog.	10,000
Allemagne	»	561,420
Angleterre	»	15,339,559
Australie	»	162,032
Brésil.	»	179,062
Canada	»	621,073
Cap de Bonne Espérance	»	43,349
Chili	»	154,363
Chine.	»	184,039
Congo.	»	4,141

Destination.		Quantité ou valeur.
Cuba et Portorico	Kilog.	123,033
Danemark	»	256,108
Egypte	»	217,068
Espagne	»	390,116
Equateur.	»	26,205
Etats-Unis d'Amérique	»	50,116
France	»	97,577
Grèce.	»	53,501
Indes anglaises	»	342,275
Indes néerlandaises	»	251,592
Italie.	»	167,552
Japon.	»	1,955,752
Maroc	»	10,586
Natal.	»	39,198
Pays-Bas	»	32,739
Pérou	»	21,955
Portugal	»	330,010
République Argentine	»	1,620,171
Roumanie	»	67,159
Russie	»	373,201
Suède et Norvége	»	1,110,200
Transvaal	»	82,040
Turquie	»	349,231
Uruguay	»	28,457
Autres pays	»	720,345
Total.	»	25,975,225

Zinc ouvré.

Destination.		Quantité ou valeur.
Angleterre	Francs	118,880
Australie.	»	18,175
Cap de Bonne Espérance	»	7,000
Chili	»	10,430
Colombie	»	5,000
Congo	»	2,180
Egypte	»	5,370
Espagne.	»	52,700
France	»	5,900
Japon.	»	24,990
Mexique	»	7,080
Suède et Norvége	»	16,020
Turquie	»	12,965
Autres pays	»	74,415
Total.	»	354,105

MEUBLES.

Destination.		Quantité ou valeur.
Algérie	Francs	12,500
Angleterre	»	1,529,303
Brésil	»	25,800
Chine.	»	11,000
Congo	»	11,617
Cuba et Portorico	»	29,000
Egypte	»	7,850
Espagne	»	12,510
Etats-Unis d'Amérique	»	34,835
France	»	32,560
Grèce.	»	8,563
Inde anglaise	»	7,000

Destination.		Quantité ou valeur.
Italie	Francs	13,530
Pays-Bas	»	23,640
Portugal	»	9,640
République Argentine	»	52,500
Roumanie	»	67,390
Russie	»	31,525
Suède et Norwége	»	34,620
Turquie	»	86,915
Autres pays	»	64,995
Total	»	2,109,070

NAVIRES ET BATEAUX.

Bâtiments et embarcations.

Destination.		Quantité ou valeur.
Congo	Francs	158,800
Mexique	»	40,000
Autres pays	»	47,800
Total	»	246,600

Toiles à voiles.

Congo	Francs	535
Etats-Unis d'Amérique	»	14,884
Pays-Bas	»	71,573
Suède et Norvége	»	17,150
Autres pays	»	2,580
Total	»	107,722

Ancres et chaînes.

Allemagne	Kilog.	272,000
Congo	»	941
Autres pays	»	5,491
Total	»	278,432

Autres agrès et apparaux.

Angleterre	Francs	6,200
Congo	»	26,750
Espagne	»	11,200
France	»	6,000
Autres pays	»	33,585
Total	»	83,525

OBJETS D'ART ET DE COLLECTION.

Allemagne	Francs	68,300
Angleterre	»	314,100
Autriche-Hongrie	»	59,000
Brésil	»	7,500
Congo	»	60
Danemark	»	6,900
Etats Unis d'Amérique	»	56,350
France	»	31,900
Portugal	»	6,285

Destination.		Quantité ou valeur.
Suisse	Francs	10,475
Autres pays	»	62,630
Total	»	623,430

PAPIERS A MEUBLER.

Angleterre	Kilog.	155,997
Brésil	»	46,479
Etats-Unis d'Amérique	»	23,165
Autres pays	»	45,976
Total	»	271,617

Carton.

Allemagne	Kilog.	21,991
Angleterre	»	667,820
Australie	»	35,521
Brésil	»	44,890
Canada	»	16,500
Chili	»	32,597
Cuba et Portorico	»	93,188
Espagne	»	893,703
Etats-Unis d'Amérique	»	23,959
France	»	263,610
Grèce	»	11,002
Indes anglaises	»	774,243
Japon	»	25,033
Portugal	»	32,665
République Argentine	»	409,790
Russie	»	96,740
Suède et Norvége	»	25,570
Turquie	»	54,751
Uruguay	»	32,835
Autres pays	»	144,596
Total	»	3,701,004

Non dénommés.

Allemagne	Kilog.	43,607
Angleterre	»	13,060,590
Australie	»	744,803
Brésil	»	1,555,868
Canada	»	63,378
Cap de Bonne Espérance	»	32,279
Chili	»	158,697
Chine	»	767,980
Colombie	»	28,145
Congo	»	21,034
Cuba et Portorico	»	907,419
Danemark	»	316,193
Egypte	»	174,500
Espagne	»	562,836
Etats-Unis d'Amérique	»	273,626
France	»	281,450
Grèce	»	212,000
Inde anglaise	»	750,479
Inde néerlandaise	»	53,046
Italie	»	25,510
Japon	»	1,203,612

Destination.		Quantité ou valeur.
Maroc	Kilog.	40,459
Mexique	»	155,845
Pays-Bas	»	329,223
Pérou	»	95,099
Philippines	»	49,851
Portugal	»	156,319
République Argentine	»	778,287
Roumanie	»	73,925
Russie	»	34,025
Salvador	»	26,745
Suisse	»	347,627
Tunisie	»	44,821
Turquie	»	490,197
Uruguay	»	84,633
Autres pays	»	1,370,628
Total	»	25,315,436

PARFUMERIES.

Destination.		Quantité ou valeur.
Congo	Francs	1,100
Autres pays	»	2,430
Total	»	3,530

PEAUX.

Brutes.

Destination.		Quantité ou valeur.
Allemagne	Kilog.	2,210,690
Angleterre	»	5,783,095
Autriche-Hongrie	»	5,900
Canada	»	83,486
Danemark	»	85,407
Egypte	»	6,500
Espagne	»	44,512
Etats-Unis d'Amérique	»	5,326,586
France	»	196,650
Grèce	»	991,704
Italie	»	83,174
Luxembourg	»	12,808
Mexique	»	15,249
Pays-Bas	»	391,500
Portugal	»	15,988
République Argentine	»	8,745
Roumanie	»	88,061
Russie	»	1,197,385
Suède et Norvége	»	435,240
Suisse	»	36,103
Turquie	»	92,890
Autres pays	»	1,810,895
Total	»	18,922,578

Teintes.

Destination.		Quantité ou valeur.
Angleterre	Kilog.	7,690
Etats-Unis d'Amérique	»	91,742
Autres pays	»	12,641
Total	»	112,073

De chèvres et de moutons tannées en croute.

Destination.		Quantité ou valeur.
Angleterre	Kilog.	5,350
Autres pays	»	2,231
Total	»	7,581

Autrement préparées.

Destination.		Quantité ou valeur.
Allemagne	Kilog.	6,496
Angleterre	»	135,470
Brésil	»	5,811
Danemark	»	36,765
Egypte	»	7,763
Espagne	»	17,321
Etats-Unis d'Amérique	»	100,128
France	»	23,281
Grèce	»	13,650
Italie	»	14,020
Roumanie	»	18,090
Russie	»	36,558
Suède et Norvége	»	46,738
Suisse	»	6,384
Tunisie	»	62,490
Turquie	»	79,071
Autres pays	»	209,329
Total	»	888,265

Ouvrées : ganteries et autres.

Destination.		Quantité ou valeur.
Angleterre	Francs	6,112,000
Brésil	»	5,100
Chine	»	6,350
Congo	»	220
Danemark	»	9,505
Etats-Unis d'Amérique	»	35,200
République Argentine	»	15,890
Suède et Norvége	»	6,610
Tunisie	»	15,000
Autres pays	»	47,427
Total	»	6,253,302

PIERRES.

Ardoises pour toitures.

Destination.		Quantité ou valeur.
Pour tous pays	Pièces	24,200

Pierres brutes, taillées ou sciées.

Destination.		Quantité ou valeur.
Angleterre	Kilog.	1,995,290
Australie	»	20,359
Autriche-Hongrie	»	20,570
Brésil	»	74,962
Canada	»	116,451
Danemark	»	187,226
Espagne	»	366,470
Etats-Unis d'Amérique	»	282,855
France	»	24,128
Inde anglaise	»	63,355

Destination.		Quantité ou valeur.
Italie	Kilog.	36,416
Pays-Bas	»	3,984,120
Portugal	»	53,393
République Argentine	»	443,404
Roumanie	»	66,990
Russie	»	241,311
Suède et Norvége	»	228,260
Transvaal	»	39,010
Turquie	»	25,783
Autres pays	»	245,324
Total	»	8,521,677

Ouvrées, polies et sculptées.

Destination.		Quantité ou valeur.
Angleterre	Francs	1,557,420
Australie	»	19,300
Brésil	»	17,181
Cap de Bonne Espérance	»	15,200
Congo	»	3,813
Egypte	»	45,480
Etats-Unis d'Amérique	»	236,800
France	»	11,000
Grèce	»	10,950
Inde anglaise	»	11,000
Italie	»	5 600
Mexique	»	8,600
Natal	»	5,500
Portugal	»	5,260
République Argentine	»	67,950
Roumanie	»	20,500
Russie	»	48,450
Suède et Norvége	»	54,820
Transvaal	»	19,000
Turquie	»	13,250
Autres pays	»	67,390
Total	»	2,243,964

Non dénommées.

Destination.		Quantité ou valeur.
Allemagne	Kilog.	465,170
Angleterre	»	82,649,130
Canada	»	50,288
Congo	»	44
Egypte	»	102,650
Espagne	»	24,316
Etats-Unis d'Amérique	»	479,260
France	»	5,412,109
Inde anglaise	»	22,973
Italie	»	57,721
Natal	»	100,700
Pays-Bas	»	33,305,070
Portugal	»	535,250
République Argentine	»	528,000
Roumanie	»	30,030
Russie	»	2,172,234
Suède et Norvége	»	269,290
Turquie	»	24,970
Autres pays	»	480,057
Total	»	126,715,262

POISSONS.

De toute espèce.

Destination.		Quantité ou valeur.
Congo	Kilog.	223,270
Etats-Unis d'Amérique	»	14,090
France	»	72,649
Italie	»	21,007
Autres pays	»	53,766
Total	»	384,782

POTERIES.

Briques, tuyaux, tuiles, carreaux pour pavement.

Destination.		Quantité ou valeur.
Algérie	Kilog.	53,600
Allemagne	»	88,000
Angleterre	»	216,389
Brésil	»	388,761
Canada	»	18,955
Cap de Bonne Espérance	»	58,360
Colombie	»	55,000
Cuba et Portorico	»	209,170
Danemark	»	108,581
Egypte	»	177,453
Espagne	»	194,976
Etats-Unis d'Amérique	»	983,711
France	»	187,719
Grèce	»	385,522
Italie	»	184,595
Mexique	»	127,500
Pays-Bas	»	130,805,000
Portugal	»	282,700
République Argentine	»	247,710
Russie	»	75,130,823
Suède et Norvége	»	655,880
Turquie	»	893,875
Uruguay	»	44,000
Autres pays	»	1,776,829
Total	»	213,875,109

Poteries ; communes.

Destination.		Quantité ou valeur.
Angleterre	Kilog.	12,470
Brésil	»	186,500
Congo	»	760
Egypte	»	93,037
Espagne	»	23,902
Etats-Unis d'Amérique	»	65,197
France	»	88,450
Portugal	»	19,000
Rép. Argentine	»	90,633
Roumanie	»	48,430
Uruguay	»	57,993
Autres pays	»	34,603
Total	»	721,028

Destination.	Quantité ou valeur.
Faïences.	
Angleterre . . .Kilog.	69,282
Brésil. . . . »	273,082
Cap de Bonne Espérance»	32,709
Chili . . . . »	40,798
Chine . . . . »	53,484
Congo . . . »	5,518
Cuba et Portorico . »	134,538
Danemark . . . »	13,178
Egypte . . . »	224,479
Espagne . . . »	11,366
Equateur. . . »	45,030
Etats-Unis d'Amérique »	39,993
Gibraltar. . . »	8,360
Grèce . . . »	57,179
Inde anglaise . . »	346,755
Inde néerlandaise . »	12,723
Japon. . . . »	51,713
Malte. . . . »	6,875
Maroc . . . »	8,970
Mexique . . . »	89,996
Natal . . . »	9,590
Pérou. . . . »	6,380
République Argentine »	523,716
Russie . . . »	14,610
Suède et Norvége . »	27,032
Transvaal . . . »	7,828
Turquie . . . »	407,354
Uruguay . . . »	14,289
Autres pays. . . »	154,270
Total . . . »	2,690,987
Porcelaines.	
Brésil. . . . Kilog.	6,663
Cap de Bonne Espérance »	3,184
Colombie. . . »	7,908
Inde anglaise . »	3,190
République Argentine »	16,372
Turquie . . . »	3,825
Autres pays . . »	28,258
Total. . . . »	69,399

POUDRE A TIRER.

Destination.	Quantité ou valeur.
Angleterre . . .Kilog.	74,680
Congo . . . »	136,081
Autres pays. . . »	89,577
Total . . . »	301,238

PRODUITS CHIMIQES.

Destination.	Quantité ou valeur.
Carbonates.	
Allemagne . . .Kilog.	106,080
Angleterre . . »	438,991
Chili . . . »	427,924
Danemark . . »	2,434,197
Egypte . . . »	22,996
Espagne . . .Kilog.	1,193,911
Etats-Unis d'Amérique»	118,834
France . . . »	31,383
Grèce . . . »	110,964
Inde anglaise . . »	20,636
Italie . . . »	5,553,334
Japon . . . »	24,463
Pays-Bas. . . »	411,806
Portugal . . . »	722,056
République Argentine »	293,252
Roumanie . . »	56,569
Russie . . . »	503,287
Suède et Norvége . »	2,752,340
Turquie . . . »	1,658,453
Autres pays . . »	230,216
Total. . . . »	17,111,692
Nitrates.	
Allemagne . . .Kilog.	4,923,430
Angleterre . . »	357,230
Chili . . . »	227,308
Espagne . . . »	2,611,559
Etats-Unis d'Amérique »	33,788
Grèce. . . . »	302,176
Inde anglaise . »	55,775
Italie . . . »	266,306
Pays-Bas. . . »	5,639,063
Portugal. . . »	189,885
Roumanie . . »	63,053
Russie . . . »	164,561
Autres pays . . »	90,413
Total. . . . »	14,922,547
Sulfates et sulfites.	
Angleterre . . .Kilog.	294,511
Chili . . . »	28,637
Danemark . . »	270,350
Espagne . . . »	120,119
Etats-Unis d'Amérique »	42,073
France . . . »	53,721
Italie . . . »	89,170
Pays-Bas. . . »	683,318
Suède et Norvége . »	249,850
Autres pays . . »	150,949
Total. . . . »	1,978,694
Non dénommés.	
Algérie . . .Kilog.	8,030
Allemagne . . »	3,069,270
Angleterre . . »	4,190,225
Australie. . . »	534,930
Brésil. . . . »	34,300
Canada . . . »	56,390
Cap de Bonne Espérance »	50,564
Chili . . . »	125,100
Chine. . . . »	19,677

Destination.	Quantité ou valeur.
Congo . . . . Kilog.	3,081
Cuba et Portorico . »	15,700
Danemark . . . »	556,675
Egypte . . . . »	109,550
Espagne . . . . »	2,928,814
Etats-Unis d'Amérique »	4,089,410
France . . . . »	3,267,053
Grèce. . . . . »	93,532
Inde anglaise . . »	267,191
Indes néerlandaises. »	14,000
Italie . . . . »	839,100
Japon . . . . »	351,940
Mexique. . . . »	31,800
Na*al. . . . »	32,300
Pays-Bas . . . »	1,779,210
Pérou. . . . »	35,000
Portugal. . . . »	1,163,879
République Argentine »	107,792
Roumanie . . »	124,166
Russie . . . »	973,346
Suède et Norvège »	981,700
Suisse. . . . »	42,610
Tunisie . . . »	13,200
Turquie . . . »	422,020
Uruguay. . . »	10,570
Autres pays . . »	1,071,751
Total . . . . »	27,474,876

PRODUITS DIVERS POUR L'INDUSTRIE.

Destination.	Quantité ou valeur.
Angleterre . . . Francs	380,950
Brésil. . . . »	31,820
Congo . . . . »	77,500
Espagne . . . »	19,141
France . . . . »	13,096
Italie . . . . «	7,100
Portugal. . . . »	27,300
République Argentine »	29,884
Roumanie . . »	7,000
Russie . . . »	9,800
Autres pays . . »	48,875
Total . . . . »	652,466

PRODUITS TYPOGRAPHIQUES.
Livres en feuilles ou brochés.

Destination.	Quantité ou valeur.
Pour tous pays. . Kilog.	12,544

Livres cartonnés ou reliés

Destination.	Quantité ou valeur.
Brésil. . . . Kilog.	17,808
Canada . . . »	5,701
Espagne . . »	9,101
Etats-Unis d'Amérique »	54,686
Inde anglaise . . »	9,718
Autres pays . . »	40,189
Total. . . . »	137,203

Destination.	Quantité ou valeur.
Non dénommés.	
Angleterre . . . Kilog.	41,990
Congo . . . . »	842
France . . . . »	13,292
Autres pays . . »	33,546
Total. . . . . »	89,686

RÉCOLTES ET FOURRAGES.

Destination.	Quantité ou valeur.
Allemagne . . . Kilog.	16,562,340
Angleterre . . . »	4,248,850
Congo . . . . »	59,528
Pays-Bas. . . . »	351,939
Autres pays . . »	3,156,569
Total . . . . »	24,379,216

RÉSINES ET BITUMES.
Huile de pétrole raffiné.

Destination.	Quantité ou valeur.
Allemagne . . . Kilog.	3,648,805
Congo . . . . »	24,000
Pays-Bas. . . . »	5,605,336
Autres pays . . »	49,956
Total. . . . . »	9,328,102

Non dénommés.

Destination.	Quantité ou valeur.
Allemagne . . . Kilog.	37,233,200
Angleterre . . . »	3,489,990
Brésil . . . . »	88,950
Congo . . . . »	137,618
Danemark . . . »	413,215
Egypte . . . . »	223,917
Espagne . . . . »	1,917,286
Etats-Unis d'Amérique »	1,214,103
France . . . . »	112,520
Italie . . . . »	880,714
Pays-Bas . . . »	2,386,811
Portugal . . . »	630,708
République Argentine »	315,809
Roumanie . . . »	708,310
Russie . . . . »	906,600
Suède et Norvège . »	203,460
Suisse . . . . »	231,129
Transvaal . . . »	259,800
Turquie . . . . »	201,116
Autres pays . . . »	1,170,967
Total . . . . »	52,732,283

SAVONS.

Destination.	Quantité ou valeur.
Allemagne . . . Kilog.	18,140
Angleterre . . . »	9,130
Chine. . . . »	20,300
Congo . . . . »	9,960

Destination.		Quantité ou valeur.
Suisse	. . . .Kilog.	8,250
Autres pays	. . . »	43,080
Total	. . . . »	109,860

SUCRES.
Bruts.

Destination.		Quantité ou valeur.
Angleterre	. . .Kilog.	23,400
Canada	. . . . »	22,310
Autres pays	. . . »	8,740
Total	. . . . »	54,450

Raffinés.

Destination.		Quantité ou valeur.
Congo	. . . .Kilog.	391
Autres pays	. . »	26,120
Total	. . . . »	26,511

TABACS.
Non fabriqués.

Destination.		Quantité ou valeur.
Pour tous pays	. .Kilog.	1,520

Fabriqués : cigares et cigarettes.

Destination.		Quantité ou valeur.
Angleterre	. . .Kilog.	1,053
Congo	. . . . »	614
Autres pays	. . . »	4,460
Total	. . . . »	6,127

TEINTURES ET COULEURS.
Bois de teinture.

Destination.		Quantité ou valeur.
Allemagne	. . .Kilog.	4,833,680
Angleterre	. . . »	433,428
Autriche-Hongrie	. »	51,000
Danemark	. . . »	50,385
Egypte	. . . »	84,006
Etats-Unis d'Amérique	»	630,000
France	. . . . »	10,214
Italie	. . . . »	191,733
Malte	. . . . »	1,940
Pays-Bas	. . . »	108,569
Portugal	. . . »	12,274
Roumanie	. . . »	15,981
Russie	. . . »	391,244
Suède et Norvége	. »	964,170
Turquie	. . . »	55,865
Autres pays	. . . »	90,294
Total	. . . . »	7,924,783

Garance et indigo.

Destination.		Quantité ou valeur.
Pour tous pays	. .Kilog.	14,591

Non dénommés

Destination.		Quantité ou valeur.
Algérie	. . . .Kilog.	15,940
Allemagne	. . . »	15,290,960

Destination.		Quantité ou valeur.
Angleterre	. . .Kilog.	3,045,934
Australie	. . . . »	20,380
Autriche-Hongrie	. »	62,740
Brésil	. . . . »	990,650
Bulgarie	. . . »	65,438
Canada	. . . . »	1,440,587
Chili	. . . . »	66,246
Chine	. . . . »	864,155
Colombie	. . »	5,814
Congo	. . . . »	73,960
Cuba et Portorico	. »	187,927
Danemark	. . . »	346,419
Egypte	. . . »	748,269
Espagne	. . . »	892,821
Equateur	. . . »	7,081
Etats-Unis d'Amérique	»	3,019,040
France	. . . »	997,185
Gibraltar	. . . »	9,973
Grèce	. . . . »	266,789
Inde anglaise	. . »	1,961,246
Inde néerlandaise	. »	42,591
Italie	. . . . »	1,180,064
Japon	. . . . »	448,126
Luxembourg	. . »	7,086
Maroc	. . . »	19,880
Mexique	. . . »	112,550
Natal	. . . . »	5,392
Pays-Bas	. . . »	699,890
Pérou	. . . . »	63,657
Philippines	. . . »	51,692
Portugal	. . . »	564,718
République Argentine	»	314,271
Roumanie	. . »	362,328
Russie	. . . »	1,860,474
Suède et Norvége	. »	153,290
Suisse	. . . »	28,116
Tunisie	. . . »	30,585
Turquie	. . . »	805,858
Uruguay	. . . »	69,123
Vénézuéla	. . . »	8,500
Autres pays	. . . »	2,900,139
Total	. . . . »	41,016,884

THÉS.

Destination.		Quantité ou valeur.
Allemagne	. . .Kilog.	49,550
Pays-Bas	. . »	100,390
Suède et Norvége	. »	12,020
Autres pays	. . . »	21,335
Total	. . . . »	183,295

TISSUS.
De coton écrus.

Destination.		Quantité ou valeur.
Congo	. . . .Kilog.	669
Autres pays	. . . »	1,314
Total	. . . . »	2,983

Destination.	Quantité ou valeur.		Destination.	Quantité ou valeur.

De coton blanchis.

Destination.		Quantité ou valeur.
Brésil	Kilog.	3,612
Egypte	»	2,874
République Argentine	»	12,422
Russie	»	3,696
Suisse	»	5,967
Turquie	»	3,357
Autres pays	»	20,950
Total	»	52,878

De coton teints.

Destination.		Quantité ou valeur.
Angleterre	Kilog.	12,050
Brésil	»	18,874
Chine	»	2,534
Egypte	»	56,020
Espagne	»	4,488
Equateur	»	2,433
Etats-Unis d'Amérique	»	15,129
Grèce	»	38,691
Inde anglaise	»	45,988
Japon	»	9,912
Maroc	»	4,074
Mexique	»	6,935
Pays-Bas	»	2,323
Philippines	»	2,295
Portugal	»	5,881
République Argentine	»	47,025
Roumanie	»	12,784
Russie	»	2,955
Suisse	»	5,560
Tunisie	»	11,877
Turquie	»	72,109
Uruguay	»	4,710
Autres pays	»	185,780
Total	»	570,427

De coton imprimés.

Destination.		Quantité ou valeur.
Pour tous pays	Kilog.	3,780

De coton non dénommés.

Destination.		Quantité ou valeur.
Algérie	Kilog.	2,100
Allemagne	»	42,798
Angleterre	»	2,433,800
Australie	»	37,400
Brésil	»	623,000
Bulgarie	»	5,500
Cap de Bonne Espérance	»	187,700
Chili	»	241,300
Chine	»	268,410
Colombie	»	7,335
Congo	»	1,615,989
Cuba et Portorico	»	4,820
Danemark	»	47,795
Egypte	»	499,300
Espagne	»	15,245
Etats-Unis d'Am.	Kilog.	47,500
Equateur	»	16,640
France	»	73,793
Gibraltar	»	3,300
Grèce	»	181,440
Inde anglaise	»	552,815
Inde néerlandaise	»	18,230
Italie	»	11,850
Japon	»	174,860
Malte	»	3,460
Maroc	»	174,150
Mexique	»	25,950
Natal	»	66,100
Nicaragua	»	2,500
Pays-Bas	»	277,400
Pérou	»	74,150
Philippines	»	23,200
Portugal	»	13,640
République Argentine	»	2,128,030
Roumanie	»	62,705
Russie	»	13,362
Salvador	»	7.500
Serbie	»	2,000
Siam	»	2,000
Suède et Norwége	»	11,180
Suisse	»	55,085
Transvaal	»	119,200
Tunisie	»	66,096
Uruguay	»	145,825
Autres pays	»	900,350
Total	»	11,285,963

De laine. draps, coatings, etc.

Destination.		Quantité ou valeur.
Allemagne	Francs	12,350
Angleterre	»	208,730
Brésil	»	67,150
Colombie	»	32,600
Congo	»	52,500
Danemark	»	20,330
Egypte	»	13,030
Etats-Unis d'Amérique	»	665,806
Grèce	»	27,360
Inde anglaise	»	67,345
Portugal	»	60,360
République Argentine	»	315,730
Russie	»	42,017
Suède et Norwége	»	36,930
Transvaal	»	15,000
Turquie	»	337,200
Autres pays	»	271,650
Total	»	2,246,000

De laine, châles, tapis, passementeries, rubanneries.

Destination.		Quantité ou valeur.
Angleterre	Francs	25,310
Egypte	»	53,000
Inde anglaise	»	8,000

Destination.	Quantité ou valeur.
République Argent. Francs	14,530
Turquie . . . . »	57,150
Autres pays . . »	98,360
Total . . . . »	256,350

De laine non dénommés.

Destination.	Quantité ou valeur.
Allemagne . . Francs	9,100
Angleterre . . . »	283,920
Australie. . . »	5,000
Brésil . . . »	43,390
Bulgarie. . . »	9,000
Chili . . . »	122,900
Chine. . . . »	35,600
Congo . . »	87,150
Danemark . . »	8,180
Egypte . . »	58,700
Espagne . . »	12,450
Etats-Unis d'Amérique »	228,200
France . . »	8,070
Grèce. . . »	96,850
Inde anglaise . . »	43,200
Japon. . . »	25,000
Mexique . . »	17,200
Portugal. . . »	56,510
République Argentine »	335,980
Roumanie . . . »	6,600
Russie . . »	23,500
Suède et Norvége . »	17,230
Suisse . . . »	10,300
Tunisie . . . »	7,000
Turquie. . . »	328,750
Uruguay. . . »	87,060
Autres pays . . »	232,880
Total . . . »	2,199,720

De lin : toiles écrues.

Destination.	Quantité ou valeur.
Angleterre . . Francs	10,385
Autres pays . . »	7,755
Total . . . »	18,140

De lin : toiles blanchies ou imprimées.

Destination.	Quantité ou valeur.
Allemagne . . Francs	22,700
Angleterre . . »	87,450
Brésil. . . »	23,795
Canada . . »	112,000
Egypte . . »	205,200
Espagne . . »	13,000
Etats-Unis d'Amérique »	1,521,300
France . . »	78,850
Grèce . . »	75,665
Portugal. . . »	14,975
République Argentine »	99,400
Roumanie . . »	46,000
Russie . . »	68,250
Suède et Norvége . »	6,750

Destination.	Quantité ou valeur.
Suisse . . . Francs	185,431
Autres pays . . »	239,990
Total . . . »	2,801,656

De lin : toiles teintes.

Destination.	Quantité ou valeur.
République Argen. Francs	26,600
Autres pays . . »	6,000
Total . . . »	26,600

De lin non dénommés.

Destination.	Quantité ou valeur.
Angleterre . . Francs	167,850
Brésil . . . »	82,530
Chili . . . »	14,500
Chine. . . »	12,800
Congo . . »	6,440
Cuba et Portorico . »	7,430
Danemark . . »	10,700
Egypte . . »	22,730
Espagne . . »	28,485
Etats-Unis d'Amérique »	65,500
France . . »	9,800
Grèce. . . »	13,300
Inde anglaise . . »	50,220
Portugal . . »	12,640
République Argentine »	666,390
Roumanie . . »	7,500
Tunisie . . »	12,700
Autres pays . . »	52,435
Total . . . »	1,249,950

De soie.

Destination.	Quantité ou valeur.
Pour tous pays . Kilog.	42 0

Toiles cirées de toute espèce.

Destination.	Quantité ou valeur.
Allemagne . . Francs	91,380
Angleterre . . »	3,240,400
Australie. . . »	73,300
Autriche-Hongrie . »	8,300
Brésil. . . »	9,750
Canada . . »	11,340
Cap de Bonne Espérance »	10,900
Chili. . . »	14,500
Danemark . . »	27,050
Egypte . . »	25,100
Espagne . . »	6,175
France . . »	18,400
Italie . . »	5,400
Pays-Bas. . . »	539,204
Portugal. . . »	18,810
République Argentine »	5,450
Russie . . »	20,500
Suède et Norvége . »	84,775
Suisse . . . »	97,285

Destination.		Quantité ou valeur.
Turquie	Francs	18,705
Autres pays	»	211,330
Total.	»	4,536,054

Tresses de paille.

Destination.		Quantité ou valeur.
Allemagne	Francs	46,200
Angleterre	»	14,780
Autriche-Hongrie	»	8,900
Etats-Unis d'Amérique	»	29,450
Suisse	»	70,500
Autres pays	»	17,400
Total.	»	193,090

Non spécialement dénommés.

Destination.		Quantité ou valeur.
Angleterre	Francs	465,289
Brésil.	»	10,300
Canada	»	5,000
Congo	»	50
Egypte	»	7,000
Etats-Unis d'Amérique	»	17,800
France	»	10,600
Indes anglaises	»	5,700
Indesnéerlandaises	»	5,000
République Argentine	»	50,500
Russie	»	17,800
Turquie	»	10,250
Uruguay.	»	6,000
Autres pays	»	69,742
Total.	»	679,331

VÉGÉTAUX ET SUBSTANCES VÉGÉTALES.

Betteraves.

Destination.		Quantité ou valeur.
Pour tous pays	Kilog.	135,036

Ecorces à tan.

Destination.		Quantité ou valeur.
Angleterre	Kilog.	2,108,205
Pays-Bas	»	98,137
Autres pays	»	11,970
Total	»	2,218,312

Graines oléagineuses.

Destination.		Quantité ou valeur.
Allemagne	Kilog.	94,100,190
Angleterre	»	2,103,730
Brésil.	»	296,750
Danemark	»	194,000
Espagne	»	98,164
France	»	108,444
Pays-Bas.	»	25,835,645
Portugal.	»	1,645,409
Russie	»	94,575
Suède et Norwége	»	758,025
Autres pays	»	2,466,793
Total.	»	127,708,565

Graines non dénommées.

Destination.		Quantité ou valeur.
Allemagne	Kilog.	1,861,550
Angleterre	»	459,512
Congo	»	1,667
Danemark	»	207,169
Etats-Unis d'Amérique	»	99,860
France	»	37,583
Mexique	»	21,340
Pays-Bas.	»	1,143,198
Russie	»	28,130
Suisse	»	24,490
Autres pays	»	461,915
Total	»	4,347,414

Houblon.

Destination.		Quantité ou valeur.
Allemagne	Kilog.	6,807
Angleterre	»	80,657
Danemark	»	23,592
France	»	6,935
Pays-Bas	»	37,930
Suède et Norwége	»	18,530
Autres pays	»	10,237
Total.	»	193,708

Pâtes de bois.

Destination.		Quantité ou valeur.
Allemagne	Kilog.	1,949,200
Angleterre	»	517,307
Cuba et Portorico	»	185,484
Danemark	»	509,993
Espagne	»	3,137,158
Etats-Unis d'Amérique	»	472,875
France	»	681,899
Grèce.	»	194,000
Italie.	»	27,790
Japon.	»	72,750
Mexique.	»	228,144
Pays-Bas	»	634,642
Philippines	»	121,250
Portugal.	»	205,969
République Argentine	»	656,292
Russie	»	3,374,336
Suède et Norvége	»	125,870
Uruguay	»	101,759
Autres pays	»	108,604
Total.	»	13,305,322

Plantes vivantes.

Destination.		Quantité ou valeur.
Angleterre	Francs	52,470
Canada	»	18,500
Congo	»	3,435
Danemark	»	104,155
Etats-Unis d'Amérique	»	448,210
Portugal.	»	7,200
République Argentine	»	6,870
Russie	»	173,195

Destination.	Quantité ou valeur.
Suède et Norvége . Francs	71,480
Autres pays . . . »	53,870
Total. . . . . »	939,385

Tourteaux.

Destination.	Quantité ou valeur.
Allemagne . . .Francs	7,123,460
Pays-Bas . . . »	9,465,130
Roumanie . . . »	448,140
Suède et Norwége . »	535,560
Autres pays . . »	296,500
Total. . . . . »	17,868,790

Non dénommés.

Destination.	Quantité ou valeur.
Allemagne . . .Francs	1,979,820
Angleterre . . . »	206,580
Danemark . . . »	107,300
Espagne. . . »	114,450
Etats-Unis d'Amérique »	126,270
France . . »	71,484
Italie . . . »	63,050
Pays-Bas. . . »	2,532,680
Russie . . . »	165,990
Suède et Norvége . »	203,172
Suisse . . . »	48,940
Autres pays . . »	146,986
Total . . . »	5,766,662

VERRERIES.

Communes.

Destination.	Quantité ou valeur.
Angleterre . .Francs	115,120
Congo . . »	565
Cuba et Portorico . »	58,738
Etats-Unis d'Amérique »	36,989
Autres pays. . »	93,814
Total . . . . »	299,226

Glaces.

Destination.	Quantité ou valeur.
Algérie . . .Francs	16,100
Allemagne . . »	58,640
Angleterre . . »	5,000,790
Australie. . . »	259,100
Brésil. . . »	25,050
Canada . . . »	212,305
Cap de Bonne Espérance »	32,650
Chine. . . . »	239,910
Congo . . . »	50
Cuba et Portorico . »	25,800
Danemark . . »	310,520
Egypte . . »	121,715
Espagne . . »	754,633
Etats-Unis d'Amérique »	1,035,720
France . . »	114,201
Grèce. . . »	35,770

Destination.	Quantité ou valeur.
Indes anglaises. .Francs	96,345
Italie . . . »	96,810
Japon. . . »	380,980
Malte. . . »	8,210
Mexique . . »	28,280
Portugal. . . »	66,174
République Argentine »	613,058
Roumanie . . »	10,893
Russie . . . «	125,130
Suède et Norwége . «	723,930
Transvaal . . »	7,800
Tunisie . . . »	12,670
Turquie . . . »	137,000
Uruguay . . »	35,309
Autres pays. . »	30,051
Total. . . . »	10,815,774

Ordinaires.

Destination.	Quantité ou valeur.
Allemagne . . .Francs	26,515
Angleterre . . »	6,593,630
Australie. . . »	199,460
Brésil . . . »	98,517
Canada . . . »	35,600
Cap de Bonne Espérance »	87,180
Chili . . . »	262,710
Chine. . . . »	325,847
Congo. . . »	2,580
Cuba et Portorico . »	108,305
Danemark . . »	74,707
Egypte . . »	233,410
Espagne. . . »	65,644
Equateur. . . »	6,100
Etats-Unis d'Amérique »	642,455
France . . »	21,225
Gibraltar. . . »	10,665
Grèce . . . »	43,847
Inde anglaise . . »	21,883,415
Inde néerlandaise . »	39,365
Japon. . . »	96,640
Maroc . . . »	49,030
Mexique . . »	29,020
Natal . . . »	44,600
Pays-Bas. . , »	27,780
Pérou . . »	22,600
Philippines . . »	12,250
Portugal. . . »	15,050
République Argentine »	679,315
Roumanie . . »	9,800
Russie . . . »	27,830
Suède et Norvége . »	30,260
Transvaal . . »	26,800
Turquie . . . »	450,502
Uruguay. . . »	53,212
Autres pays . . »	615,395
Total . . . »	32,951,171

Destination.		Quantité ou valeur.

Fines.

Pour tous pays.	Francs	350

Verres de vitrages.

Algérie	Francs	14,570
Allemagne	»	180,730
Angleterre	»	11,398,454
Australie	»	339,043
Autriche Hongrie	»	10,570
Brésil	»	488,495
Bulgarie	»	59,200
Canada	»	1,735,700
Cap de Bonne Espérance	»	179,260
Chili	»	439,990
Chine	»	2,164,442
Cochinchine	»	20,000
Congo	»	490
Cuba et Portorico	»	82,000
Danemark	»	360,615
Egypte	»	758,157
Espagne	»	259,745
Equateur	»	21,800
Etats-Unis d'Amérique	»	5,342,184
France	»	14,440
Grèce	»	110,635
Inde anglaise	»	1,343,516
Inde néerlandaise	»	18,470
Italie	»	35,510
Japon	»	2,675,468
Malte	»	19,088
Maroc	»	20,700
Mexique	»	105,872
Natal	»	65,990
Pays-Bas	»	34,105
Pérou	»	72,500
Portugal	»	26,593
République Argentine	»	1,365,263
Roumanie	»	1,076,810
Russie	»	187,373
Serbie	»	8,197
Suède et Norvége	»	530,430
Transvaal	»	21,832
Tunisie	»	25,114
Turquie	»	1,107,344
Uruguay	»	49,520
Autres pays	»	734,180
Total	»	33,539,465

VIANDES DE TOUTES ESPÈCES.

Allemagne	Kilog.	689,090
Angleterre	»	779,335
Congo	Kilog.	489,928
Danemark	»	46,886
Egypte	»	6,750
Espagne	»	267,954
Etats-Unis d'Amérique	»	232,452
France	»	56,890
Italie	»	532,965
Japon	»	13,783
Luxembourg	»	26,315
Malte	»	17,456
Pays-Bas	»	247,630
Russie	»	49,710
Suède et Norvége	»	94,590
Suisse	»	718,474
Autres pays	»	800,322
Total	»	5,070,530

VINAIGRES.

Congo	Hect.	9
Autres pays	»	73
Total	»	82

VINS.

Congo	Hect.	133
Autres pays	»	94
Total	»	227

VOITURES ET VELOCIPÈDES.

Allemagne	Francs	145,960
Angleterre	»	79,250
Bulgarie	»	11,700
Congo	»	500
Danemark	»	291,410
Egypte	»	265,175
Grèce	»	5,850
Inde anglaise	»	14,672
Mexique	»	5,000
Pays Bas	»	122,077
Portugal	»	10,500
République Argentine	»	89,750
Russie	»	17,100
Suède et Norvége	»	11,350
Suisse	»	20,620
Transvaal	»	1,900
Turquie	»	9,700
Autres pays	»	100,240
Total	»	1,202,924

Marchandises exportées avec décharge de l'accise en 1899.

PAR TERRE

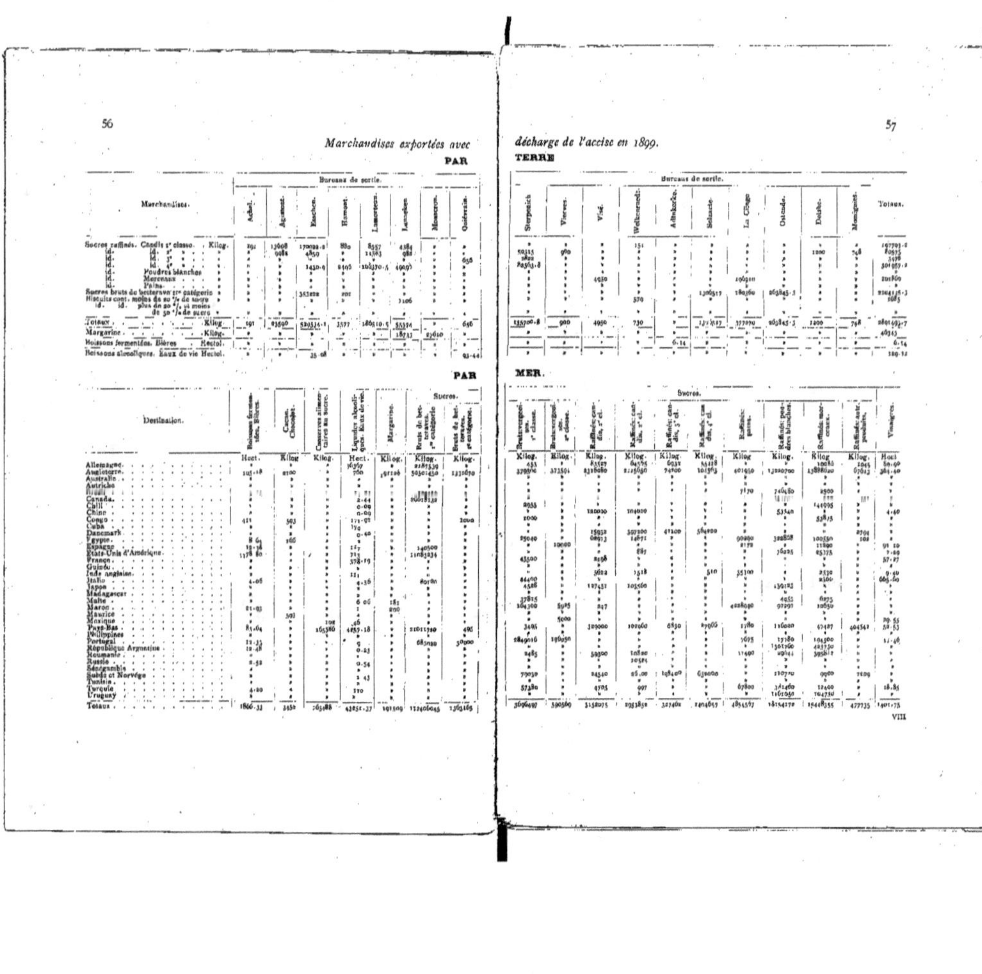

Marchandises.	Achel	Aguent	Esschen	Hamont	Lanserotes	Lanaeken	Mouseron	Quiévrain
Sucres raffinés. Candis 1re classe. Kilog.	191	13608	170000-0	880	8557	4384		
id. id. 2e		9984	4850		14563	988		
id. id. 3e								658
id. id. 4e			1450-0	8405	102370-5	40095		
id. Poudres blanches								
id. Morceaux								
id. Pains								
Sucres bruts de betteraves 1re catégorie			363222	202				
Biscuits cont. moins de 20% de sucre						3106		
id. id. plus de 20% et moins de 50% de sucre								
Totaux Kilog.	191	93590	520514-1	3577	186510-5	55374		658
Margarine Kilog.						18711	27610	
Boissons fermentées. Bières Hectol.								
Boissons alcooliques. Eaux de vie Hectol.			25-08					93-44

Marchandises.	Sterpenich	Vierves	Visé	Welkenraedt	Adinkerke	Selzaete	La Clinge	Ostende	Deulse	Momignies	Totaux.
Sucres raffinés. Candis 1re classe. Kilog.				151							197703-2
id. id. 2e	50315	900									80575
id. id. 3e	1822								1200	748	3470
id. id. 4e	285603-8										501057-2
id. Poudres blanches			4950				199910				201800
id. Morceaux											
id. Pains											
Sucres bruts de betteraves 1re catégorie						1305517	180360	263845-5			2204115-3
Biscuits cont. moins de 20% de sucre				570							1085
id. id. plus de 20% et moins de 50% de sucre											
Totaux Kilog.	335700-8	900	4950	730		1305517	377070	263845-5	1200	748	2801402-7
Margarine Kilog.											46345
Boissons fermentées. Bières Hectol.					6-14						6-14
Boissons alcooliques. Eaux de vie Hectol.											189-52

PAR MER

Destination.	Boissons fermentées. Bières Hect.	Cacao. Chocolat. Kilog	Conserves alimentaires au Sucre. Kilog.	Liquides alcooliques. Eaux de vie. Hect.	Margarine. Kilog.	Bruts de betteraves. 1re catégorie. Kilog.	Bruts de betteraves. 2e catégorie. Kilog.
Allemagne				16757		2185539	
Angleterre	105-18	8100		700	191106	5050450	1331070
Australie							
Autriche							
Brésil				7-11			
Canada				2-44		90019132	
Chili				0-09			
Chine				0-09			
Congo	411	503		171-07			2000
Cuba				170			
Danemark				0-40			
Égypte	8-64	165					
Espagne	12-14			157		140500	
États-Unis d'Amérique	1178-80			711		11083234	
France				378-19			
Guinée							
Inde anglaise				111			
Italie	4-05			4-36		80180	
Japon							
Madagascar							
Malte				6-06	181		
Maroc	81-03			1	200		
Maurice		503					
Mexique				191	46		
Pays-Bas	83-04		165386	4857-18		21011790	495
Philippines							
Portugal	12-33			9		683020	30000
République Argentine	12-48			0-23			
Roumanie							
Russie	2-52			0-54			
Sénégambie							
Suède et Norvège				1-43			
Tunisie							
Turquie	4-80			170			
Uruguay							
Totaux	1866-33	3452	165388	43851-37	191809	112060045	1363165

Destination.	Betteraves en 1re classe. Kilog.	Betteraves en 2e classe. Kilog.	Raffinés candis, 1re cl. Kilog.	Raffinés candis, 2e cl. Kilog.	Raffinés candis, 3e cl. Kilog.	Raffinés candis, 4e cl. Kilog.	Raffinés pains. Kilog	Raffinés poudres blanches. Kilog.	Raffinés morceaux. Kilog	Raffinés autres produits. Kilog.	Vinaigres. Hect.
Allemagne	433		83587	64575	6937	55418			10085	1045	56-90
Angleterre	3705706	373504	8316080	2215650	74700	101563	601950	12220700	13898020	67613	361-40
Australie											
Autriche											
Brésil							7170	746480	2500		
Canada	8955							144095			
Chili	1000							53540	53875		4-40
Chine											
Congo			15932	107200	41100	584900					
Cuba	25040		68973	14671			90990	388858	100550	8701	
Danemark		10000					8178		11800	105	91-10
Égypte				887				76225	85375		7-89
Espagne	43500		8198								57-87
États-Unis d'Amérique											
France											
Guinée											
Inde anglaise	44400		5622	1518		510	35300		2530		9-40
Italie	4528		127451	103560				430125	2500		665-60
Japon	17815							4955	6275		
Madagascar	104300	5095	847				4228090	97291	10550		
Malte		5000									79-55
Maroc	3495		329000	102060	6530	97005	1780	116000	42487	404543	58-53
Maurice	2849016	180050					7075	17180	104500		11-46
Mexique								1301760	428730		
Pays-Bas	2485		59300	10880			11490	49644	395812		
Philippines				10584							
Portugal											
République Argentine	79030		84540	25-00	108400	63000		110770	9900	7809	
Roumanie											
Russie	57380		4795	997			67800	341460	12400		18-85
Sénégambie								1161050	704730		
Totaux	3606497	590560	3152075	2953852	327462	2404657	4854557	18154172	15448355	477735	1491-75

Marchandises.	Transit direct.					Transit indirect	
	Entrée par mer et sortie par terre.	Entrée par terre et sortie par mer.	Entrée et sortie par mer.	Entrée et sortie par terre.	Totaux.	par sortie d'entrepôt.	des marchandises transformées.
AU POIDS	Kilog.	Kilog.	Kilog.	Kilog.	Kilog.	Kilog.	Kilog.
Amidon et fécules non aliment.	67923	38384	1492	»	107799	»	»
Beurre et margarine	730682	150524	68067	1973	951246	620564	»
Bois d'ébénisterie	173706	535	19000	»	193241	117800	»
Bougies et chandelles	131277	4176560	11843	178	4319798	»	»
Cacao brut et préparé	177337	214826	1423	5945	399551	180	»
Café non-torréfié et torréfié	4499877	79696	691727	125767	5397067	1798492	152917
Caoutchouc brut	192733	24115	»	2710	219567	»	»
Caractères typographiques	845	141183	»	1455	143485	»	»
Charbons de bois et tourbe	1267	25	»	»	1292	»	»
Charbons de terre { Coke	»	281	1550000	»	1550281	»	»
Charbons de terre { Houille	9298430	»	80177715	»	89476145	»	»
Conserve au sucre { Pâtisseries	26974	580	19075	»	46629	»	»
Conserve au sucre { Fruits confits	71944	25184	16592	»	113720	14665	»
Conserve au sucre { Non dénommées	111210	860238	216016	»	1187464	11915	»
Conserve autres { Fromages	9759	715318	2500	9689	737266	24	»
Conserve autres { Biscuits	158047	4325	3221	»	165593	»	»
Conserve autres { non dénommées	150206	28092	34881	530	213709	17592	»
Cordages	21935	183935	88162	20	294052	»	»
Denrées alim. non-dénommées	85423	46578	349	»	132350	»	»
Denrées alim. Racines de chicorée	»	64940	»	»	64940	»	»
Denrées alim. Pois, lentilles, etc.	535020	29374	1366	»	565760	»	»
Denrées alim. Légumes : pomm. de terre	22417	9620	»	»	32037	»	»
Denrées alim. » : non dénommés	5668	5572	»	»	11240	291	»
Denrées alim. Riz pelé et non pelé	43945	3976254	32847	»	4053046	»	»
Denrées alim. Sel brut et raffiné	181	80	10668	»	10929	»	»
Drilles et chiffons	98835	1188853	6840	»	1294528	»	»
Drogueries { Chicorée brûlée	»	106234	»	»	106234	»	»
Drogueries { Colle forte	107053	34627	25043	»	166723	»	»
Drogueries { Colle de poisson	10748	5132	43	»	24023	»	»
Drogueries { non dénommées	443813	154619	43693	201	642326	»	»
Engrais	1737	414795	»	»	416532	»	»
Fils { de coton	5556550	148243	73062	196	5778051	57	5925
Fils { de laine	1332862	192101	7900	34698	1567561	»	»
Fils { de lin	95271	12294	6438	301	114304	»	»
Fils { de soie	2606	1745	»	»	4351	»	»
Fils { de poils de chèvre	394	279	90	5	768	»	»
Fils { préparés pour la vente	56189	392096	12648	400	461333	»	»
Fruits { Amandes	193600	454	3948	»	198002	20145	»
Fruits { Citrons, limons et orang.	1118548	2836	166	»	1121550	323869	»
Fruits { Figues	1604115	21	19715	61511	1685362	455703	»
Fruits { Pommes fraiches	»	»	»	»	»	»	»
Fruits { Prunes et pruneaux	404736	43824	10096	54139	512795	76268	»
Fruits { Raisins secs	1999470	60492	8909	261848	2330719	217900	»
Fruits { Autres secs	1092004	1532	52681	8549	1154856	753843	»
Fruits { Autres verts	112905	16649	10098	2228	141880	79024	»
Grains et leurs dérivés { Orges	1423707	5071	»	»	1428778	»	»
Grains et leurs dérivés { Avoines	46121525	»	11025	»	46132550	6790545	»
Grains et leurs dérivés { Farines	1823845	9101045	354549	12103	11381542	3715666	»
Grains et leurs dérivés { Malt	134978	135044	25923	»	295915	»	»
Grains et leurs dérivés { Pain et biscuit	59755	234	»	»	59989	»	»
Grains et leurs dérivés { Pâtes alimentaires	95036	10622	17875	»	123533	»	»
Grains et leurs dérivés { Son	179096	»	»	»	179096	»	»
Huiles { de palme	55311	»	1904	»	57215	»	»
Huiles { autres alimentaires	36749	2127	66450	»	105326	»	»
Huiles { non alimentaires	244380	74928	88856	88767	496931	»	»
Levure et levain	74	1	79	»	164	8	»

Marchandises.	Transit direct.					Transit Indirect.	
	Entrée par mer et sortie par terre.	Entrée par terre et sortie par mer.	Entrée et sortie par mer.	Entrée et sortie par terre.	Totaux.	par sortie d'entrepôt.	des marchandises transformées.
AU POIDS.	Kilog.	Kilog.	Kilog.	Kilog.	Kilog.	Kilog.	Kilog.
Machines et Mécaniques — Outils en fonte	13863	699	»	»	14562	»	»
Out. en fer ou acier	128816	422697	49843	749	602105	13795	»
Outils en cuivre	17	1020	»	»	1637	»	»
Voit. p. ch. de fer	215774	675923	816826	»	1708523	»	118280
Autres en fonte	11159917	2293400	93695	81497	13628509	18027	209161
Aut. en fer ou acier	6739331	3282249	291890	145385	10458855	13595	213946
Autres en cuivre	360846	1405640	40314	730	1807530	11801	15402
Cire brute	26624	6082	856	»	33562	»	»
Matières animales ou minérales brutes — Graisses	3528373	1699341	131517	175229	5534460	»	»
Ivoire brut	13399	»	»	»	13399	»	»
Os et cornillons	35065	126	»	59	35250	»	»
Chaux et ciment	12137	30439050	15640	947	30467774	»	»
Minerais de fer	211954	502892	37830	99	752775	»	»
Matières textiles brutes — Chanvre	152125	»	»	»	152125	»	»
Coton	43635	365786	»	201	409622	»	»
Etoupes,	24592	»	4250	»	28842	»	»
Jute	79564	11378	»	»	90942	»	»
Laines	1499617	59425	176659	2388	1738089	»	»
Lin	19	14525	13426	»	27970	»	»
Soie	46861	1653	138	»	48652	»	»
Acier fondu brut	432854	39371	»	»	472225	»	»
Acier en barres, feuilles ou fils (rails, pout. et tôles)	534467	21209152	655539	»	22399158	»	4308295
Acier en barres, feuilles ou fils. non dénommé	4566521	3061078	74258	531892	8233749	91987	164771
Acier ouvré	12072	1886672	529057	227	2536028	»	40461
Cuivre et nickel bruts	325615	26337	13871	»	365823	»	»
id. id. batt., et. ou lam.	417100	350832	62921	1627	832480	1350	22356
Etain non ouvré	661561	2570	2639	»	666770	»	»
Fer : fonte brute	31681820	6941488	5331095	3654030	46999510	1253150	»
Fer : vieux fers	3179001	10142	»	»	3189143	»	»
Fer battu. Fils	1658082	7564871	123471	102396	9448820	10708	»
id. Poutrelles	»	2844639	2233	»	2846872	»	»
id. Rails	157532	5336537	329083	»	5823152	»	2594
id. Tôles	1652629	159704	122109	915	1935357	»	251741
id. non-dénommé	6739260	4181290	293761	266	11214578	327970	90862
Fer ouvré : Clous et autres	4746186	10180284	914866	72116	15913452	18948	134262
Fer : fonte ouvrée	481363	440710	41087	6155	969315	468	»
Fer cuivré ou nickelé : n. ouv.	200563	72540	1016680	»	1289783	4160	»
Fer blanc non ouvré	510005	11118	6772	»	527895	»	»
Plomb non ouvré	1231061	343548	15086	»	1589695	»	»
Zinc non ouvré	6269	288300	15784	»	310353	»	»
Miel	177784	40	»	»	177824	90131	»
Navires et bateaux. Ancres et chaînes pour la marine	600	23802	17352	»	41754	»	»
Papiers — à meubler	110912	151917	10706	»	273535	»	»
carton	482787	1378881	21065	2153	1884886	5910	228447
non-dénommé	644304	3857525	381435	187226	5070290	373	1436654
Peaux — brutes	130387	750003	122567	36043	1039000	»	»
préparées	1602425	307123	50273	19068	1978891	18686	444
pelleteries apprêtées	3199	486	287	31	4003	34	»
Pierres — brutes, taillées et sciées	30440	19605	2344	»	52449	»	»
non dénom. et payés	41938	202468	3776	5000	253182	»	»
Poissons de toutes espèces	162588	34938	299948	10870	508344	252190	»
Poteries — terre-cuite : briques, tuiles, carreaux	83421	7960045	4051	425480	8472997	»	»
Communes	71358	228021	2388	49	301816	»	»
Faïences	48872	3783963	26031	3754	3862620	1744	»
Porcelaines	91554	682277	6005	5840	785676	252	»

Marchandises.	Transit direct.					Transit indirect	
	Entrée par mer et sortie par terre.	Entrée par terre et sortie par mer.	Entrée et sortie par mer.	Entrée et sortie par terre.	Totaux.	par sortie d'entrepôt.	des marchandises transformées.
AU POIDS.	Kilog.	Kilog.	Kilog.	Kilog.	Kilog.	Kilog.	Kilog.
Produits chimiques. Carbonates	14420	36342	3717	»	54479	»	»
Nitrates	26691	17	»	»	26708	»	»
Sulfates et sulfites	»	94	»	»	94	»	»
Produits typographiques (Livr. en feuil. et cartonnés)	36477	11554	894	17979	66904	8	»
Récoltes et fourrages	45813	973268	485	»	1019566	»	»
Résines et bitumes non dénom.	132689	1009045	41413	7153	1190300	»	»
Savons	682988	80876	166492	»	936356	22494	»
Sucres. Sirops et mélasses	516148	9237	461	»	525846	3511	»
bruts	20188	564000	5066	6	589260	346691	»
raffinés	1470156	1549999	45473	97064	3162692	198912	»
non fabriqués	2434311	1264383	301277	3556	4003527	2446656	144209
Tabacs. fabr.: cigar. cigarettes	21928	67451	7270	214	96863	55475	»
id. non-dénommés	3378	107127	389	51	110945	27959	»
Teintures et couleurs	1538827	7008864	557532	19711	9124934	»	»
Thés	535272	6355	128811	1041	671479	»	»
Tissus. de coton	208685	1259114	121807	1788	1591394	827	»
de soie	11015	39689	5582	44	56330	46	»
Végétaux et substances végétales. Graines oléagin.	327866	6550	155	«	334565	»	»
id. non-dénommées	48855	43890	1655	»	94400	»	«
Houblon	1304	142825	2672	»	146801	»	»
Pâte de bois	415953	4021066	65	»	4437084	»	»
Tourteaux	1177	»	»	»	1177	»	»
Verreries communes	3668	5388252	28189	123	5420232	»	70807
Viandes de toutes espèces	7534250	78601	366151	36107	8015109	163034	2
Totaux en 1899	185072920	171460764	97751687	6330683	460616054	20355262	7644788
Totaux en 1898	184251174	182307533	110693189	6216941	483168837	43845383	5419723
A LA VALEUR.	Francs.	Francs.	Francs.	Francs.	Francs.	Francs.	Francs.
Armes	5704	53932	12725	30	72391	»	»
Bois. ouvrés	204252	335633	21861	1853	563599	130	32168
divers	22540	165	»	30	22735	»	»
Caoutchouc ouvré	225409	227116	29800	1170	483555	»	2100
Drogueries. Eaux minérales	1539	1769066	5990	12	1774697	»	»
Eponges	48615	17630	600	»	66645	»	»
Épiceries de toutes espèces	212551	281140	36385	10900	540976	30632	»
Filets et ustens. pour la pêche	»	200	200	»	400	»	»
Habillements	353606	852255	72906	11289	1290056	89746	1281460
Instr. et appareils scientifiques	23450	42052	10920	385	76807	2	»
Instruments de musique	71835	170185	4050	1140	153210	»	4450
Machines et Mécaniques. Outils en bois	100	14750	»	»	14850	»	»
Autres, en bois	738048	6150	8505	330	753033	»	»
Maroquineries	1755	13285	500	50	15590	»	»
Matièr. anim. brut. non-dénom	311433	234220	64345	703	610701	»	»
Matièr. minér. id. id.	374706	80696	52291	17010	524703	»	»
Matièr. textiles id. id.	20862	9329	»	»	30191	»	»
Merceries et quincailleries	1237025	4555734	827326	2480	7192565	58033	»
Métaux. Cuivre et nickel ouvrés	58341	106684	24440	703	190168	»	400
Etain ouvré	1195	2010	300	»	3505	»	»
Fer blanc ouvré	46465	13389	130	528	60512	»	6937
Or et argent ouvrés (bijou-terie, orfèvrerie)	10830	19555	1000	800	32155	10000	»
Plomb ouvré	6840	67033	2710	300	76883	»	»
Zinc ouvré	7880	37908	»	»	45788	344	»
Meubles	447787	5672896	56437	26191	6203311	772	220
Navires et bateaux. Toiles à voiles	1630	13680	13420	»	28730	»	»
Autres agrès	400	14220	5235	»	19855	»	»

Marchandises.	Transit direct. Entrée par mer et sortie par terre.	Entrée par terre et sortie par mer.	Entrée et sortie par mer.	Entrée et sortie par terre.	Totaux.	Transit indirect par sortie d'entrepôt.	des marchandises transformées.
A LA VALEUR	Francs	Francs	Francs	Francs	Francs	Francs	Francs
Objets d'art et de collection.	24905	72352	675	531884	629816	120	»
Parfumeries	44889	100169	8765	1180	155003	16114	»
Peaux. { Ganterie	5430	24147	»	114	29691	»	»
Peaux. { Autres	173364	58354	10948	1228	243894	3442	»
Pierres ouvr., polies et sculpt.	9335	121324	1280	1425	133364	»	»
Produits chimiques non-dénom.	275371	3620138	79930	154308	4129837	»	»
Produits divers pr l'industrie	193582	436518	20707	11080	661887	3025	40
Produits typographiques autres	22532	36460	2017	145	61154	»	»
Tissus { de coton	10596239	4064397	529772	29086	15219494	2691	200
Tissus { de laine	4879177	1115089	168460	12889	6175615	25763	»
Tissus { de lin de toutes esp.	452520	360503	61414	6215	880652	89362	»
Tissus { Tresses de paille	554870	81247	400	2990	639513	»	»
Tissus { tous autres non dén.	1255502	10710	21837	250	1288299	947	»
Végétaux et substances végétales. { Plantes vivantes	12835	24110	5600	»	42545	»	»
Végétaux et substances végétales. { non dénommés.	94635	53336	18660	5000	171631	»	»
Verreries { Glacés.	4450	370596	2760	1500	379306	»	»
Verreries { Verres de vitrage	5966	124340	74232	1050	205588	»	»
Verreries { Ordinaires	52907	1255183	32795	6992	1347877	»	»
Verreries { Fines.	10	11218	»	»	11228	»	»
Voitures	664279	78674	67291	12031	822275	24323	3115
Totaux en 1899	23757632	26635778	2357619	1415361	54166390	355446	1331090
Totaux en 1898	13882238	23764609	13248637	369783	51265207	511389	5399220

Marchandises.	Entrée par mer et sortie par terre.	Entrée par terre et sortie par mer.	Entrée et sortie par mer.	Entrée et sortie par terre.	Totaux.	par sortie d'entrepôt.	des marchandises transformées.
Animaux viv. Espèce bovine » 1899 Têtes.	»	1	»	»	1	»	»
» 1898 »	»	1	»	»	1	»	»
Animaux viv. Espèc. porcin. » 1899 »	11	»	»	»	11	»	»
Animaux viv. Chevaux. » 1899 »	374	»	2	»	376	»	»
» 1898 »	1443	»	1	»	1444	»	»
Bières et aut. Boiss. ferm. » 1899 Hectol.	311	3263	531	27	4132	»	»
» 1898 »	312	3278	934	16	4540	55	»
Bois. de chêne et de noyer » 1899 Mèt. cub.	3321	21	10	16	3368	776	109
» 1898 »	3923	95	41	5	4064	356	23
Bois. de constr. autres. » 1899 Mèt. cub.	5459	46	»	»	5505	22697	105342
» 1898 »	10832	35	539	»	11406	29120	13272
Denrées alimentaires : Œufs. » 1899 Pièces.	160050	832623	»	»	992673	»	»
» 1898 »	470500	1788940	»	»	2259440	»	»
Liquides alcooliques. Eaux-de-vie et liqueurs. » 1899 Hectol.	3863	33732	2663	91	40349	228	»
» 1898 »	3641	27754	4267	52	33714	186	»
Autres. » 1899 »	197	378	1178	»	1753	»	»
» 1898 »	2289	417	23	6	2735	»	»
Montres » 1899 Pièces.	172	2118	258	118	2666	4	»
» 1898 »	212	1350	»	62	1624	»	»
Navires et bateaux: bâtiments. » 1899 Tonn.	4	224	441	»	669	»	»
» 1898 »	31	32	»	»	63	»	»
Pierres; Ardoises pour toitures. » 1899 Pièces.	25620	148633	1000	»	175253	»	»
» 1898 »	1000	»	»	»	1000	»	»
Vinaigres. » 1899 Hectol.	79	5271	140	16	5506	»	»
» 1898 »	20	4986	134	3	5143	»	»
Vins. » 1899 »	15758	11237	1773	41	28809	6686	»
» 1898 »	18131	10770	2552	685	32138	6115	»

SECOURS MUTUELS.

Société « Fraternelle Anversoise ».

Capital social au 31 déc. 1899 fr. 50,039.90.

Années	Nombre des Membres.	Recettes.	Dépenses.	Indemnités aux malades et cas de force majeure.	Allocations sur la caisse spéc.	État de la caisse spéciale.	État de la caisse de pension.
		Fr.	Fr.	Fr	Fr.	Fr.	Fr.
1871	215	4394.41	3501.27	3022.57	—	458 —	—
1872	220	4623.14	3361.34	3089.99	—	671 —	—
1873	194	4642.83	4247.20	1750.—	—	912.50	—
1874	202	4086.63	3916.50	2125.30	225.—	1006. -	—
1875	254	5170.13	4935.27	3089.99	150.—	1225 50	—
1876	204	6764.86	6530.15	2873.35	150.—	1503. -	—
1877	295	6714.71	6000..0	4496.67	250.—	1843.—	—
1878	304	7677.61	7022.56	4593.26	100.—	2400.23	—
1879	314	7822.28	5852 48	5216.62	110.—	2956.23	—
1880	311	8715.80	6922.53	5326.68	610.—	3638.23	—
1881	312	8665.27	6733.40	6179.91	100.—	3613.23	—
1882	314	8787.91	7879.56	6268.33	50.—	3969.49	—
1883	330	9171.50	6289.39	5454.99	300.—	4162.34	—
1884	346	10563 11	6923.60	4278.31	850.—	3766.16	—
1885	352	11525.01	8017.93	5516.67	400.—	3845.63	—
1886	377	12012.08	9419.04	6141.67	450.—	3681.51	—
1887	402	11694.66	8019.03	5161.77	325.—	4465.41	—
1888	402	12327.56	9056.07	4649.33	260.—	4540.45	—
1889	420	12628.99	9796.81	4893.33	200.—	5060.59	—
1890	429	12517.18	10294.12	4053.31	425. -	5454.92	1184.90
1891	427	11677.56	9728.47	5953.34	100.—	6370.08	1739.50
1892	440	11497.17	9262.77	6098.19	250.—	7081.92	2237.34
1893	438	11825.42	9094.65	7056.57	300.—	7842.92	2472.36
1894	425	9394. -	8918.36	7439.92	100.	8667.44	2472.36
1895	423	9826.50	8360.34	7265.90	400.—	9362.49	2780.80
1896	455	10076.25	8060.93	6356.98	700.	9601.—	3491.52
1897	471	10633.—	10303.57	7252.17	700 —	9637.22	4008.80
1898	495	10429.—	7887.03	7556.96	100.—	10500.12	4678.—
1899	489	10766.97	9661.13	8451.63	300.—	11272.04	4813.96
				154908.59	7905:—		

Les indemnités allouées pendant 31 années s'élèvent à fr. 162,813,59.

Chambre de Commerce d'Anvers.

EXERCICE 1900.

COMITÉ CENTRAL.

(21 membres élus par l'assemblée générale et les Présidents des Sections).

MM. Ch. Corty, *président*. Kipdorp, 9.   Sortant fin 1902.
Ch. Good, *vice-président*, avenue des Arts, 127.   »   1900.
Ed. Loos, *vice-président*, rue Otto Venius, 16,   »   1901.
F. De Jardin, *secrétaire général*, remp. d. Béguines, 110.»   1901.
Alph. Aerts, *trésorier*, avenue Van Eyck, 13.   »   1900.

J. De Vos, longue rue Neuve, 53.   Sortant fin 1900.
W. Marsily, rue des Peignes, 22,   »   1900.
A. Schuchard, courte rue Chapelle des Bateliers, 4,   »   1900.
Ed. Schwenn, canal des Brasseurs, 15-17,   »   1900.
F. Steger, longue rue des Claires, 11,   »   1900.
Léon Van Peborgh, marché aux Souliers, 16,   »   1900.
Paul Collin, avenue des Arts, 89.   »   1901.
J. L. Dekkers, quai aux Charbons, 9.   »   1901.
J. Pieraerts, rue Haute, 31.   »   1901
André Tillemans, rue Everdy, 32.   »   1901.
H. Windelincx, rempart St. Georges, 20.   »   1901.
Jos. Danco, rue Chapelle de Grâce, 11.   »   1902.
Chr. Scheidt, rue de Bordeaux, 16.   »   1902.
J. van der Pot, rue Pruynen, 8.   »   1902.
Ed. van Eeten, rue Jan Van Lier, 5.   »   1902.
Jos. Van Put, Longue rue des Claires, 10.   »   1902.
Ad. Verspreeuwen, avenue du Commerce, 211.   »   1902.

BUREAUX DES SECTIONS.

Assurances.

Président : M. St. Haine, Meir, 95,   Sortant fin 1900.
Vice-Président : M. H. Fester, rue des Tanneurs, 21,   »   1902.
Secrétaire : M. Mce Van de Zande, longue rue des Claires, »   1900.
Conseillers :
    M. Ed. Van Eeten, rue Jan Van Lier, 5,   »   1900.
    M. C. De Bom, longue rue de l'Hôpital, 26. »   1901.
    M. H. Engels, place de Meir, 83.   »   1901.
    M. F. Genicot, rue Hochstetters. 17.   »   1902.

Bois de construction.

Président : M. Aug. Fievé, avenue du Commerce, 152,   Sortant fin 1902.
Vice-Président : M. Ad. Fumière, rue Ommeganck, 59,   »   1900.
Secrétaire : M. Wittemans-Hallo, rue Van Straelen, 39.   »   1902.
Conseillers :
    M. L. Kintsschots, bassin aux Bois,   »   1902.
    M. Jos. Coune, Digue-Sud-Bassin de la Campine »   1902.

Cafés.

Président : M. A. Born, rue Pruynen, 8,   Sortant fin 1902.
Vice-Président : M. Alph. Huybrechts. c. des Teinturiers, 19, »   1900.
Secrétaire : M. Fl. Elst, rue Montebello, 36.   »   1901.

Caoutchoucs.

Président : M. Alf. Osterrieth, rue du Chêne, 9,   } Sortant
Vice Président : M. G. Oboussier, rue Grammaye, 8,   } fin
Secrétaire : M. G. Van den Kerckhove, rue des Beggards, 6/1, } 1900.

Commerce d'Exportation.

Président : M. L. Perrignon, rue du Moulin, 55,   } Sortant
Vice-Président : M. Ed. Schwenn, canal des Brasseurs, 15-17, } fin
Secrétaire : M. E. Van der Linden, rue Reynders, 4/6,   } 1900

Cuirs.

Président : M. Ch. Kreglinger, rue St-Thomas, 26,   Sortant fin 1902.
Vice-Présidents :
    M. H. Osterrieth. rue du Chêne, 9,   »   1902.
    M. J. Rautenstrauch, rue Grammay, 8.   »   1901.
Secrétaire : M. Ct Willaert, rue du Prince, 28.   »   1902.
Conseillers :
    M. Max. Grisar, rempart Kipdorp, 48.   »   1900.
    M. H. Ficq, rempart Kipdorp, 48.   »   1901.
    M. E. Havenith. rue Pruynen, 2,   »   1901,
    M. L. Van de Velde, rue Jésus, 33.   »   1902.

Diamants.

Président : M. Ch. Wauters, rue Kets, 11,   Sortant fin 1902.
Vice-Présidents :
    M. J. Kryn, rue Coquilhat,   »   1902.
    M. J. Walk, rue Mercator, 44.   »   1902.
Secrétaire : M. Ch. Van Antwerpen, r. de la Province, (s) 95, »   1902.
Trésorier : M. M. Daniels, rue des Nerviens, 39,   »   1902.
Conseillers :
    M. G. Antoine, avenue du Sud, 131,   »   1902.
    M. Ad. Adler, rue Conscience, 7.   »   1902.
    M. A. Lehrfeld, Boulevard Léopold, 1,   »   1902.
    M. Tom, Boulevard Léopold, 5,   »   1901.
    M. J. Van den Bosch, Boulevard Léopold, 63, »   1901.

Economie politique et statistique.

Président : M. Emile Ceulemans, rue Otto Venius, 21,
Vice-Président : M. F. Steger, longue rue des Claires, 11,
Secrétaire : M. Ed. Karcher, rue Pruynen, 2,
} Sortant fin 1900,

Engrais.

Président : M. Ide-De Wilde, rempart Kipdorp, 3, Sortant fin 1901.
Vice-Président : M. Fasting, marché aux Souliers, 33. » 1901.
Secrétaire : M. H. Aernouts, rue de l'Empereur, 45/1, » 1900.

Financière.

Président : M. Jos. Wynen, boulevard Léopold, 28²,
Vice-Président : M. L. Fuchs, place de Meir, 22.
Secrétaire : M. R. De Decker, place de Meir, 22.
} Sortant fin 1901.

Fruits.

Président : M. L. Van Rossom, rue St. Michel, 7/9,
Vice-Président : M. F. Vrijdag, avenue du Sud, 39,
Secrétaire : M. L. Piccalon, rue Van Straelen, 30,
} Sortant fin 1900.

Géographie commerciale.

Président : M. Ed. Schwenn, canal des Brasseurs, 15/17,
Vice-Président : M. H. Oostendorp, rue Jan Van Lier, 3.
Secrétaire : M. Aug. Brunel, Place de Meir, 59,
} Sortant fin 1902.

Grains et Graines.

Président : M. G. L. Stuyck, longue rue Neuve, 25, Sortant fin 1900.
Vice-Président : M. Jos. Heymann, boulevard Léopold, 3, » 1900.
Secrétaire : M. Louis Janssen, rue Van Artevelde, 43. » 1902.
M. E. Lommaert, Meir, 10, » 1900.
M. G. Samuel, longue rue Neuve, 53, » 1900.
Conseillers : M. Paque-Randaxhe, rue des Tanneurs, 35/3, » 1900.
M. O. Eppenheim, Meir, 55/57. » 1902.
M. L. Theelen, rue Van Maerlandt, 62. » 1902.
M. E. Van de Wiel, Rempart Kipdorp, 21. » 1902.

Huiles et Graisses Industrielles.

Président : M. Ch. Good, avenue des Arts, 127,
Vice-Président : M. G. Kort, rue Dodoens, 16,
Secrétaire : M. Henri De Vroey, rue Appelmans, 31,
} Sortant fin 1902.

Laines.

Président : M. Th. Bracht, longue rue Neuve, 27, Sortant fin 1900.
Vice-Président : M. Ed. Karcher, rue Pruynen, 2, » 1902.
Secrétaire : M. H. E. Tieman, rue de l'Empereur, 7/2, » 1900.
M. Huffmann, rue Marcgrave, 8, » 1900.
M. Alf. Osterrieth, rue du Chêne, 9, » 1900.
Conseillers : M. A. Rymenans, longue rue Neuve, 27, » 1900.
M. Dan. Fuhrmann, longue rue Neuve 74, » 1902.
M. Alph. Maes, rue Hochstetters, 12, » 1902.

Matières tannantes et tinctoriales.

Président : M. F. Janssens-Servais, L, rue de la Lunette, 9.
Vice-Président : M. L. Cols, rue du Mai, 9.
Secrétaire : M. Jules Hekkers, L. rue Hérenthals, 27.
} Sortant fin 1902.

66

Pétroles.

Président : M. A. Maquinay, avenue des Arts, 127.
Vice-Président : M. H. Rieth, rue d'Arenberg, 1,
Secrétaire : M. Wiethase, canal de l'Amidon, 32.
   } Sortant fin 1902.

Riz.

Président : M. Maurice Elsen, rue Vénus, 19.   Sortant fin 1901.
Vice-Président : M. J. De Winter, rue Marnix, 18.   » 1901.
Secrétaire : M. F. Van de Put, rue de la Monnaie, 2,   » 1900.

Salaisons.

Président : M. L. Nieuwland, rue de la Justice, 13.
Vice-Président : M. Ch. Corty, Kipdorp, 9,
Secrétaire : M. V. Relecom, rue Appelmans, 2,
   } Sortant fin. 1900

Sucres

Président : M. Mce Gevers-Grisar, boulevard Léopold, 144.
Vice-Président : M. R. Cassiers, Meir, 61.
Secrétaire : M. Raym. Peten, rue Van Craesbeeck, 25.
   } Sortant fin 1902.

Tabacs.

Président : M. Ed. Nyssens, rue des Peignes, 33,
Vice-Président : M. C. Chovau, rue du Canal, 6,
Secrétaire : M. G. Bierinckx, rue Van Cuyck, 2.
   } Sortant fin 1900.

Textiles et Crins.

Président : M. Louis Cols, rue du Mai, 9,
Vice-Président : M. E. Van den Bemden, rue des Juifs, 2.
Secrétaire : M. Fr. Wildiers, rue Van Straelen, 100,
   } Sortant fin 1900.

Transports, navigation et douane.

Président : M. Alph. Aerts, avenue Van Eyck, 13,
Vice-Président : M. Charles Randaxhe, rue de l'Empereur, 58,
Secrétaire : M. E. Van der Linden, rue Reynders.
   } Sortant fin 1902.

Travaux publics et civils.

Président : M. Al. Winders, avenue du Sud, 17.
Vice-Président : M. M. Hargot, boulevard Léopold, 127,
Secrétaire : M. L. Volkaerts, rue Hoboken, 11.
   } Sortant fin 1902.

Vins et Spiritueux.

Président : M. Pierre Peyrot, vieille Bourse, 33   Sortant fin 1901.
Vice-Président : M. Neefs-Lauwers, r. du Navet, 23.   » 1900.
Secrétaire : M. Jos. Neefs, rue de l'Empereur, 7,   » 1902.

LISTE DES MEMBRES DE LA CHAMBRE

NOMS.	FIRMES.	NOMS.	FIRMES.
H. Aeby	H. Aeby.	E. Beckers	Léon de Chaffoy et Beckers.
Alph. Aerts	John P. Best & Cie.	J. Boumans	J. Boumans.
D. Agélasto	Agélasto & Cie.	Thiel Brahm	Thiel Brahm & Cie.
Henri Aernouts	Henri Aernouts	F. Bastin	Bastin et Beseke.
Edouard Arnolds	G. & C. Kreglinger.	P. Becker	Paul Becker.
Gust. Antoine	Gust. H. Antoine.	W. Blaess	W. Blaess.
H. Alen	—	R. Banspach	Rud. Banspach.
H. Antoine	Koninckx et Antoine.	A. Bueschler	Bueschler & Nölting.
Prosper Aerts	Jean Van der Taelen & Cie.	Ctin Bodewig	Bodewig et Petersen.
Henri Aerts	François Loos & Cie.	Hub. Block	Block & fils.
G. J. Frédéric Andreæ	de Roubaix, Oedenkoven & Cie	R. Brand	Brand & Cie.
		F. Brants.	Fr. Brants.
Gustave Albrecht	Gustave Albrecht	F. Baetens	—
Ad. Adler	Ad. Adler.	Louis Bergl	H. Wiener & Cie.
Charles Aulit	Charles Aulit.	Aug. Brunel	Aug. Brunel
A. Aerts	—	H. Boxhorn	Boxhorn frères.
Alex André	—	Aug. Brementhal	Aug. Brementhal.
J. Beruck	Beruck-Tirou.	Arth. Bortels	Jos. Bortels.
V. Baetens	H. De Poorter & P. Pottieuw.	J. Bierinckx	Bierinckx & Ducoin.
A. Barbier	Antoine Barbier.	Alfio Basile	—
E. Banckaert	E. Banckaert.	Aug. Beseke	Bastin & Beseke.
L. Büsch	L. Büsch & Cie.	Félix Boone	Félix Boone.
Th. Bracht	Th. Bracht & Cie.	J. Bourmanne	J. Bourmanne & Cie.
Fréd. Brockdorff	Fréd. Brockdorff.	C. H. Brasseur	—
Ed. Bunge	Bunge & Cie.	F. Brouette	A. de Nimal.
Wm Bertrand	Wilh. Bertrand.	Joseph Bogaerts	C. Bogaerts-Van de Wouwer.
Ed. Borniche	Edouard Borniche.	Edm. Beckman	Soc. an. des prod. résineux.
H. Béliard	Béliard & Fletcher.	W. Bachmeyer	S. an. p. l'imp. d. huil. de graiss.
Alb. Born	Wm Born & Cie.	Léon Bervoets	L. Bervoets.
N. Bruynseels	W. Raydt & Cie.	R. Beyschlag	Beyschlag & Cie.
Jean Bulens	Jean Bulens.	Aug. Baugniet	J. De Vos & Baugniet frères.
W. S. Burger	Boutmy & Cie.	Henri Boonen	H. Boonen & Cie.
Georges Bavais	P. J. Bavais-Claessens.	L. Bisschops	Laurent Bisschops.
Aug. Bulcke	Aug. Bulcke & Cie.	M. Braunschweig	Braunschweigh & Co.
D. K. Bugisch	D. K. Bugisch.	François Bulcke	Bulcke, Van den Bemden & Co
O. W. Bennert	—	Joseph Beruck	—
L. Bennert	J. Randaxhe-Bally.	E. Brackeniers	Comptoir comm. Anv.
C. Birkenstock	C. Birkenstock.	S. R. Bisdom	S. Reynders Bisdom.
Fr. Bleeckx	Kniewitz, Bleeckx & Cie.	G. Bauer	G. Bauer.
Theodore Brauss	Arning, Brauss & Cie.	L. Baltus	L. et R. Baltus.
R. Böcking	Lavoir de Schooten.	Ch. Beauvois	Jules Beauvois.
M. Bastin	Math. Bastin.	Georges Barthels	—
E. H. Becker	E. H. Becker.	J. A. Boks	J. A. Boks.
		Jos. Boone	Soc. an. mag. à grains.

Rob. R. Biggar	Paul Adler.
Félix Ceulemans	Félix Ceulemans
E. Castelein	E. Castelein & Cie.
C. Collignon	Charles Collignon.
Ch. Corty	Corty & Cie.
Emile Cahën	A. de Lhoneux, Linon & Cie.
Henri Claessens, fils	—
H. Collin-VanderBorght	H. Collin-Vander Borght.
Ch. Claes	Ch. Claes.
Louis Cols	M. S. Cols.
J. Carpentier	L. Schell.
Vincent Claes	Frères Claes.
Ed. Carpentiers	—
Paul Collin	Collin-Van Hal.
J. Cassalette	Cassalette et Dujardin.
L. Criquillion	Comptoir comm. anv.
R. Cassiers.	Cassiers frères & Cie.
Joseph Coune	Jos. Coune.
Em. Ceulemans	Em. Ceulemans & Cie.
L. Coetermans	Coetermans-Heinrichs.
Emile Ceulemans	Emile Ceulemans.
Jules Courboin	—
J. Couderé	—
C. Chovau	C. Chovau
D. Crispo	—
Aug. Cassiers.	Auguste Cassiers.
A. Chamay.	Weinmann, Chamay & Co
P. Carpentier-Roels	P. Carpentier-Roels.
Ferd. Coosemans	F. Coosemans.
J. F. Claessens	—
Cam. Castermans	Soc. an. de prod. Ch. et Elect.
Albert Claessens	Claessens frères & Co.
R. Centner fils	R. Centner fils.
F. De Leeuw	De Leeuw & Philippsen.
Jan de Man	Jan de Man.
Ed. Delfs.	—
F. J. Demblon	—
Edm. De Wael	Edm. De Wael.
Jules de Surgeloose	Jules de Surgeloose.
H. Dumeiz.	L. Lambert.
Jos. De Kinder	Jos. De Kinder.
Aug. De Becker	De Becker, Farcy & Cie.
Jos. Devens	—
Eug. Davidis.	E. & A. Davidis.
Ad. Davidis	E. & A. Davidis.
L. de Lezaack	—
A. Delvaux	Henri C. Steens.
H. Alb. de Bary	H. Albert de Bary & Cie.
C. De Roos	C. De Roos.
J. L. Dekkers	Ruys & Cie.
C. F. Dockx	C. F. Dockx.
Th. De Bruyne	T. De Bruyne.
Aubert de Ridder	De Ridder, Vekemans & Cie.
G. Demanet	Demanet & Monnoyer.
John Devries	—
Jos. Dürselen	Hub. Dürselen.
Léon Dufour	Léon Dufour & Cie.
Norbert Diercxsens	Cie d'assurances l'Escaut.
Ct De Bom	Constantin De Bom.
J. Delaït	Cie Helvetia.
A. De Hasque	Ve Carpentier & De Hasque.
Ch. De Bruyn	Constant Storms & Cie.
Jos. Darmstædter	
Jos. Alb. De Meyer	J. A. De Meyer.
Alph. De Vos	De Vos frères.
Fréd. de Jonge	Fçois De Beukelaer.
Georges de Bary	H. Albert de Bary & Cie.
Ch. Ducarme	Verset et Ducarme
D. Dillmann	E. Karcher & Cie
Aug. De Keuster	Grisar & De Keuster.
F. De Braekeleer	Fl. De Braekeleer.
Fernand De Jardin	
E. Dujardin	Cassalette et Dujardin.
Ant. Dewez	Emile Ruhl.
X. Duquenne-Scuvie	X. Duquenne-Scuvie.
A. De Tremmerie	Arthur De Tremmerie.
Th. Dührenheimer	Th. Dührenheimer.
Jos. Danco	Jos. Danco.
Albert Diehl	—
F. Dietz	Corty & Cie.
Maurice Dreifus	Dreifus & Cie.
Emile De Baer	—
Eugène Dieden	Eug. Dieden.
J. De Vos	J. De Vos & Baugniet frères.
Jules Desmurs	—
C. De Wandeleer	Ad. Verspreeuwen, fils et Cie.
Ct De Herdt	Constant De Herdt.
Victor Dhanis	Victor Dhanis & Cie.
Alex. De Cock	Alex. De Cock.
V. De Haes	Victor De Haes.
T. Dolne	G. et C. Kreglinger.
F. X. de Beukelaer	Dist. de l'Elixir d'Anvers.
J. de Puydt	
J. Daverveldt	Joseph Daverveldt.
Mani Daniels	Mani Daniels.
Alb. De Laet	Alb. De Laet fils.
G.C. De Baerdemaecker	G. C. De Baerdemaecker
G. De Vos	—
Jules de Decker	Jules de Decker.
Ed. de Roubaix	de Roubaix, Oedenkoven & Cie

Ed. De Vleeschouwer	—
J. Dykmans	Dykmans et Van Essche.
André de Wael	André de Wael.
C. De Clerck	De Clerck et Van Hemelryck.
Aimé De Walsche	Aimé De Walsche.
Herbert Debenham	H. Debenham & Cie.
Louis Durlet	H. Tieman.
Georges de Wael	Peeters et de Wael.
J. Dandelooy	J. Dandelooy.
Louis De Meuter	Louis De Meuter.
F. de Surgeloose	Th. Bracht & Cie.
H. De Beunie	H. De Beunie.
Albéric De Ridder	De Ridder frères.
Robert De Decker	Fuchs, De Decker & Cie.
R. Donas	R. Donas.
H. De Lauw.	H. De Lauw.
A. deLorne de St. Ange	A. de Lorne et Friz.
Z. W. Dekkers	Ruys & Cie
Jean De Winter	Jean De Winter.
Th. Defrancq.	Defrancq & Cie.
Ernest De Raedt	Ernest De Raedt.
J. G. De Hasque	—
Henri De Vroey.	Henri De Vroey.
Jos. Dineur	Jos. Dineur.
H. Duquenne	—
Liévin Danneel fils	Liévin Danneel fils
Charles De Ridder	Crédit comm. congolais.
Louis De Ridder	—
Ch. Dethier	Charles Dethier.
H. Delfs.	—
Raym. De Beul	Raymond De Beul.
Victor Deanscutter	V. Deanscutter.
Achille Desmedt	Achille Desmedt.
Vincent De Bruyn	De Bruyn frères,
Aug. De Rydt	Achille Van In.
Edm. de Best	—
Henry De Schepper	Henry De Schepper.
Charles De Bruyn	Compt. comm. Anversois.
Mce De Cock	—
Jac. De Deken	Soc. An. Badoise.
J. Davidson	Jules Davidson.
Alb. De Wolf	Albert De Wolf.
G. Dailly	—
Emile Deffaux	Em. Deffaux.
Hyp. Deprez	—
Gust. De Vos	—
Vr De Weerdt	—
Constant Erkes	Constant Erkes.
Fl. Elst	Elst et Horn.
Ernst Eiffe	Eiffe & Cie.
Wm Engels	Lloyd Belge.
Maur. Elsen	P. Elsen fils
Louis Elskamp	—
Andrew W. Edward	Th. Ronaldson & Cie
Ad. Eppenheim	Schlomer et Eppenheim.
Ed. Ellermann	Edouard Ellermann.
J. S. Eisenmann	Jac. S. Eisenmann.
Cæsar Eiffe	Cæsar Eiffe.
Henri Engels	—
F. H. Escoubé	Swift Pack. Cy.
Alex. Franck	Alex. Franck.
Peter Fuhrmann	Joh. Dan. Fuhrmann
Victor Forge	Victor Forge.
Ad. Fumière	F. Van Gastel & A. Fumière en liquidation.
H. Fester	Mund & Fester.
A. H. Ficq	A. Henri Ficq.
D. Fuhrmann	Joh. Dan. Fuhrmann.
Max Fould	M. Fould.
R. Falk	Falk & Valois.
René Flebus	R. A. Flebus.
Emil Fillmann	Emil Fillmann.
Léon François	Léon François.
Carl Fischer	Carl Fischer.
Wm Flecken	Wm Flecken.
H. Fasting	H. Fasting.
Henri Fierens	Henri Fierens.
Arthur Fribourg	Arthur Fribourg.
Aug. Fiévé	Fiévé & Cie.
A. M. Feldman	
A. Fitz	Société an. Badoise.
Georges Fiévé	Fiévé & Cie.
Michel Feher	M. Feher.
S. Fleck	S. Fleck.
Erich Friedeberg	Samuel Friedeberg et Landau.
Gustav Frank	Gustav Frank.
Robert G. Flint	Westcotts et Flint.
Léon Fuchs	Fuchs, De Decker & Cie.
Léon Francq	L. & J. Francq.
Charles Friz	A. de Lorne et Friz.
St. Fraenkel	Stanislas Fraenkel.
Richard Fuhrmann	Joh. Dan Fuhrmann.
Curt Flender	Kurth, Weyhmann & Co.
Ed. Fesingher	Gme Fesingher.
Aug. Fridt	Van Gent & Fridt.
Art. Goemaere	G. De Keyser & Cie.
Maurice Gevers	Banque d'Anvers.
F. Grein	Fr. Grein & Cie.
Max. Grisar	Grisar & Cie.
H. Gevers	Gevers frères.

César Goemaere	G. De Keyser & Cie.
Georges Gits	Gits & Cie.
Ch. Good	Société an. des prod. résineux et Soc. an. p. l'Imp. des H. de Gr.
Ed. Grandgaignage	—
Louis Gutjahr	Société anonyme Badoise.
P. A. Giltay	Snelleman & Giltay.
H. Gerlinger	Adolf Deppe.
Aug. Grisar	Grisar & De Keuster.
F. Gerling	Marshall & Gerling.
Granpré Molière	—
F. Génicot	Alph. et Fr. Génicot.
H. Geerts	—
René Gevers	—
Em. Grisar	Grisar & Cie.
Maur. Gevers-Grisar	Gevers frères
Arm. Grisar	Grisar et Marsily.
G. G. Grisar	W. Mallinckrodt & Cie.
Ed. Govaerts	Noord-Natie.
Mce Gross	Maurice Gross.
Alph. Génicot	Alph. & Franç. Génicot.
Chärles Gerok	Charles Gerok.
Alb. Goldschmidt	Lewy & Goldschmidt.
Hermann Grewel	Hermann Grewel.
Ludwig Grimm	—
Willem Geurts	De Clerck et Van Hemelryck.
Emile Gesnot	Emile Gesnot.
B. M. Grutering	M. Matthijs.
Fél. Garlinck	F. Garlinck.
Herm. Geiger	Richtelhueber's nachfolger.
Bernardo Guerra.	B. Guerra.
Paul Gillain	P. Gillain.
B. Grégoir	B. Grégoir.
W. Grote	—
Alb. Grisar	Albert Grisar.
Louis Gielis	—
F. Gittens	Sasse et Gittens.
Fr. Grell	—
Ch. Gevers	Chs Gevers.
Otto Garrels	Otto Garrels.
A. Gross	Adolphe Gross & Cie.
G. Giurfa	G. Giurfa.
Ernest Gillart	—
J. W. Hunter	Kennedy, Hunter et Cie.
M. Heuschen.	M. Heuschen.
Alf. Havenith	Banque d'Anvers.
Stan. H. Haine	Stanislas H. Haine.
H. Heidebroeck	H. Heidebroeck.
Evr. Havenith	Evr. Havenith.
Henri Hentze	Niedergall & Cie.
Alph. Hertogs	—
Léon Hermans	Léon Hermans.
Ad. Huybrechts	Ad. Huybrechts.
Franz Hartung	Julius Hartmann & Cie.
Jos. Hoegaerts	—
M. Huffmann	Huffmann & Cie.
Th. Hermann	C. Schmid & Cie.
Alph. Haghe	Alph. Haghe.
Max. Hargot	—
Alph. Huybrechs	Comptoir comm. anv.
B. Hölterhoff	B. Hölterhoff.
R. Holtzmann	R. Holtzmann.
W. Huverstuhl	Selb & Huverstuhl.
A. Hallwachs	Arning, Brauss & Cie.
J. Heymann-Rosenthal	Jos. Heymann-Rosenthal
G. Hohgraefe	G. Hohgraefe & Cie.
Alph. Haverals.	A. Haverals.
B. Hirschfeldt	B. Hirschfeldt.
Herm. Huebler	Fabr. anv. de conserves.
Fréd. Hammesfahr	F. Hammesfahr.
J. Hellemans	Jos. Hellemans.
G. Hamspohn	—
Alph. Huybrechts	Adolphe Huybrechts.
Ct Hoppenbrouwers	Const. Hoppenbrouwers.
C. Hynen-Sterckx	C. Hynen-Sterckx. & fils.
Jules Hekkers	—
Jos. Herkens	—
G. Hasse	Richard Rhodius & Cie.
Léon Hebbelynck	Hebbelynck-Galler & Cie.
J. Haudegand	E. Haudegand.
Pierre Hye	Pierre Hye.
E. Honigmann	Honigmann & Schellenberg.
Harry Heinemann	—
Jos. Heydt	J. Heydt & Van den Bosch frèr.
J. Hector	Hector & Cie.
Louis Hessel	A. & L. Hessel.
Armand Hessel	A. & L. Hessel.
Ed. Henry	Ed. Henry.
Léopold Hufkens	Jac. S. Eisenmann
Jean Hubens	Jean Hubens.
Jacques Hopstaken	Hopstaken & Co.
A. Hertogs jr.	Alphonse Hertogs.
Jacques Hartog	Cie Hollandaise.
Ch. Huger	Huger & Cie.
Max Hermann	Alb. Hermann.
F Horschitz	—
C. Hansenne	C Hansenne.
Paul Huybrechts	Paul Huybrechts
Gme Hoorickx	G. Hoorickx.
Alb. Hermann	Alb. Hermann.

Ed. Hermann	Prod. d'outre-mer.	G. Kort	Collin-Van Hal
Louis Herssens,	—	Bernhard Kahn	Kahn & Schoen.
Victor Hebbelinck	Victor Hebbelinck.	Georges Kryn	Georges Kryn.
Alb. Hosselet	—	Ernest Keller	Ernest Keller.
Jos. Heymans	Heymans & Cⁱᵉ.	Georges Keunen	—
Franz Itschert	Franz Itschert.	Albert Kreglinger	G. & C. Kreglinger.
Carl Ingenohl	C. Ingenohl.	L. Kurtz	L. Kurtz.
A. Ide-Dewilde	Idé-Dewilde.	I. W. Koer	R. H. Aug. Müller,
Fréd. Ingenohl	Liebig's Company.	L. Keyenbergh	—
Ch. Janssens	—	W. A. Linden	W. A. Linden.
A. Janssen	A. Janssen.	G Landmesser	G. Landmesser.
Albert Jordan	Albert Jordan	Jacq. Langlois	Jacq. Langlois.
J. Janssens.	Janssens frères.	Ch. Lejeune	Ch. Lejeune.
P. F. Janssens.	Janssens frères.	Alph. Lambrechts	E. Lambrechts & frère.
A. Jacobs	J. & A. Jacobs.	E. Lommaert	E. Lommaert.
H. Jacobs	—	E. Lowet	E. Lowet.
G. Jung	God. Jung.	Hipp. Lemmens	Hippolyte Lemmens.
J. L. Judels	—	C. D. Lehmann	C. D. Lehmann.
Louis Jansen	—	Louis Legros	Louis Legros.
Aloïs Jacob	Oude beëed. graanmet. natie.	J. Liévin	Gondrand frères.
Max Joseph	A. Joseph.	Arthur Le Voir	Arthur Le Voir.
Edm. Janssens	Edm. Janssens.	Fréd. Lynen	H. Albert de Bary & Cⁱᵉ.
F. Jacobs	—	J. B. Lang	J. Bernh. Lang.
F. Janssens-Servais	F. Janssens-Servais.	J. Lemmens	Jean Lemmens.
Eug. Kreglinger	G. & C. Kreglinger.	Fl. Léonard	Rymenans & Cⁱᵉ.
F. Kernkamp	F. Kernkamp.	G. Leser	Leser et Cornet.
H. Klein	H. Klein.	J. Landau	Samuel, Friedeberg et Landau.
J. Kalckhoff	Kalckhoff & Schoeller	E. Lissnijder	Henri Lissnijder.
H. Kœnigs	Kœnigs, Gunther & Cⁱᵉ	Eug. Lauwers	E. Lauwers-Redig.
Ch. Kreglinger	G. & C. Kreglinger.	G. Levita	G. H. Levita.
L. Kintsschots	Louis Kintsschots.	Alph. Lauwers	Alph. Lauwers.
P. Kreglinger	Banque Centrale anversoise.	Jos. Lecocq.	E. Lowet.
Léon Keusters	Louis Keusters.	E. Lagermark	E. Lagermark.
Ch. Kniewitz	Kniewitz, Bleeckx & Cⁱᵉ.	Edm. Loos	François Loos & Cⁱᵉ.
Ed. Karcher	E. Karcher & Cⁱᵉ.	Osc. Lambrechts	Amidonnerie Royale.
G. J. Knosp	G. Knosp & Cⁱᵉ.	Emile Le Grelle	Joseph J. Le Grelle.
J. A. Kieken	J. A. Kieken,	A. Lehrfeld	Alb. Lehrfeld.
R. Kausler	W. C. Kausler.	Alph. Lahaye	Ad. Verspreeuwen.
L. Kronacher	Soc. pour l'exp. d sucres.	C. D. Leysen	C. D. Leysen.
C. Kribben	C. Kribben.	J. Lambrechts	Soc. Métallurgique de Boom.
Ernst Karcher	Ernst Karcher.	L. Lysen	Van den Bergh & Cⁱᵉ.
Paul Karcher	Huffmann & Cⁱᵉ.	Paul Lœwenberg	Lœwenberg & Cⁱᵉ.
Hans Kurth	Kurth, Weyhmann & Cⁱᵉ.	Charles Leber	E. Karcher & Cⁱᵉ
César Koch	César Koch & Cⁱᵉ.	Henri Lilar	Collin-Van Hal.
Isidore Kirschen	Kirschen frères.	Lucien Lang	Fischer et Lang.
Jacques Kryn	Jac. Kryn.	L. Leclaire	Louis Leclaire.
Ed. Kirschen	Kirschen frères.	Oscar Lemmens	Jean Lemmens.
Charles Kwanten	Steinmann & Cⁱᵉ.	Louis Landau	Samuel, Friedeberg et Landau.
Arthur Kahn	Man. de fibr. Red Star.	W. H. Lups	W. H. Lups.
Henri Kuhn	H. Kuhn.	Ignace Landy	I. Landy.

Ad. Laureyssens	Ad. Laureyssens.	H. Markelbach	H. Markelbach.
Georges Lewy	Lewy & Goldschmidt.	Mosco Danon	Danon frères.
C. Luth	Martroye et Luth.	Florent Masset	—
Th. Linck	Th. Linck.	Alph. Machiels	Alphonse Machiels.
Albert Le Jeune	Ch. Lejeune.	G. V. Meer	—
H. Leupold	G. & C. Kreglinger.	C. Meinertzhagen	C. Meinertzhagen & Cie.
Mce Lamm.	Lamm, Bros & Co.	Jacob Menke	Gebr. Heumann & Menke.
Paul Lelièvre	H. Lelièvre fils.	Georges Mechelaere	Georges Mechelaere.
Georges Lauwers	Pierre Lauwers.	Louis Maes	Maes & Van Liebergen.
S. Loebel	Loebel & Römer.	A. Montigny	John P. Best & Cie.
Joseph L'Hoir	Compt. comm. anv.	François Mertens	Mertens-Bücker.
Chs Lemm	Charles Lemm.	P. J. Monu	—
Fl. Lemmers	F. Lemmers.	Marcel Morren	Arthur Morren & Cie.
Ed. Legros	—	E. Manderlier	Manderlier & Devillez.
Arthur Morren	Arthur Morren & Cie.	Armand Mercier	—
Désiré Maas	Désiré Maas.	Eug. Mussche	Goldstuck, Hainze & Cie.
Eug. Meeùs	—	Raym. Meeùs	Raym. Meeùs
Fréd. Montigny	Montigny-Preud'homme.	G. F. Mann	F. Mann & Cie.
Eug. J. Mertens	T. Mertens-Tinckloo.	Jacques Meyer	—
Emile Meeùs	Meeùs frères & Co.	Jules C. Marsily	Grisar et Marsily.
Vincent Meeùs	Vincent Meeùs.	Rodrigo Madrid	R. Madrid.
Max Mund	M. Mund.	J. Markowitz	Joseph Markowitz.
L. Moentack	L. Moentack.	H. Marmillion	—
Rodolphe Morren	Rodolphe Morren.	Herm. Marsily	C. Schmid & Co.
Ch. Maibücher	Ch. Maibücher.	Joseph Merlin	Merlin frères.
Alexis Mols	N. Portl. cem. & Brick Works.	Ferdinand Marsily	von der Becke & Marsily.
Mayer-Dinckel	—	Martin Martiny	M. Martiny.
Alph. Meeùs	Meeùs frères & Co.	André Morren	Arthur Morren & Cie.
Alb. Maquinay	Amer. petr. company.	Ernest Mund	Mund & Fester.
W. Marsily	von der Becke & Marsily.	Joseph Meulenaere	Jos. Meulenaere.
Paul Morin	—	Rich. Marx	Rich. Marx.
A. Manceau	A. Manceau.	Paul Masson	Perrignon & Cie.
G. Martens	—	Ch. Nauwelaerts	Usines Remy.
X. Montens	—	Emile Nyssens	—
A. Marlier	A. Marlier.	Louis Nieuwland	
G. Mendl	Mendl frères & Cie.	Jean Nieuwland	Jean Nieuwland.
W. Moser	Société anon. anversoise des Moulins.	F. Nieberding	F. & J. Nieberding frères.
		Jules Nieberding	F. & J. Nieberding frères.
Jules Monefeldt	De Leeuw & Philippsen.	Jos. Neefs	Jacques Neefs.
Ad. Mortelmans	P. Brouwers & Cie.	J. Neefs-Lauwers	J. Neefs-Lauwers.
Emm. Mertens	Emm. Mertens.	Edouard Nyssens	Nyssens frères.
A. Meulendyks	Ve De Wolf, Cosyns et fils.	Henri Nyssens	Nyssens frères.
J. Martroye	Martroye et Lüth.	E. Noguès	E. Noguès.
E. Macoir	Soc. An. Niel-on-Rupel	Chr. Nicolaïdis	Nicolaïdis & Cie
H. Muller	Th. Bracht & Co.	H. Oostendorp	Consul gl de Paraguay.
Julius Menke	Julius Menke junior.	Alb. Oboussier	Alb. F. Oboussier.
W. Mallinckrodt	W. Mallinckrodt & Cie.	Herm. Osterrieth	Osterrieth & Cie.
Carl Müller	Compagnie Liebig	Alb. Offermann	Alb. Offermann.
Otto Milch	Totte, Milch & Cie.	G. Oboussier	C. Schmid & Cie.
Henri Mayer	H. Mayer, & Cie.	Ed Oboussier	Banq. de Crédit Commercial.

Alfred Osterrieth	Alf. Osterrieth.	H. Rieth —	Soc. an. p. la vente de Pétrole.
Mᶜᵉ Ortmans	Société an. John Cockerill.	Jean Routhieau	—
W. Ostendorff	Soc. an. p. la vente de pétrole.	J. B. Rom	J. B. Rom.
Robert Osterrieth	Osterrieth & Cⁱᵉ	Victor Relecom	Victor Relecom.
Max. Osterrieth	Osterrieth & Co.	X. Rensing	X. Rensing.
Paul Osterrieth	Osterrieth & Co	W. Rhodius	Richard Rhodius & Cⁱᵉ.
F. Ockenaer	—	Kuno Randel	Kœnigs-Günther & Cie.
Ed. Pottieuw, père	H. De Poorter & P. Pottieuw.	F. Reinemund	F. Reinemund.
Fl. Pauwels	Florent Pauwels.	Charles Randaxhe	J. Randaxhe-Bally.
Stan. Pauwels	Stanislas Pauwels.	Ed. Resseler	Anglo Belgian Varnish Cʸ Lᵈ.
Aug. Peten, père	Aug. Peten.	A H. Reinherz	A. H. Reinherz.
J. Persenaire	J. Persenaire.	Henri Randaxhe	Henri Randaxhe.
A. Peten, fils	Aug. Peten.	Ch. Roberti	Demanet et Monnoyer
F. Penn	F. Penn.	A. A. Reynen	A. A. Reynen.
Jules Pieraerts	Pieraerts & Cⁱᵉ.	F. Robyns	Eug. M. Janssens & Cⁱᵉ.
Cam. Pelgrims	Camille Pelgrims.	M. Röhling	Rich. Rhodius & Cie.
Phil. Papé	Wilh. Bertrand.	Alb. Ruhl	—
Eug. Pauwels	Bunge & Cⁱᵉ.	Louis Roels	Roels et fils.
G. Parmentier	Usines cotonnières.	G. Roelofs	—
Victor Pâque	V. Pâque-Randaxhe	Joseph Roels	Joseph Roels.
Ch. Ed. Pecher	Pecher & Cⁱᵉ	Gustave Renard	G. Renard.
L. Perrignon	Perrignon & Cⁱᵉ.	Paul Rueff	Steinacher & Rueff.
P. Peyrot	Pierre Peyrot & Cⁱᵉ.	Jos. Römer	Loebel Römer & Cⁱᵉ.
Ferd. Pollmann	F. Pollmann.	Paul Roels	Roels & fils.
Richard Pick	Pick & Cⁱᵉ.	H. Rigole	H. Rigole.
G. Philippsen	De Leeuw & Philippsen.	A. Smyers	Alex. Smyers & Cⁱᵉ.
Pierre Peeters	Peeters et de Wael.	Paul Strybos	Paul Strybos.
Prosper Plouvier	Plouvier et Hellraeth.	Aug. Schmitz	Aug. Schmitz & Cⁱᵉ
Louis Piccalon	Louis Piccalon.	L. Strauss	Louis Strauss & Cⁱᵉ
Louis Pittoors	L. Pittoors-Dierckx.	Alph. Schippers père	—
Josse Peetermans	Josse Peetermans.	E. Sasse	Sasse & Gittens.
Fl. Peeters	Alfred Christensen	Gérard Servais	G. J. Servais & Cie.
Emile Pecher	—	Gust. Sannes	G. Sannes.
A. M. Petersen	Bodewig & Petersen.	Ad. de Stein	A. Stein & Cⁱᵉ.
Jules Plissart	Jules Plissart.	L. Schröter	W. Born & Cⁱᵉ.
Eug. Plottier	Hufnagel-Plottier & Co.	J. A. Sohr	—
Poirier	Sᵗᵉ franç. de banque&de dépôts	Raym. Steenackers	R. Steenackers & Cⁱᵉ.
Raym. Peten	Aug. Peten.	J. Solomon	J. Solomon.
E. L. Prins	E. L. Prins.	Henri Steens	Henri C. Steens.
Albert Pleiffer	Hemer et Pfeiffer.	G. Schoiers	Schoiers & Cⁱᵉ.
F. Patteet	—	L. Stuyck	G. L. Stuyck.
Eug C. Pfaue	Soc. an Badoise.	Xavier Storms	Storms frères.
H. W. R Proctor	Soc. an. Badoise.	D Steinmann Haghe	Steinmann & Cⁱᵉ.
Ch Praet Adinau	Gh. Praet-Adinau.	A. Spas	Armand Spas.
J. Pauwels	—	A. Soeten	A. Soeten.
F. A. Retsin	Kennedy, Hunter & Co.	G. Schwer	Gust. Schwer.
Jules Rautenstrauch	C. Schmid & Cⁱᵉ.	F. Speth	Soc. an. des prod. résineux.
Richard Rhodius	Richard Rhodius & Cⁱᵉ.	R. Storms	R. Storms.
A. Rymenans	Rymenans & Cⁱᵉ.	P. Suys	P. Suys.
Ph. Raeymaekers	Van den Bergh & Cⁱᵉ.	Léopold Snitsler	Léopold Snitsler.

H. Schneider	—	Georges Tonnelier	G. Tonnelier.
Aug. Schramm	Aug. Schramm.	G. Tiberghien	Tiberghien-Delevoy.
J. Scheltema	Scheltema et Rebel.	Ch. W. Twelves	C. W. Twelves.
E. Schwenn	Aug. Bulcke & Cie.	H. E. Tieman	H. Tieman.
C. Strasser	—	André Tillemans	André Tillemans.
Aug. Schmid	C Schmid & Cie.	L. Theelen	Conrad Theelen
H. Stevens	Stevens, Chapman & C^{ir}.	Topali	—
Alfred Schuchard	Alfred Schuchard & Cie.	O. Thalmann	—
Schlomer Ferd.	Schlomer et Eppenheim.	Ch. Tant	—
F. Stoopen	François Stoopen	Ed Tinchant	—
F. Stuyck	Félix Stuyck.	Max Tom	Max Tom.
H. Stephan	Hugo Stephan.	C. Tolhausen	Thiel Brahm & Cie.
O. Soetens	C. Schmid & Cie.	Ed. Thys	—
A. Schippers fils	A. Schippers.	Paul Totte	Totte, Milch & Cie.
Félix Soetens	Félix Soetens.	J. Thyssen	Thyssen & Dupont.
Louis Stevens	G. & C. Kreglinger.	Vincent Tinchant	José Tinchant y Gonzalès & Cie.
Fr. Steger	—	Olav Tygen	Grisar & De Keuster.
G. Samuel	Samuel, Friedeberg et Landau.	Ernest Tinchant	Ernest Tinchant.
Georges Smits	G. Smits.	Adolphe Tieman	H. Tieman.
Ad. Schmid	Bunge & Cie.	Georges Tyck.	J. Tyck.
Schepens F.	G. Tonnelier.	W. Triest	—
Charles Somers	Ch. Somers & Cie.	G. Teurlings	D. Mauroy & Co.
C. Stassen	—	Fr. Ubbelohde	Franz Ubbelohde
Ch. Smets	Ch. Smets.	Fr. Uydens	Fr. Uydens.
G. F. Stahl	Soc. an. des prod. résineux.	Jules Van Beylen	—
Mce Saks	—	C. Van Peborgh	Constant Van Peborgh.
Ch. Stessens	Ch. Stessens & Cie.	H. Van de Vin	Charles & Henri Van de Vin.
Théodor Schröder	Schröder et Voorwinden	H. Van der Linden	Henry Van der Linden.
Siebert,	Aug. Blumenthal, Siebert & Cie	Ed. Van Eeten	—
Eug. Schwerdt	Joh. Dan. Fuhrmann	Jos. Van Put	J. C. Van Put & Cie.
R. Saintier	René Saintier.	Edm Van Steensel	E. Van Steensel.
Pierre Steens	H. C. Steens.	Ad. Verspreeuwen	Ad. Verspreeuwen.
Herm. Staackmann	H. Staackman.	Eug. Van den Wijngaert	Eugène Van den Wijngaert.
Fréd. Spiers	B. M. Spiers & Cie.	Jos. Van Tricht	Jos. Van Tricht.
Christian Scheidt	Adolf Deppe.	Edm. Van Santen	—
Louis Scheidt	Adolf Deppe.	Em. Vanden Bemden	Bulcke, Van den Bemden & Co.
Hugo Schellenberg	Honigman & Schellenberg.	Ed. Van Peborgh	Ed. Van Peborgh et fils.
Jos. Soeten	Jos. Soeten, succ. de L. Hartog	Jules Verspreeuwen	J. Verspreeuwen-Wilmotte.
S. Saril	Saril et Kohn.	F. Van der Stucken	Van der Stucken & Wrede.
F. Soulié	François Soulié.	Ch. Verspreeuwen	Ch. Verspreeuwen & Cie.
F. Sézanne	Union Int. Comp. d'ass.	Jos. Van Geetruyen	Van Geetruyen & Craen.
Jean Stevens	—	Ch. Van de Vin	Charles & Henri Van de Vin
Ernest Suys	—	Jean Van der Taelen	Jean Van der Taelen & Cie.
Jacques Sturm	Jacques Sturm & Cie.	Valois	Falk & Valois.
Hyp. Stevens	Werf & Vlasnatie.	E. Van Craenenbroeck	Van Craenenbroeck & Du Bus·
G. Schindhelm	W. Mallinckrodt & Co.	F. Van den Bussche	Nihoul-Meugens
G. Snoeck	Crédit Anversois.	E. Van Hissenhoven	Raffinerie Belge.
W. Swerts.	—	Gustave Vrancken	Gustave Vrancken.
Rich. Spruyt	Soc. an. d'ass. Constantia.	L. Van Camp	L. Van Camp.
Henri Tieman	H. Tieman.	C. Van Liebergen	Maes & Van Liebergen.

G. Verberckt — Verberckt frères.
F. Van de Put — Nottebohm & Cⁱᵉ.
P. J. Van Aken — P. J. Van Aken.
D. Verswyvel. — D. Verswyvel.
L. Van der Meersch — Léon Van der Meersch.
August von Ohlendorff — —
Léon Van Peborgh — Ed. Van Peborgh & fils.
A. Van Opstal — A. Van Opstal.
F. Van den Abeele — —
Mᶜᵉ Van Peborgh — Ed. Van Peborgh & fils
Eug. Van de Walle — —
Ch. Van Leckwyck ⎰ Cⁱᵉ pour la torréf. d. cafés.
Ed. Van Leckwyck ⎱ Prod. d'outre-mer
Louis Votion — Louis Votion.
G. Van den Bussche — St. Van den Bussche
G. Vanden Broeck — Louis T. Van den Broeck et fils
J. van der Pot — A.-C. vorm. Ohlendorf. Guano-
[Werke.

A. Verryken — A. Verryken.
N. Van Beylen — Norbert Van Beylen.
L. Van Roy — Van Roy Meulenberghs.
A. Van Bouwel — Alfred Van Bouwel
L. Van de Velde — L. & W. Van de Velde.
Eug. Van Brée — Bex & Cⁱᵉ.
H. Van Heurck — H. Van Heurck & Cⁱᵉ.
E. Van Hoegaerden — —
A. Vanden Meerschaut — A. Van den Meerschaut.
J. Van Baer — —
J. Van Haeperen
Jos. Van Lakwijck — J. Van Lakwijck
Jos Vande Weygaert — Grisar & Marsily.
P. Van den Bemden — Pierre Van den Bemden.
F. Van Dyck — Félix Van Dyck.
E. Van der Linden — Henry Van der Linden.
C. Van Antwerpen — Van Antwerpen et V. d. Bosch.
J. Van den Bosch — Van Antwerpen et V. d. Bosch.
Paul Van den Bossche — Paul Van den Bossche.
Mᶜᵉ Van de Zanden — Mᶜᵉ Van de Zanden.
J. A. Van den Begin — J. A. Van den Begin.
Emile Van Cuyck — Emile Van Cuyck.
Henri Van Essche — Dykmans et Van Essche.
H. Van der Stucken — —
François Van Dyck — —
L. C. Vanden Broeck — L. C. Van den Broeck.
L. Van den Broucke — Louis Van den Broucke.
R. Van den Abeele — R. & A. Van den Abeele.
P. Van Nyen — Paul Van Nyen.
J. J. P. Van Hemelryck — De Clerck & Van Hemelryck
Lˢ Volkaerts — Louis Volkaerts.
Jean Van Boven — Jean Van Boven.

Frans Van Hoof — Frans Van Hoof.
Alph. van Frayenhoven — Alph. van Frayenhoven.
Charles Van Nuffel — —
Max von der Becke — von der Becke & Marsily.
Albert Verbeeck — Albert Verbeeck.
Osc. Van der Molen — O. Van der Molen.
Louis Verryken — —
L. Van Rooy — L. Van Rooy.
Emile Van de Wiel — Emile Van de Wiel.
J. Van Hemelryck — J. Van Hemelryck.
Léon Van Rossom — L. Van Rossom
Félix Vrydag. — Félix Vrydag.
J. A. Van den Bergh — Jan Van den Bergh.
Oct. van Lidth de Jeude — van Lidth frères.
P. Van den Briele — P. Van den Briele.
H. Verachter — —
Léon Van den Bosch — —
H. Van den Bosch — J. Heydt & Van den Bosch frères.
F. Van de Velde. — —
Oscar Visser — Oscar Visser
J. F. Vrydag fils — —
A. Van den Nest — —
Edg. Vercruysse — Claessens frères & Cⁱᵉ.
W. Van de Velde — L. & W. Van de Velde.
G. Vanden Kerckhove — Stᵉ an. pʳ le comm. colonial.
Rod. Van Baer — Stᵉ an. pʳ le comm. colonial.
Leo Van Coppenolle — Leo Van Coppenolle
Théop. Verellen — Verellen Frères.
W. Van Roosendael — Van Roosendael & Gerber.
H. Verwimp — Henri C. Verwimp.
A. Van Hellem — —
Fern. Van Dyck — Van Dyck & Cᵒ.
H. Van Tichelen — F. Van Tichelen.
H. F. Van Mieghem — H. F. Van Mieghem.
Victor Verdonck — Vict. Verdonck & Cᵒ.
G. Van den Bosch — —
H. C. J. Van Ysselsteyn — Van Ysselsteyn & fils.
Raym. Van den Abeele — G. Van den Abeele.
H. Van den Broeck — H. Van den Broeck & Cᵒ.
Louis Van Reeth — Louis Van Reeth.
Th. von Wernich — Theodor von Wernich.
Laurent Van Roye — G. & H. van Roye frères.
Ch. Vloeberghs — —
René Van de Vorst — R. Van de Vorst & Cᵒ.
C. Willaert — Willaert frères.
Ern. Walther — Ernest Walther.
Emile Wittemans — Wittemans-Hallo.
Geo. Walford — Walford & Cⁱᵉ.
H. Windelincx — Henri Windelincx.
Léopold Witthoff — Witthoff & Cⁱᵉ.

V. Wittemans	V. Wittemans.
G. Wiethase	G. Wiethase.
Victor Weber	Théodore Bracht & C°.
J. Wégimont	—
Al. Winders	—
Constant Wolfs	Osterrieth & Cie.
L. Weber de Treuenfels	—
Edm. Walther	Edmond Walther.
J. Willenz	N. Willenz & Cie.
S. Weiler	S. Weiler.
Joseph Wynen	Banque centrale anversoise.
J. Willemse	—
Ch. Wauters	Wauters frères.
J. M. Walk	J. M. Walk.
W. Willner	W. Willner & Cie.
F. Wildiers	F. Wildiers.
Henry Willaert	H. & G. Willaert.
Gaston Willaert	H. & G. Willaert.
J. Wundermacher	J. Wundermacher-de Paepe.
Rich. Weyhmann	Kurth, Weyhmann & Cie.
Herman Wiener	H. Wiener & Cie.
V. Williot	Victor Williot.
Oscar Wouters	Oscar Wouters.
Charles Willems	H. Willems.
Charles Weismann	Charles Weisma n
F. Wellens	François Wellens
Sally Wolff	Wolff & C^{ir}.
A. Wechsler	A. M. Wechsler.
A. J. Wyley	Walford & C°.
Fritz Weidner	C. & F. Weidner.
Georges Weber	G. Théo. Weber & Ce.
E. Wildt	—
J. Zisch	Jul. Zisch.
Zapp	—

CHAMBRES ARBITRALES.

Cafés.

Bureau administratif : Président, M. J. Pieraerts ; Vice-Président, M. A. De Ridder; Secrétaire-Trésorier, M. Fl. Elst.

Arbitres : MM. A. Born, H. Block, A. De Ridder, C. F. Dockx, Alph. Huybrechts, J. Pieraerts, (importateurs) ; MM. Em. Ceulemans, Vinc. De Bruyn, Alph. De Vos, Fl. Elst, X. Storms, F. Van Dyck, (négociants-commissionnaires) ; MM. Carpentiers, J. Courboin, Ch. Janssens, A. Le Voir, A. Markelbach, H. Schneider (courtiers).

Diamants.

Bureau administratif : Président, M. Ch. Van Antwerpen; Vice Président, M. J. M. Walk; Secrétaire, M. Ch. Wauters ; Trésorier, M. M. Daniels.

Arbitres : MM. M. Daniels, Jos. Heydt, Jacq. Krijn, Ch. Van Antwerpen, (fabricants) ; MM. G. Antoine, A. Lehrfeld, S. Saril, J. Walk, (négociants) ; MM. Ad. Adler, J. L. Judels, M. Saks, M. Tom, (courtiers).

Engrais.

Bureau administratif : Président, M. Aug. von Ohlendorff; Vice-Président, M. Kniewitz; Secrétaire-Trésorier, M. W. Bertrand.

Arbitres : MM. W. Bertrand, Kniewitz, H. Steens, Aug. von Ohlendorff, (importateurs); MM. G. Gits, G. Martens, Pollmann, J. van der Pot, (négociants commissionnaires) ; MM. H. Aernouts, C. Eiffe, R. Saintier, H. Staackman (courtiers).

Fruits.

Bureau administratif : Président, M. O. van Lidth de Jeude ; Vice-Président, M. J. Janssens; Secrétaire-Trésorier, M. H. De Lauw.

Arbitres : MM. P. Hye, J. Janssens, O. van Lidth de Jeude, F. Wellens, (négociants); MM. S. Bisdom, R. Doras, J. Eisenmann, L. Piccalon, L. Pittoors, P. Van den Briele, H. Verachter, F. Vrijdag, (agents et courtiers).

Laines et peignés.

Bureau administratif : Président, M. C. G. Grisar ; Vice-Président, M. H. E. Tieman. Secrétaire-Trésorier, M. R. Fuhrmann.

Arbitres. MM. D. Fuhrmann jr, H. Kœnigs, Eug. Kreglinger, R. Osterrieth, J. Rautenstrauch, (importateurs) ; MM. Th. Bracht, H. A. de Bary, H. Kurth, R. Rhodius, A. Rymenans, (négociants-commissionnaires); MM. M. Bastin, Aug. Grisar, B. Hölterhoff, Hüffmann, A. Janssen, (courtiers).

Matières tannantes et tinctoriales.

Bureau administratif : Président, M. F. Janssens-Servais ; Vice-Président, M. L. Cols : Secrétaire-Trésorier, M. Max Hermann.

Arbitres : MM. L. Castermans, F. Janssens-Servais, H. Mayer, R. Van den Abeele, (importateurs) ; MM. L. Cols, J. Hekkers, Alb. Pfeiffer, C. Willaert (fabr. et nég.-comm) ; MM. C. Eiffe, Max Hermann, Ed. Legros, Gaston Willaert, (agents et courtiers).

Pétroles.

Bureau administratif : Président, M. C. Corty ; Vice-Président, M. P. Collin ; Secrétaire-Trésorier, M. G. Wiethase.

Arbitres : MM. Paul Collin, ... A. Maquinay, H. Rieth, (importateurs); MM. C. Corty, A. Davidis, E. Davidis, ... , (négociants-commissionnaires); MM. J. Hellemans, ... J. Van Haeperen, G. Wiethase, (courtiers).

Saindoux et Salaisons.

Bureau administratif : Président, M. C. Corty; Vice-Président, M. A. Schmid ; Secrétaire-Trésorier, M. Victor Relecom.

Arbitres : MM. Ch. Corty, A. Davidis, P. F. Janssens, W. Marsily, A. Schmid, (importateurs) ; MM. P. Collin, Collin-Van der Borght, F. Dietz, R. Flebus, J. Nieuwland, (négociants-commissionnaires) ; MM. J. Hellemans, F. Hoegaerts, P. Morin, L. Van Camp, G. Wiethaese, (courtiers).

Sucres bruts et raffinés.

Bureau administratif : Président, M. Alph. Meeûs ; Vice-Président, M. G. Bavais; Secrétaire-Trésorier, M. Léon Hermans.

Arbitres : Section *a*. (Sucres bruts) MM. H. Gevers, Peten père, (négociants) ; MM. A. Meeûs, Routhieau, (fabricants et raffineurs); MM. L. Hermans, ... (courtiers). — Section *b*. (sucres raffinés) MM. Aug. Peten fils, Routhieau, (négociants); MM. G. Bavais, H. Gevers (fabricants et raffineurs); MM. Haverals, Soeten, (courtiers).

Tabacs.

Bureau administratif : Président, M. Fl. Pauwels ; Vice-Président, M. H. Van de Vin ; Secrétaire-Trésorier, M. L. François.

Arbitres : MM. E. Banckaert, V. Forge, Fl. Pauwels, H. Windelincx, (négociants-importateurs) ; MM. Ed. Nyssens, St. Pauwels, V. Tinchant, H. Van de Vin, (fabricants) ; MM. E. Beckers, P. J. Bierinckx, L. François, Giltay, (courtiers).

Textiles et Crins.

Bureau administratif : Président, M. Em. Van Cuyck; Vice-Président, M. Aug. Brementhal ; Secrétaire-Trésorier, M. F. Wildiers.

Arbitres : MM. L. Cols, Ed. De Vleeschouwer, G. Jung, Leber, H. Willaert, (négociants); MM. Brementhal, Vincent Claes, J. De Decker, J. Eisenmann, J. Hekkers, A. Kahn, F. Penn, G. Scholers, Em. Van Cuyck, F. Wildiers, (agents et courtiers).

Transports et Navigation.

Bureau administratif : Président, M. Aug. Schmitz ; Vice-Président, M. Fr. De Leeuw ; Secrétaire-Trésorier, M. J. L. Dekkers.

Arbitres : MM. Alph. Aerts, G. Albrecht, Aug. Buicke, J. L. Dekkers, F. De Leeuw, D. Steinmann-Haghe, (courtiers et armateurs); MM. H. Aeby, Jos. Danco, Ad. Mortelmans, J. Nieberding, Ch. Randaxhe, J. J. P. Van Hemelryck, (expéditeurs) ; MM. F. De Jardin, J. De Vos, W. Marsily, J. Pietaerts, J. van der Pot, L. Van Peborgh, (délégués de la Chambre de Commerce).

Vins et Spiritueux.

Bureau administratif : Président, M. R. Steenackers; Vice-Président, M. Emm. Mertens; Secrétaire-Trésorier, M. Jos. Neefs.

Arbitres : MM. Emm. Mertens, Peyrot, R. Steenackers, Tiberghien, F. Vanden Bussche ; délégués de la Chambre de Commerce: MM. Perrignon, Emile Ceulemans, L. Stuyck.

TABLE DES MATIÈRES.